| 光明社科文库 |

当代中国合作型
教育行政构建研究

王　敏◎著

光明日报出版社

图书在版编目（CIP）数据

当代中国合作型教育行政构建研究 / 王敏著 .-- 北京：光明日报出版社，2018.12

ISBN 978 - 7 - 5194 - 4804 - 2

Ⅰ.①当…　Ⅱ.①王…　Ⅲ.①教育行政—研究—中国

Ⅳ.① G526

中国版本图书馆 CIP 数据核字（2018）第 276785 号

当代中国合作型教育行政构建研究
DANGDAI ZHONGGUO HEZUOXING JIAOYU XINGZHENG GOUJIAN YANJIU

著　　者：王　敏	
责任编辑：宋　悦	责任校对：赵鸣鸣
封面设计：中联学林	责任印制：曹　净

出版发行：光明日报出版社

地　　址：北京市西城区永安路 106 号，100050

电　　话：010-67078251（咨询），63131930(邮购)

传　　真：010-67078227，67078255

网　　址：http://book.gmw.cn

E - mail：songyue@gmw.cn

法律顾问：北京德恒律师事务所龚柳方律师，电话：010-67019571

印　　刷：三河市华东印刷有限公司

装　　订：三河市华东印刷有限公司

本书如有破损、缺页、装订错误，请与本社联系调换

开　　本：170mm×240mm

字　　数：253 千字　　　　印张：16

版　　次：2019 年 1 月第 1 版　　印次：2019 年 1 月第 1 次印刷

书　　号：ISBN 978 - 7 - 5194 - 4804 - 2

定　　价：78.00 元

序 言

20世纪80年代初以来，世界范围内兴起了声势浩大的政府管理改革运动，即新公共管理运动。这一场改革与以往改革的最大不同，是在科技迅猛发展、经济高速增长、阶级矛盾缓和、民主日益进步的社会态势下，探索通过治理模式的创新，最大限度地整合政府、市场和社会三大机制来吸纳和有效配置资源，以解决在行政国家的有限财政及其能力无法回应公众不断增长的公共服务需求的难题。迄今，这一场肇始于新公共管理并发展至新公共服务的改革已在公共管理领域取得了诸多令人关注的成果，如：进行了现代国家和社会的治理逻辑重构，即从传统的重阶级统治，走向了常态的政治管理，并落脚于社会治理与公共服务；又如：促成了以政府为单一主体、管制为基本手段的传统治理，向以政府为核心，多元主体协同共治的现代公共治理转型。

我国自1978年改革开放伊始，即在把握当代公共管理变革大势的基础上，根据自己的历史文化传统，现实的政治和管理制度，以及这一既定条件下的经济社会发展和公众需求，从经济领域的变革入手，逐步展开了全方位的国家和社会治理变革，探索符合当代世界趋势的有中国社会主义特色的国家和社会治理模式。尤其是党的十八届三中全会提出了全面深化改革的历史任务，提出了国家治理体系与治理能力现代化的目标。党的十九届三中全会从奠定国家治理体系的组织基础，推进国家治理体系与治理能力现代化的要求出发，提出了构建系统完备、科学规范、运行高效的党和国家机构职能体系，展开了新一轮的党和国家机构改革，在更高层面上推进着国家治理现代化的探索，更深入地推进着政府治理现代化的改革。

政府对教育的管理即教育行政，是现代社会政府的基本职责。美国当代著名行政学家戴维·H·罗森布鲁姆在其代表作《公共行政学：管理、政治和法律的途径》提出，公共行政的这三个途径，在于要解决在当代行政机关有完整的政策制定、执行权的情况下，如何追求效率、回应民意和保障公民权利。应该说，在当代走向多元主体合作共治的公共治理的背景下，公共行政过程是否是一个合作的、协作的过程，是值得探索的。相应的，作为涉及公众基本公共服务和发展需求的教育政策的制定和执行过程，是否应该有一个合作的教育行政过程，这一合作型的教育行政的理念、内涵、结构、方式和方法如何，是当前值得探索的重要内容。

《当代中国合作型教育行政构建研究》即是对这一课题的探索和回应。该书是作者在自己的硕士学位论文的基础上，经过扩充、修改和完善而成的。作者曾于2006年至2009年在云南大学公共管理学院攻读教育经济与管理硕士学位。2008年，作者敏锐地注意到当代公共管理变革及其带给教育行政的新要求，即提出了以"当代中国合作型教育行政构建研究"为题撰写毕业论文，作为导师，我对此予以充分肯定。通过作者的努力，以《当代中国合作型教育行政构建研究》的论文顺利通过答辩，获得学位。自2009年毕业至今，作者没有停止思考和探索，穷近十年之力，在原硕士学位论文的基础上，深入思考，拓展完成了同名新作《当代中国合作型教育行政构建研究》。

通览全文，该书有以下特点：首先，鉴于合作型教育行政的本质是公共行政，必然会涉及公共行政、公共治理、合作行政、合作式治理、作为公共事业的教育行政、教育公共治理等众多密切相关且极易混淆的概念与范畴。因此，作者对这些相关概念及其定义做一下概念比较、要素识别及其定义澄清，重点通过与教育公共治理进行概念对比，从而阐明合作型教育行政具有概念与话语权的比较优势并完成了对教育公共治理的概念超越，也就为构建合作型教育行政奠定坚实的知识基础并提供有效的概念工具。

其次，作者又通过对人类社会发展与文明进步的历史进行溯源与考察，发现教育行政的历史变迁与社会治理模式演进密切相关，指出了人类社会治理模式遵循着从古代统治型社会治理模式、近代管理型社会治理模式、现代服务型社会治理模式并最终发展演变成当代合作型社会治理模式的历史发展规律与趋势。因此，内在涵括于合作型社会治理模式下的合作型教育行政也就成为了新时代我国教育行政改革的历史趋向、历史方位和历史逻辑。

其三，作者通过对公共治理理论、民主行政理论、党的群众路线理论以及政府与公民合作伙伴关系理论等与合作型教育行政紧密相关的理论观点与思想资源进行了系统的呈现，从中得出了构建当代中国合作型教育行政具有坚实的理论基础和依据。换言之，在作者看来，构建中国场域的合作型教育行政既是一种公共行政与公共管理领域的理论发展与创新的逻辑必然，也是当代中国教育行政为适应全面深化教育领域综合改革而自主寻求理论变革与理论探索的价值诉求。这种理论逻辑要求必须重点突出作为公共行政的教育行政之"公共性"特性及"公民权"的核心地位，强调政府与公民围绕着公共教育事务处理而建立一种积极、良性的合作伙伴关系。

其四，作者又从构建合作型教育行政的现实基础着手，对当代中国合作型教育行政构建的宏观环境，新中国成立以来的中国教育行政管理的变迁历史与现实制度架构等进行一个客观呈现，当然也对现实教育行政领域面临着"合作缺失"或"合作异化"的问题尤其是"塔西佗陷阱"的现实威胁等展开了论述，这也就让进一步让凸显"信任——合作"价值的合作型教育行政有了现实的肥沃土壤。换言之，随着我国政治、经济、社会与技术发展进步，以及公民社会的觉醒，当代我国教育行政改革发展趋势与变革路径明显地呼唤合作型教育行政的构建。

其五，作者坚持了"他山之石，可以攻玉"研究理路，对世界范围内发达国家的教育行政改革发展现状进行研究，发现虽然各国所采用的名称会有差异，或偏向"公共性转型"、或实行"合作型"文化教育制度、或实行"教育行政分权"等，但其共同本质都是着重强调教育行政或教育治理的"公共"与"合作"特质，普遍都具有合作型教育行政意蕴，这其中尤以美国、德国和韩国为典型案例，而通过积极面对、参考和借鉴他国案例和域外经验的"他山之石"，是可以用来攻"我国教育行政改革与合作型教育行政构建"之玉的。

最后，作者围绕历史指向、理论要求、现实困惑及域外经验的合作型教育行政构建基础，采用了"理念——主体——规则（配套保障）"的结构逻辑与致思路径展开对策思考与意见建议，即先从理念转变上着手，加强合作场域中的政府与公民双方的主体建设，并完善制度、人员和技术等相关配套保障措施，是有一定的合理性与可行性的。

总的来说，《当代中国合作型教育行政构建研究》是一个对当代中国教育行政改革的积极思考，可贵的探索。它对于提高我们对于现代公共行政与合作型社会治理模式的概念认知以及推动合作型教育行政的实践样态的转化与构建，具有重要启示。当然，也必须客观承认和指出的是，这种尝试性的研究与探索更多的是基于一种简洁性和建构性的思考与设想，肯定也还存在一些分析与论证不够深入和严密的地方，甚至可能还存在一些相当大的不足与缺陷。但无论如何，这种创新性的尝试和勇于探索的态度是值得肯定和鼓励的，也是符合科学精神的本质要求的。希望作者在以后的研究中继续努力。

是为序！

崔运武

2018年8月10日于云南大学

目　录
CONTENTS

导　论

一、研究缘起与研究价值

（一）研究缘起

1. 教育事业发展的时代任务

教育是一个国家和民族的最根本的事业，党和国家历来高度重视教育。新中国成立以来特别是改革开放以来，经过全党全社会的共同努力，我国的教育事业在改革开放政策的全面推动下实现了跨越式地飞速发展，取得了令世人瞩目的巨大成就，也处于较高的历史发展水平与阶段，更为我国经济社会发展做出了重大贡献。具体而言，中国教育改革所得的巨大成就表现在：一方面，我国的教育普及程度大幅提升，国民素质得到极大提高。新中国成立时，我国还是一个文盲、半文盲充斥的国家。1949年，我国80%人口是文盲，小学和初中入学率分别是20%和6%，高中入学率1.5%，高等教育入学率0.3%，高校在校生仅有11.7万。2011年11月，我国向世界宣告："全面完成普及九年义务教育和扫除青壮年文盲的战略任务……占世界1/5人口的中国，只用了不到30年的时间，就实现了全民教育目标，实现了中华民族'有教无类'的千年夙愿和义务教育的百年梦想，为中华民族在新世纪实现民族复兴的伟大理想奠定了坚实的基础。"[①]另据2014年统计，全国幼儿园儿童数和学前三年毛入园率提前六年实现2020年预期目标；九年义务教育巩固率创92.6%新高，只要"控辍保学"工作到位，到2020年九年义务教育巩固率达到95%的目标应可如期达到；高中阶段毛入学率已达86.5%，超过基本普及

---

① 翟博，刘华蓉等. 人类教育史上的奇迹：中国普及九年义务教育和扫除青壮年文盲的报告 [N]. 中国教育报，2012年9月9日（第1版）.

水平的基线，2020年超过90%应无大的问题。高等教育宽口径在学规模3559万人，提前六年实现2020年预期目标，40%毛入学率目标可望提前实现。[①]可以说，我们用60多年时间走过了西方近百年的普及义务教育之路；用9年时间实现由高等教育毛入学率从5%到15%，走过了许多西方发达国家几十年的高等教育大众化发展历程。另一方面，在我国现代教育体系建设与教育民生工程建设上，也同样是取得了令世人瞩目的、成效显著地斐然成就。如：我国普通教育与职业教育、公办教育与民办教育、出国留学与来华留学同步发展，教育体系不断完善，极大地拓宽了人民群众受教育的渠道。据权威统计，2010年，全国中等、高等职业教育招生总规模1300万，在校生3500万，分别占了高中阶段教育和高等教育的半壁江山。民办教育从小到大，2010年全国各级各类民办教育机构12万所，在校生3393万人，占中小学生的6.9%，本专科生的21.4%。1978年至2009年，出国留学162万，来华留学生164万；还在近百个国家（地区）建立322所孔子学院和369所孔子课堂，也说明我国教育的国际影响日益扩大。[②]至于教育民生工程，则主要解决的是上学难与上学贵的教育资源的公平、合理与优化配置问题。显而易见，通过历史回眸，党和政府一直以来都是高度重视教育公平问题，检视当今现实，教育公平迈出重大步伐，极大地促进了社会公平和民生改善。特别是近些年，我们国家坚持把促进公共教育均等化和教育公平作为基本教育政策。目前，我国已经全面实现城乡免费义务教育，所有适龄儿童和青少年都能"不花钱、有学上"。

不可否认的是，新中国成立以来尤其是改革开放以来的我国教育事业发展的成就是巨大的，教育人力资源开发与发展实现了由人口大国到人力资源大国的转变。60年前，我们是人口大国，这是历史事实；60年后，我们是人力资源大国，这是全党全社会努力的结果，在全世界范围内的发展中国家中是处于前列位置与较好水平的。可以说，仍处在现在进行时的当代'中国教育改革'是人类教育史上的一个奇迹，也注定要成为中国和世界教育改革史上的一个显著事件。我们也必须清醒认识到，我们是教育大国，还不是教育

---

① 张力. 教育发展新常态、新挑战与新机遇 [N]. 人民政协报，2016年1月20日（第9版）.

② 袁贵仁. 新时期我国教育改革的形势与任务 [EB/OL]. http://www.Chinareform.org.cn/society/Edu/Forward/201105/t20110526_111408.htm

强国，与国际先进水平相比还有较大差距，与国际竞争的新形势不完全适应，与我国经济社会发展的新要求不完全适应，与人民群众的新期待不完全适应。全面落实教育规划纲要，推进教育事业科学发展、办人民满意的教育，我们还有许多工作要做。但与此同时，也必须清醒地看到，我国教育在实现跨越式发展并取得巨大成就的同时，也相应伴生和带来了许许多多的问题与挑战。特别是随着21世纪初这样一个全新的历史阶段和发展周期的到来，我国教育的内外部环境已发生了很大变化，教育改革正逐渐涉入"深水区"，也到了一个开始啃"硬骨头"历史阶段，教育发展的许多错综复杂的深层次问题和矛盾也呈现出日益显性化的发展态势，这意味着比以往任何时候都更加迫切需要教育的乃至整个社会的思想与文化实现重要转变甚至根本转型，更加迫切地需要教育的乃至整个社会的组织和体制实现重要变革甚至根本改造。换言之，现阶段的教育改革又开始成为影响社会整体发展与改革深化的桎梏与瓶颈。"自1985年以来的中国教育改革伴随着中国社会的广泛改革，一直持续不断地进行着、改变着、重塑着中国教育的现状与未来，30多年过去了，应该说中国的教育改革还未完成它的历史使命，还需进一步深化。"① 曾有专家指出，"我们的教育，特别是高等教育，是中国陈旧计划经济和落后体制遗留下来还未得到充分改革的最后一个'计划经济堡垒'。"② 也有人说，"可以说我们所处的现实是教育创新和改革不断出现和扩大，然而我们有一个从根本说是保守的教育系统。"③ 如果说当下中国教育的诸多老大难问题已无法仅仅通过'发展'便可根本解决，而是必须诉诸'改革'的话，那么可以说，当代中国教育改革是一种时代倒逼的应势之变与无奈之举，但从根本上说，教育改革其实是一种历史演进的客观之径与必由之路。哪怕情况再怎么复杂，哪怕任务再怎么艰巨，也只能是以壮士断腕的决心和滴水穿石的意志，将教育改革进行到底。因为，不改革，我们的中小学校园就依然不会充满生命的活力，学生们的书包就仍然会越减负而负担越沉重；不改革，我们的大学就依然会"跑步前进"，依然无法回答"总是培养不出杰出人才"的钱学森之问。

---

① 石中英，张夏青. 30年教育改革的中国经验 [J]. 北京师范大学学报（社会科学版），2008（5）：29.

② 曹林. 7月冲击：港校触动计划体制最后一个堡垒 [N]. 中国青年报，2006年8月1日（第2版）.

③ [加] 迈克尔·富兰著. 变革的力量：透视教育改革 [M]. 中央教科研究所译. 北京：教育科学出版社，2004年，第10页.

因此，教育要发展，根本靠改革。不改革，中国教育就没有出路。不改革，中华文化就没有未来。唯有继续加强和推进教育改革，才能攻克所谓的"计划经济堡垒"；唯有继续加强和推进教育改革，才能改变教育系统的保守面貌；唯有继续加强和推进教育改革，才能实现教育事业的不断发展；唯有继续加强和推进教育改革，才能建成社会主义现代化的教育强国。事实上，教育改革已经在国家意识和意志层面上得到了体现，推进和深化综合改革已经被视为当今整个教育改革的一条主线，"教育领域综合改革"这个词也几乎成为如今人们谈论教育改革问题时的一个口头禅。一句话，全面深化教育改革和写好教育改革的"奋进之笔"已经成为现阶段全国上下与社会各界的普遍共识。

2. 教育行政改革的内在诉求

作为影响教育发展的关键因素，教育行政改革问题尤其是教育行政的改革方向与路径选择问题，一直以来都是理论界与实务界所关注的重点内容。新中国成立以后，我国先后进行了多次的教育行政体制改革，大多是围绕教育行政权力的集中和下放展开，忽视教育行政体制的关系厘清以及教育行政组织的职能界定。直到改革开放以来，随着社会主义市场经济体制的建立和完善，以及国家行政管理体制改革与政府职能转变的不断深入，以教育行政职能转变为核心的教育行政改革构成了考察当代中国教育改革发展过程的重要参照系，并成为改革开放40年来的党和国家一直高度重视并反复强调的改革主题。以1985年《中共中央关于教育体制改革的决定》颁发为起点，历史转折后的教育行政改革开始进入政府议事日程。《全国教育事业十年规划和"八五"计划要点》强调"要继续推进教育体制改革，加强国家宏观调控机制，增强地方政府对教育的决策权和统筹权。"《全国教育事业"九五"规划和2010年发展规划》进一步明确"未来十五年，教育体制改革的基本任务是……转变政府职能，由对学校的直接行政管理，转变为运用立法、规划、拨款、信息服务、政策指导和必要的行政手段等，进行宏观管理，确立和落实学校面向社会自主办学的法人实体地位。"《全国教育事业"十五"规划和2015年发展规划》又一次提出："进一步理顺学校和政府的关系，依法落实和规范学校的办学自主权。""进一步转变政府职能，完善教育法律体系，全面实施依法治教。""政府部门的主要职责是创造教育健康发展的良好环境，保证国家教育方针的贯彻落实。"《国家教育事业发展"十一五"规划纲要》重申要"转变政府职能，加强依法治教，改进教育行政管理方式，更加注重运用法律、规划、拨款、标准、信息服务等手段，对教育进行宏观管理，全社会共同努力推进教育事业发展。""鼓励社会各界和广大人民群众，采取多种形式和办法，支持学校建设，参与学校管理，积极为教育发展贡献力量。"《面向21世纪教育振兴行动计划》要求"切实转变政府职能，强化依法行政，促进决策与管理的科学化和民主化"。《国家中长期教育改革和发展规划纲要（2010-2020）》提出：立足社会主义初级阶段基本国情，把握教育发展的阶段性特征，坚持依法治教，尊重教育规律，夯实基础，优化结构，调整布局，提升内涵，促进教育全面协调可持续发展。坚持把改革创新作为教育发展的强大动力。要以体制机制改革为重点，鼓励地方和学校大胆探索和试验，加快重要领域和关键环节改革步伐。创新人才培养体制、办学体制、教育管理体制，改革质量评价和考试招生制度，改革教学内容、方法、手段，建设现代学校制度，构建中国特色社会主义现代教育体系。加快解决经济社会发展对高质量多样化人才需要与教育培养能力不足的矛盾、人民群众期盼优质教育与资源相对短缺的矛盾、增强教育活力与体制机制约束的矛盾，为教育事业持续健康发展提供强大动力。① 北京师范大学褚宏启教授在《中国教育管理评论》第1卷卷首语中所说："中国教育的规模列世界之首，但整体管理质量却居于人后。提高中国教育管理水平，不仅是教育发展的需要，也是国家发展的需要。"② 面对当今全球化、信息化和网络化的宏大历史潮流与世界发展趋势，面对当今我国经济体制深刻变革、社会结构深刻变动、利益格局深刻调整、思想观念深刻变化，各种矛盾纠纷不断增加，并呈现出复杂性、多样性、专业性和面广量大的时代特征。"要促使教育向更高层次发展，防止进入发展的'高原期'，需要在继续加大公共教育投入的同时，深入地推进教育系统内部的运行机制和管理模式改革，最关键的是教育行政自身的改革与建设"。③

从现阶段我国教育行政发展的现实状况来看，传统的管制型教育行政明

---

① 《国家中长期教育改革和发展规划纲要（2010-2020）》[M]. 北京：人民出版社，2010年版，第48页.

② 褚宏启. 中国教育管理评论（第1卷）[M]. 北京：教育科学出版社，2003年版，第1页.

③ 李轶. 教育行政管理创新势在必行 [J]. 人民教育，2006（22）：2-3.

显已经无法适应当前及今后我国公共教育事业发展的新形势。经过了数十年的改革开放，我国经济与社会公共事业得到了迅速发展，人们的可支配收入不断增多，生活水平不断提高，人们对优质的教育公共产品与公共服务的需求也在发生变化且不断提高。同时，社会和公民参与教育行政管理活动的热情也在不断高涨，社会力量办学不断增多，参与教育管理的教育中介机构也出现了。教育发展初步出现多元化的格局，投资与办学体制的多元化，引导了教育价值的多元化，教育消费、教育服务、教育市场、教育产业等概念得以建立，教育领域的一些新的理论、思想或新的模式纷纷涌现。这一切的进一步发展都需要一个新型的政府的教育行政部门，为新时期的教育发展进行正确引导并提供支持性的服务，创设一个能激励它们发展的环境。这一迅速变化的教育发展过程，其实也就是我国教育行政在数十年间被党和国家高度重视并反复强调的改革主题的客观原因之一。然而，一方面，受传统观念影响，我国当前的教育行政模式仍属事实上的管制型教育行政，政府兼教育经营者与评价者于一身，既当运动员又当裁判员，这在一定程度上制造了不公平的竞争环境，致使民办教育发展步履维艰。同时，教育行政部门对教育事业的垄断统治，忽视了公民社会的参与，限制了教育中介组织的发展空间，导致许多教育政策的失灵；另一方面，作为政府公共行政的重要组成部分和学校发展的首要外部影响力量，教育行政必须适应社会发展与教育变革的相关要求，中国政府及其教育行政部门也反复强调并提出要打破科层制束缚，建立扁平化教育行政组织，提高自身工作效能，给予学校更多办学自主权等。特别是近年来，教育行政领域就建立法治型、有限型、服务型组织等方面已经做出了积极的探索与回应性努力，但时至今日，公众与社会因教育公平和教育质量的保障与提升问题而对教育行政工作表现出了种种质疑与不满。从中也不难发现，过去的各种各类教育行政改革政策或举措的出台，都是政府及教育行政部门或被动或主动的"自上而下"与"一厢情愿"的决策行为所导致，这种政府的单向度教育治理或单中心治理，较少考虑甚至完全没有顾及来自社会和公民的公共参与、声音表达和利益诉求，也就必然会招致广泛的质疑、批评，最终导致变革政策的失灵与失效。于是乎，这在某种程度上也为现阶段教育行政改革指明了正确的方向与科学路径，即教育行政改革必须重视社会与公民的主体力量和参与力量，积极建构一种从管制走向服务、从政府行政走向公共行政、从单中心治理走向多中心治理、从单向线性治理走向网络合作治理的教育行政发展路径。换言之，当今时代迫切呼唤一种不同于以往的传统教育行政结构的、全新的现代化教育行政理念及教育治理模式来发挥作用，以适应不断发展变化的社会及教育发展的现实需要。实际上，《国家中长期教育改革和发展规划纲要（2010–2020）》中也提出，各级政府要切实履行统筹规划、政策引导、监督管理和提高公共教育服务的职责，建立健全公共教育服务体系，逐步实现基本公共教育服务均等化，维护教育公平和教育秩序。[①] 因此，改革传统的管制型教育行政、建构一种新型的合作型教育行政成了我国当前及今后教育与社会发展所面临的时代课题。

3. 公共行政变革的全球浪潮

教育行政是部门行政，是公共行政的一种。可以说，今天的教育问题已不再是一个独立领域的变量，而是政府公共行政（管理）视域下的重要内容。因此，研究教育行政改革与发展问题也必然无法超脱于当今公共行政改革的宏观环境与时代背景中而单兵作战。从公共行政改革与发展的国际背景来看，自20世纪70年代末80年代初开始，西方各国掀起了一股席卷整个世界的公共行政改革浪潮。众所周知，构建于韦伯的官僚制体系下的传统公共行政模式曾由于其理论与实践上的巨大优越性而被20世纪的各国政府长期运用的一种典范形式，然"自20世纪70年代以来，公共服务在绝大多数发达国家都遭到了非难"[②]，面对世界范围内经济上的滞胀危机、政治上的治理困局，传统的公共行政理论出现了一种合法性危机（Crisis of legitimacy），无论是理论界还是实务界，普遍觉得"在传统偏狭的理性主义下的公共行政，明显发生知识无法指引行动，理论缺乏解释力，以及无法忠实的体现人们需求等现象"[③]。于是，一场针对政府部门的公共行政改革呼之欲出，通过对传统公共行政理论的反思，新自由主义思潮得以复兴，西方国家纷纷开始了"重塑政府"的公共行政改革运动。这场运动因倡导"政府职能的市场化、政府行为的法制化、

---

① 《国家中长期教育改革和发展规划纲要 (2010–2020)》[M]. 北京：人民出版社，2010年版，第48页.

② [澳] 欧文·休斯著. 公共管理导论（第2版）[M]. 彭和平译. 北京：中国人民大学出版社，2001年版，第45页.

③ 张成福、党秀云著. 公共管理学 [M]. 北京：中国人民大学出版社，2003年版，第1页.

政府决策的民主化、政府权力的多中心化"① 而冠之于"新公共管理运动"。该项改革运动提倡政府通过"公共部门市场化"或"公共服务民营化"来提供公共产品和公共服务。这一改革运动以英国撒切尔政府的民营化改革为开端。英国在改革初期将民营化的重点放在电信、电力、自来水及民航等领域的非国有化上或者民营化上，主要改革措施主要是通过将国有企业出售给社会公众。而从20世纪80年代末期开始，英国民营化改革的重心逐渐向公共服务领域转移。相较于之前大刀阔斧的私有化方式，英国政府在公共服务领域推行民营化时更加注重特许经营与合同承包等方式。与英国相似，其他国家的民营化进程也基本上经历了从单纯的经济领域向政府公共服务领域的演变。以德国为例，最初的民营化也仅限于产业公司、交通公司及金融领域，德国政府通过放松管制向垄断行业引入竞争机制，这一范围随后扩展至建筑、电信、邮政等非战略性行业。20世纪90年代，德国的民营化也逐渐扩展到公用事业领域。而在法国，不仅民营化起步较晚，政府所持的态度也较为审慎，同时民营化的顺序较之英国也略有不同。法国政府在初期首先是对竞争力强的国有企业实施民营化，进而将获益较大的公用事业作为民营化的第二阶段，这些公用事业主要包括石油及航空等领域，而交通、电信等与大众生活密切相关领域的民营化则开始较晚。② 与欧洲国家相比，美国的民营化改革也颇具特色，美国政府并没有将国有企业的私有化作为民营化的重心，而将民营化主要集中于公共管理事务领域，其目的在于通过将竞争机制引入公共服务领域，以降低行政成本，提高公共服务质量。美国通过特许经营、合同外包或政府补助等形式对垃圾收集处理、养老院、托儿所、高速公路建设运营等领域进行民营化改革，这一改革甚至涉及监狱管理领域。③ 总的来看，民营化改革对于西方国家经济社会发展起到了一定的推动作用，但在推行的过程中也暴露出诸多问题，例如国有资产的流失，这些问题的出现也引发了公民对政府的信任危机，也让西方各国政府在反思之前民营化改革政策的同时，进一步推进公共行政改革的新的探索与尝试路径。于是乎，在这场时至今日仍在进

---

① [美]埃莉诺·奥斯特罗姆著. 公共事物的治理之道[M]. 余逊达，陈旭东译. 上海：上海三联书店，2000年版，第1页.

② 杨欣. 民营化的行政法研究[M]. 北京：知识产权出版社，2008年版，第46页.

③ [美]萨瓦斯. 民营化与公私部门伙伴关系[M]. 北京：知识产权出版社，2008年版，第46页.

行中的、声势浩大的行政改革运动中，西方各国开始发现公民的主体性动力，着力探索与公民合作共治的创新性理念与方式，其目的是为了在提离行政效率的同时，又能够积极履行为民众提供"生存照顾"这一基本职责，故在对政府角色进行重新定位与设计时，最终选择并实现了由重管制向重服务、由重单向发力向重多维互动的职能转换，构建了政府、社会组织及公民协同应对的公共治理格局。尽管西方国家政府所实践的新公共管理运动或公共服务民营化改革也涉及公共服务和公私合作，但明显现阶段公共治理视野下的公私合作更注重公民的主体性作用，更注重服务质量的提高与公共责任的承担。

呼应着世界范围内公共行政改革的全球浪潮，自20世纪70年代末以来，我国便开始发生着以建立和完善中国特色的社会主义市场经济体制为核心的整体社会变革与制度变迁，我国民主政治体制改革也不断向深度延伸与广度拓展，对形成于新中国成立初期的"政府全能管制型模式"①进行变革，并建立一个与社会主义市场经济体制相适应的行政管理体制和社会治理模式也越发凸显出来，尽管也努力探索并成功实践了"社会自治型模式"与"市场服务型模式"②。然而，进入新世纪新时期以来，中国经济社会发展进入到新阶段。经济体制改革取得显著成效，政治体制改革进入攻坚阶段，文化体制改革加速推进，社会领域的改革却相对滞后。经济发展了，社会问题却增多了，表现出短期矛盾和长期矛盾叠加、结构性因素和周期性因素并存、潜在挑战和未知风险凸显的新态势，各种不确定性和不稳定性因素明显增多。中国在计划经济时期形成的高度一元化政府全能管制型模式不能对当前的社会管理形势积极回应，单纯社会自治型模式或市场服务型模式的局限性也十分明显，社会管理模式创新迫在眉睫。恰逢其时，公共治理理论及其蕴含的合作行政思想正"西学东渐"，并逐渐显现出强大的适应性与生命力。可以说，我国政府选择公共治理与合作行政的改革定位是历史与现实发展的必然逻辑。实现我国公共行政由"管制走向服务、由单中心治理向多中心治理"，建立一种新型的更加突出"信任—合作"价值的"公共服务型政府"，既符合世界公共行政改革发展的潮流，也是市场经济条件下我国政府价值自我求证的路径选择。

教育行政是我国公共行政的一个重要组成部分，在我国行政管理体制改

---

① 章勇. 新型社会管理模式的形成及内涵 [J]. 重庆大学学报（社会科学版），2013（2）：130.

② 章勇. 新型社会管理模式的形成及内涵 [J]. 重庆大学学报（社会科学版），2013（2）：130.

革的社会大背景下要求作为政府职能部门的教育行政部门做出相应的变革来回应。由于教育的公共性和公共责任的扩大奠定了政府管制教育（即教育行政）的合法性基础。[①] 面对社会的发展和变化，政府在教育领域中的作用和行为问题不断成为教育行政改革关注的焦点："它的作用应该是什么，它能做什么和不能做什么，以及如何最好地做这些事情"[②] 那么，立基于公共治理理论及其合作行政思想基础上的合作型教育行政，便是这样一种应势而生的教育治理范式或教育行政模式，它为现阶段理论研究和实践追求提供了崭新的研究视野和改革思路，也为我国教育行政改革的进一步拓展与深化提供了难得的历史契机。

　　综上所述，合作型教育行政及其构建问题是现今中国实现国家治理体系与治理能力现代化目标，以及实现中华民族伟大复兴中国梦进程中一个热门话题与时代课题。它既是当今中国教育改革发展的重大时代任务，也是当今中国教育行政改革的内在价值诉求，还特别契合了当今席卷世界范围的公共行政改革浪潮。

（二）研究价值

　　从世界范围看，教育的变革与发展正在呈现并日益凸显"公共性"的客观必然趋势，教育行政改革与发展也愈来愈呈现并凸显"公共行政"与"公共治理"这一新的时代特征。在公共行政与公共治理之"公共性"观照下的合作型教育行政，不仅关涉教育经费的合理分摊和教育资源的优化，从而影响社会公众的共同利益，而且不可避免地与教育机会的公平、教育质量的提升和教育服务之公共职能的发挥等密切地交织在一起，其重要性不言而喻。但是，由于历史与现实的各种原因，当前已有的有关合作型教育行政的研究比较零散、片面、碎片化与欠系统。因此，对教育公共治理及合作型教育行政的基本理论及其构建策略等进行研究探索具有重大的理论价值和实践价值。

1. 理论价值

　　就科学研究而言，一个研究问题在理论层面的价值或意义，"主要体现为

---

① 杨淑娣、王慧娜. 中国教育的政府管制模式探讨 [J]. 理论界，2007（1）：100.

② 李春玲. 公共选择理论及其对我国教育行政改革的启示 [J]. 浙江教育学院学报，2005（4）：81.

研究问题对一门学科的发展、对某种理论的形成或检验、对社会规律的认识、对社会现象的解释等所能做出的贡献上。"① 合作型教育行政及其构建问题就是通过对起源西方的公共治理理论对当代中国公共行政改革的借鉴与启示，尤其是对中国现阶段教育行政改革发展的应用与阐释所做出的一种尝试性地探索与努力。曾有学者指出："中国教育（行政）管理的知识状况远远不能满足教育（行政）管理实践的需要，制约着教育（行政）管理实践水平的提升。中国教育（行政）管理的知识状况亟待改善，这不仅是理论自身发展的要求，更是管理实践进步的要求。"② 具体到我国教育行政体制改革或是教育行政职能转变等相关研究领域，呈现出"各种思辨、说教、应然性的观点、看法、建议满天飞。"③ 这种状况，不仅实践界不满意，理论界也不满意。构建当代中国合作型教育行政，最基本也最重要的理论层面的价值，就是希望"锥立囊中，脱颖而出"，尝试性地做出一点点让理论界满意的探索与努力。具体而言，理论价值表现在：

（1）有利于促进教育行政学的学科理论发展。一般认为，我国的教育管理学由教育行政学和学校管理学两部分组成。相对于微观层面上的更强调学校内外部教育内容管理的学校管理学而言，宏观层面上公共教育管理则属于教育行政学的范畴，因而教育行政学主要是研究国家及其政府的教育行政部门管理教育的学问，循此原则，教育行政学的内容就应围绕教育行政机关如何管理教育来展开。因为管理教育虽然主要是教育行政机关的事，但绝不仅仅是教育行政机关的事，而是整个国家的重要职能之一。教育行政从属于国家行政，是一种作为公共行政的部门行政，涉及教育活动的多个主体，合作型教育行政也正是基于公共行政的依据，来思考认识和探索当今教育行政改革发展问题，尤其是作为一种凸显"信任与合作"价值理念与实践指南的前沿性理论设想，其视野与层次显然要高一些，所涉及的内容也要广一些，这对于整个国家的教育发展思路以及如何践履公共教育管理的重要职责，从学科发展层面上进行了有效的理论探索与实践抽象。

（2）有利于促进教育公共治理理论的发展与检验。合作型教育行政的

---

① 风笑天. 社会学研究方法（第2版）[M]. 北京：中国人民大学出版社，2005年版，第53页.

② 褚宏启. 中国教育管理评论（第1卷）[M]. 北京：教育科学出版社，2003年版，第1页.

③ 褚宏启. 中国教育管理评论（第1卷）[M]. 北京：教育科学出版社，2003年版，第1页.

核心理论依据与知识支撑就是当今盛行世界的公共治理理论，延伸和体现在教育领域便是教育公共治理。《国家中长期教育改革和发展规划纲要（2010-2020）》中也首次明确提出了教育公共治理的概念。如果说当代中国公共行政改革的一个必然趋势是基于公共治理的理论指南与研究进路的实践推进，那么当代中国教育行政改革的科学方向也必然是基于教育公共治理理论的合作型教育行政构建的研究与实践。无疑，加强和重视当代中国合作型教育行政的构建问题，在本质上就是探讨党和政府、公民及社会力量对于公共教育事务合作共治的思路与方向问题，也就是中国场域教育公共治理理论的形成与建构的过程，同时通过合作型教育行政的构建与变革实践，又能进一步检验公共治理理论在教育行政管理领域的应用空间，进而促进教育公共治理理论的发展。

（3）有利于深化对当今社会与教育发展规律的认识。合作型教育行政构建问题的提出，正是基于当今世界范围内社会及教育发展所面临的复杂的深刻变化及如何应对的现实考虑。通过全面考察和系统梳理当今网络化时代、大数据时代、知识经济时代与风险社会时代的，诸多不确定性的、未知的不可治理性问题叠加出现的社会现象与治理困局，从而透过纷繁复杂的现象来探索和思考背后的社会与教育发展的本质规律，并为推动人类社会与教育的未来发展提供经验性的指导。

（4）有利于为当代教育行政改革提供解释与贡献。合作型教育行政作为社会及教育行政领域的一个新鲜事物，其研究问题的提出与构建，开辟了教育行政研究中一个全新的领域，必然会丰富我国行政改革理论的研究内容、研究方法与研究思路，有利于为我国教育行政改革实践提供有力的理论指导与支撑；另一方面，这种尝试性的理论解释与分析能极大的检验和拓展公共治理理论、公共选择理论及资源依赖理论等理论与方法的应用空间。

2. 实践价值

从实践层面上看，当代教育行政改革与合作型教育行政的构建是在实现国家治理体系与治理能力现代化的社会治理创新的大背景下提出的，是在国家公共行政改革的有序框架内研究教育行政管理问题的，具有十分重大的时实践值与现实意义。

第一，构建我国当代合作型教育行政，对我国当前实现国家治理体系与

治理能力现代化、推动国家行政管理体制改革及服务型政府建设的实践具有重要的现实意义与时代价值

第二，对转变我国传统管治型、集权型的教育行政观念和思想，对改进传统经验型、官僚型的教育行政管理手段和方法，对促进我国教育行政的科学化、民主化和开放化建设以及强化其服务性的公共管理属性和职能也具有十分重要的现实意义。

第三，还可以通过教育行政治理模式的转变，为民间教育组织和管理机构参与教育事务管理和教育服务的提供上拓展广阔的空间，为学校的发展提供支持性服务，创设一个有利于教育发展的良好的社会环境，从而促进我国整体教育健康、有序地发展。

如上所涉，本研究问题在现实实践方面的价值或意义，主要体现在研究结论能对现实生活中所提出的问题进行科学地回答并能够提供一个合理的解决办法上，能为政策研究部门和实务部门在从事公共政策选择和制定时提供一定的参考性建议，当然还能增进我们的知识并提升我们对教育行政管理的认识水平。

二、研究现状与研究简评

（一）国内外研究现状梳理

1. 国外的研究现状

尽管教育古已有之，自人类社会产生之日起便有了教育及其管理活动，但对"教育行政"的研究则是近代以来之事。随着近现代国家对教育的逐步重视，以及政府对教育的干涉活动的逐步增加而逐步受到众多理论研究者和实务管理者所重视的。现在学界一般认为，德国的洛伦茨·冯·施泰因(Lorenz·Von.Stein；1815—1890)是现代教育行政学理论的创始人。[①] 实际上，现代教育行政学作为一门分科知识体系与学问，主要有两大源流或派别：一个是德国流派，一个是美国流派。德国流派主要着眼于国家和国家政权的特

---

① [日]久下荣志郎，崛内孜. 现代教育行政学 [M]. 李兆田等译. 北京：教育科学出版社，1981年版，第22页.

殊性，即什么是国家？国家应该怎样干预国民教育？并在此基础上设计教育行政学的学科框架。施泰因就提出："只有通过能够代表一般利益的国家去介入教育，才能克服原本是'私事'的教育的不平等和阶级的差别，解放无产者。"①就美国流派而言，它强调限制国家政权和行政价值对考察对象的干预，着眼于行政工作的合理性和效率性的分析，所以也称为技术性的教育行政学。②美国流派建立在科学的管理理论基础上，和起源于企业管理的传统理论时期、行为科学理论、系统理论和新兴理论等管理学理论同步发展，并产生了一系列的教育行政经典理论。由此可知，无论德国流派，抑或是美国流派，在论及教育行政的价值旨归上具有惊人的一致性与高度的重合性，即教育行政是国家对公共教育事务干预、治理与经营。其分歧之处在于，作为国家具体化身的政府对于教育的干预究竟是多一点还是少一点而已。

通常，从教育行政研究的历史和现状来看，大多围绕着这三个关键词来展开：回顾性研究、问题域研究与元研究。所谓回顾性研究，也称历时性研究或纵向研究，就是介绍教育行政管理体制的演变过程研究；所谓问题域研究，也称共时性研究或横向研究，是指在教育行政管理改革过程中出现的问题和困惑，以及相应的反思等的研究；所谓元研究（Meta-research），是源自西方社会学的一个概念，"是指以科学的研究活动和研究结果为对象而进行的再研究，亦称研究的研究。"③关于教育行政的元研究，就是对教育行政研究本身的反思性研究，包括对研究理论、研究质量、研究资料、研究结论、研究方法等方面的研究与反思。从国外研究来看，也基本围绕这三个主题展开的。

（1）关于教育行政的"历时性"或"回顾性"研究

在总结教育行政管理体制演变过程方面，研究主要以"回顾"为特点。如美国学者莫里斯·贝鲁比（Maurice Berube）在回顾和总结美国1883—1993年这100年间教育历程时指出，在1994年之前的100年中，美国的教育改革先后经历了"进步""平等"和"卓越"三大主题。墨菲（Murphy）和小亚当斯（Jr. Adams）在一项回顾性研究中，分析了"卓越运动"的动因，他们认为，这

---

① ［日］久下荣志郎，崛内孜. 现代教育行政学 [M]. 李兆田等译. 北京：教育科学出版社，1981年版，第21-27页.

② ［日］久下荣志郎，崛内孜. 现代教育行政学 [M]. 李兆田等译. 北京：教育科学出版社，1981年版，第19页.

③ 张道民. 元研究与反思方法及其在软科学研究中的地位与作用 [J]. 软科学研究，1991（3）：32.

场教育改革的推动力只要来自经济、社会和政治三个方面。英国学者范·鲁斯特(Van·Rust)和肯尼斯·默（Kenneth·More）在分析英国的《1988年教育改革法》时，点出了这个法案的关键特征。也就是说，他们认为英国在教育行政管理体制的重构与改革上主要沿着两个方向前进：一是把部分地方的行政职能收归中央，一是把许多权力直接交给学校。英国学者托尼·布什（Bush）在1999年的一项研究中归纳了《教育改革法》颁布之后英国教育改革的三个基本特点：自治与问责并举；赋予学校更多自由和确保国家规范相结合；学校的自治更多地体现在贯彻改革政策方面，而不是体现在决定改革的性质方面。20世纪90年代，布什主持了一项有关直接拨款公立学校（Grant—Maintained School）的研究，"该项研究的结果表明，绝大多数直接拨款学校的校长、教师及行政人员对自我管理学校持支持态度，同时也提供了自我管理的改革导致教学质量改善的证据。"[①] 里瓦塞克（R.Levacic）的研究显示，自我管理的改革的重要结果之一，就是节省了地方教育当局职能部门在其运作中本身消耗掉的大量经费，这笔节省下来的经费，可以被直接投向学校的一线教学事务。同时，里瓦塞克的调查还表明，绝大多数学校对自我管理的改革表示支持，几乎没有人愿意再回到原来的体制中去。[②] 英国学者杰夫·惠迪（Geoff·Whitty）等学者也指出，在教育重建的政策中，他们选择考察的五个国家呈现出三个共同主题：一是将财政和管理权限下放到更为基层的单位，二是家长择校权利的增强，三是这些自由化的改革与加强国家或中央政府权力的改革一并施行。[③] 美国学者罗伯特·欧文斯(Robert·Owens) 总结美国教育改革所说的："虽然很多考虑学校和怎样进行改革的方式各不相同，但我们还是可以将它们粗略地分为三类：市场本位、标准本位、全校本位"[④]。在20世纪70年代对城市教育研究的讨论中，格雷斯（Grace）指出："那些将城市教育政策与实践细节从广泛的背景中抽取出来并从事这方面研究的人容易受到指责。"他提出"以学校为中心的解决方案而不考虑结构的、政治的和历

---

① 冯大鸣. 美、英、澳教育管理前沿图景 [M]. 北京：教育科学出版社，2004年版，第117页.

② 冯大鸣. 美、英、澳教育管理前沿图景 [M]. 北京：教育科学出版社，2004年版，第117-118页.

③ [美] 杰夫·惠迪等. 教育中的放权与择校：学校、政府和市场 [M]. 马忠虎译. 北京：教育科学出版社，2003年版，第38页.

④ [美]R·欧文斯. 教育组织行为学（第7版）[M]. 窦卫霖、温建平、王越译. 上海：华东师范大学出版社，2001年版，第448–515页.

史的制约"①。美国学者吉拉尔德·莱茵旺德（Gerald·Leinwand）在分析美国教育管理体制改革的历程之后，对21世纪美国公立教育改革的议题做了预测。在他的预测中，'公司的参与''社区的参与'等多项议题都是需要教育管理体制改革来作保障。②

（2）关于教育行政"共时性"或"问题域"研究

国外学者对教育行政职能的相关研究，还体现在对教育管理体制改革过程中的核心做法和出现的问题、困惑进行专门研究。比如对教育行政职能转变的相关研究，多见于学者在对以"教育分权""校本管理""学校选择"为主要内容的教育行政管理体制改革展开的系列研究中。美国学者杰夫·惠迪、萨莉·鲍尔、大卫·哈尔平等人认为："在世界各国不断进行的对公立学校重构与放权的尝试中，改革的关键是逐步分解集权化的教育管理机构，由一种分权体制取而代之。这种体制需要相当程度的机构自治和各种形式的校本经营与管理。许多情况下，这些变革与家长择校权的增加或对社区参与学校事务的日益重视有关。"③

首先，在教育分权化研究方面，马克·汉森（Mark·Hanson）、维克·帕奎奥（Vic·Paque）、吉尔·拉默特（Jill·Lammert）等对教育分权化的目的和方式进行了研究，其中马克·汉森等提出了教育分权化的三个方式，即分权（deconcentration）、授权（delegation）和放权（devolution），通过总结实施教育分权化国家正反两个方面的竟演，提出了制定教育分权化政策的12条经验。④唐纳德·温克勒（Donald·Winkler）归纳出："常见的教育分权化政策及其分权化的影响因素……其中，教育的分权化并不意味着中央政府对教育管理权责的完全放弃。他还认为常见的分权化政策工具有信息与培训、财政激励、重新配置、规章制度和指令、国家化等，实施教育分权化会受到政府财政、政治背景、行政结构和历史背景等制约因素的影响等。"⑤爱德华·菲斯

---

① [美]J·惠迪等. 教育中的放权与择校：学校、政府和市场 [M]. 北京：教育科学出版社，2003年版，第3页.

② 冯大鸣. 美、英、澳教育管理前沿图景 [M]. 北京：教育科学出版社，2004年版，第124页.

③ [美]J·惠迪等. 教育中的放权与择校：学校、政府和市场 [M]. 马忠虎，译. 北京：教育科学出版社，2003年版，第3页.

④ 冯大鸣. 美、英、澳教育管理前沿图景 [M]. 北京：教育科学出版社，2004年版，第136–142页.

⑤ 冯大鸣. 美、英、澳教育管理前沿图景 [M]. 北京：教育科学出版社，2004年版，第138–140页.

克（Edward・Fiske）从教育分权化效果的检测标准切入研究，他认为教育分权化效果的检测标准应建基于效率、平等和质量三个方面。①

其次，在"校本管理"研究中，凯伦・爱奇（Karen Edge）从经济、管理、效率、政治、财政、专业、绩效责任、学生成就及学校效能等八个方面对推行校本管理的假设作了概括。爱奇等人研究发现，"校本管理对管理效率、教师表现、学生出勤、家长参与以及教育公平均有不同程度的积极影响。然而令人遗憾的是，在学生学习成就方面，校本管理却没有明显的影响。"苏珊、莫尔、约翰逊等学者对校本管理与教师专业成长及学生学习结果的改善进行了研究，从而提出不必绝对追求政府放权的程度，而是更主张以学生学习结果改善来衡量放权程度的恰当性；马克・汉森则认为，校本管理的根本问题，在于公立学校的生源垄断性和经费无风险性没有改变。美国教育界对校本管理的研究有了新的进展基本达成共识的是：校本管理并非仅是"权力下放""自主决策""家长、社区参与管理"而应该包含三个方面的内容；学校由外控式管理转变为学校民主式的自我管理；教育行政当局在授予学校相当大的自主权的同时，也让学校肩负对等的责任，并加强对学校的问责；校本管理的成果应该通过学生学习结果的改进来反映。②

此外，以米尔顿・弗里德曼的《政府在教育中的角色》为理论基础的"学校选择"作为又一教育管理体制改革的焦点。弗里德曼将市场经济可能性的观点扩展到了公共政策领域，认为国家不应当是实际教育服务的唯一提供者，主张把政府提供公立教育的模式转变为政府补助教育的模式，并首次提出采用"教育券"的思想，引起了广泛关注和研究，如公共经费用于私立学校是否合适、"学校选择"是否真在学校绩效改进方面成效显著、是否带来真正的教育平等、是否会导致不同种族或社会阶层之间的新的隔离、是否能真的促进学校的深层次改进等。③

（3）关于教育行政的研究方法与质量的新要求即"元教育行政"研究

就教育行政研究本身而言，首先是关注研究的"效力"和"价值"。其中，"效力"关注的是研究所做出的阐释之充分性和恰当性。"价值"关注研究结

---

① 冯大鸣. 美、英、澳教育管理前沿图景 [M]. 北京：教育科学出版社，2004年版，第141–142页.
② 冯大鸣. 美、英、澳教育管理前沿图景 [M]. 北京：教育科学出版社，2004年版，第145–148页.
③ [美]M・弗里德曼. 资本主义与自由 [M]. 张瑞玉译. 北京：商务印书馆，2004年版，第6章.

果的有用性和重要性。美国教育研究学会第83届（2002年）年会的主题是"教育研究中的效力和价值"，第84届（2003年）年会的主题是"教育质量的效能核心：分享的责任"，均主张教育管理研究要增强实用性和实践指向性。其次，在研究方法上，强调"基于科学的研究"（Scientific-based Research）。比如美国联邦教育部发布了《美国教育部2002—2007年战略规划》，就包含了鼓励有数据支持的经验性研究的政策导向，还规定了具体指标：即在教育部资助的项目和出版物中，使用随机实验设计的项目和出版物的比例要快速递增，要从2002年的10%上升到2004年的75%。此外，有关教育管理微观研究也开始受到更多关注，正如马克·汉森所推测的那样："我预料，人们对领导英雄行动（成功地带来重大变革的行动）的关注奖转向对微观行动的关注。在以往教育管理者的概念中和教育管理者的培训中，我们常常倾向于试图造就一个为众人所簇拥的伟大的领导者及其伟大的领导行动。然而，在教育领域中，领导的英雄行动无论在数量上还是在机会上都是微乎其微的。所以，创造性的微观领导行动或许会成为一系列研究的主题。"[1]

2. 国内的研究现状

（1）关于中国教育行政研究的历史回顾

关于教育行政研究究竟起源于何时，实难以考证。但是由于古代及近代早期，教育没有完全从国家政治体系独立出来，学校要么从属政府部门，要么从属于教会，要么由私人举办，教育体系不发达，"教育行政"还没有普遍存在，所以，教育行政研究也就较少受到关注。我国对教育行政的研究可以追溯到19世纪末，最初是德国和日本等国的教育行政理论传入我国。1903年新学制颁发以后，教育行政理论逐渐发展。20世纪20年代到40年代发展较快，一些很有影响力的教育行政专著也纷纷出现。自20世纪初诞生之日起我国学者开始自己撰写教育管理学著作开始，一直到新中国成立以前，这期间共有二百多本教育行政著作问世。其中有四本是最具代表性的，一是杜佐周著的《教育与学校行政原理》（1931），二是张季信编著的《中国教育行政大纲》（1931），三是夏承枫著的《现代教育行政》（1932），第四本就是罗廷光的《教育行政》（1942）。这些论著在内容上已经涉及中国教育行政的一些实际问题。

---

① 冯大鸣. 美、英、澳教育管理前沿图景 [M]. 北京：教育科学出版社，2004年版，第87-91页.

　　新中国成立后，因受苏联教育学模式影响，把教育行政并入教育学范畴，后来基本成为"被人遗忘的学科"[①]。从1949年到"文革"，只有少量的介绍苏联教育行政机构划分和职能方面的文章。"文革"期间的教育行政研究基本处于停滞状态，改革开放以后才得以再复兴并蓬勃发展。20世纪80年代，"教育管理学被分化为教育行政学和学校管理学两门新学科，前者研究国家教育行政部门对教育事业的领导和管理，后者研究学校内部的管理。"[②] 因此，教育行政学是以国家教育事业的系统管理为对象，从宏观方面研究国家和地方教育管理和教育事业发展规律的学科，是研究在行使国家权力对教育事务进行管理的活动中，如何有效组织和协调各种管理要素的学科。在此期间及以后，萧宗六、贺乐凡、孙绵涛、张济正、吴志宏、陈永明、蒲蕊、龚怡祖等人出版了一些教育行政专著。

　　（2）关于合作型教育行政的研究

　　据我所掌握的文献资料来看，合作型教育行政最初指的关于教育行政体制类型的划分而言的，很多的专家学者提出除集权型与分权型之外的第三种类型，即"中央与地方共同合作型"[③]，自此便有"合作型教育行政"概念的雏形。第一次明确提出"合作型教育行政"这一概念的是田虎伟，他在2005年第4期的《民办高等教育》杂志上发表《合作型教育行政国家对私立高等教育的管理与启示》一文，文中他仍然将合作型教育行政定位于中央和省（市、区）地方政府共同管理教育的合作型格局。在他的文章中，他以日本和英国作为合作型教育行政的代表，提出合作型教育行政对教育的管理属于混合类型的教育行政管理，即兼具监督型的行政管理和指导型行政管理。

　　第一次也最完整地提出合作型教育行政概念的是南京师范大学教育科学学院的陈学军，他在2008年第1期的《教育研究与实验》杂志上撰文《公民与政府：走向合作型教育行政》，在文章中，他创造性地提出合作型教育行政的合作从根本上指向的是政府与公民的合作伙伴关系，合作型教育行政则主要讲的公民与政府在教育行政管理中的协商对话与合作共治。他通过对政府

①　张复荃. 重温一门被人遗忘的学科. 教育丛刊，1983(3) . 转引自：张新平. 教育行政组织的发展与创新 [M]. 南京：南京师范大学出版社，2003年 .

②　陈永明. 教育行政新论 [M]. 上海：华东师范大学出版社，2003年，第417页 .

③　娄成武、史万兵. 教育经济与管理 [M]. 北京：中国人民大学出版社，2004年，第291页 .

与公民关系的历史考察与梳理，提出教育行政应该走向合作型教育行政。正是受其启发，本研究将该文作为奠基性的文章。

（3）关于合作型教育行政的相关内容和问题的研究

教育行政是公共行政，从属于国家行政体系。从研究现状的分布来看，关于教育行政改革及其与公共行政（管理）相关的文献非常非常的多。不少学者从各自所选取的（公共）治理理论、公共管理理论、公共服务理论、权力理论等视角出发，对教育行政管理体制改革的趋势和行政职能转变的倾向进行了分析。

第一，公共治理视角的教育行政研究。如康宁在《教育研究》2004年第2期上发表《高等教育资源配置：规律与变迁趋势》一文，在其中提出了市场、政府和学术力量共同参与的高等教育治理模式；夏焰、贾琳琳在《江苏大学学报（高教研究版）》2005年第2期上发表了《高等教育治理理论及其原则》对高等教育治理理论及其原则进行了相关探讨；卢海弘在《当代美国学校模式重建》（广州：中山大学出版社，2004）一书中描述了教育治理格局。又如孟繁华教授认为："公共治理已经成为现代社会公共管理的重要理念和价值追求，教育也不例外。"他还从竞争和合作两个维度对教育公共治理进行阐述，提出要建立基于合作的教育公共治理框架。在构建这一框架的过程中，必须重新定位政府角色，转变政府职能，从"政府控制模式"走向"政府监督模式"，重组政府、社会和学校的权力关系，政府要充当起质量控制者的角色，把办学权还给学校，提倡依靠行政合作而不是行政命令来管理学校，同时构建起政府、社会和学校之间的合作伙伴关系。①胡伶从公共治理理论视角出发，对教育行政职能转变过程中教育社会组织的意义、教育社会组织发展滞后对教育行政职能转变的影响以及如何发展教育社会组织等进行了分析。②她还将公共治理理论作为分析前提，结合浦东教育"管办评"分离联动改革的实践对我国教育行政职能转变的趋势、问题与对策进行分析。③此外，有魏海苓与孙远雷的《治理视野下的教育行政体制改革》（载《辽宁教育研究》，2006第6期）；王晓辉的《关于教育治理的理论构思》（载《北京师范大学学报·社

---

① 孟繁华. 从竞争到合作：教育公共治理的运行机制 [N]. 北京：中国教育报，2008-11-13，第12版.

② 胡伶. 教育社会组织发展与教育行政职能转变 [J]. 国家教育行政学院学报，2009(3)：47-50.

③ 胡伶. 我国教育行政职能变革：趋势、问题与对策 [J]. 教育实践与研究（中学版），2008(11)：4-7.

会科学版》，2007第4期）；潘希武的《突破官僚制：教育公共治理改革的前景》（载《比较教育研究》，2006年第8期）；等等。

第二，公共管理视角的教育行政研究。近年来，随着"新公共管理理论"及其相关理论在中国的传播，王凤秋、刘俊花、张黎、徐鹏、李轶等学者开始从新公共管理理论等理论视角来探索中国教育行政改革。王凤秋等人在《"新公共管理理论"对我国教育行政体制改革的适用性分析》中认为，中国和西方国家共同面临经济全球化、知识经济和信息时代的挑战，在建立以市场为基础的教育行政管理模式的教育管理改革目标上高度契合，在降低教育服务成本、提高教育行政效率和教育服务质量等问题上是相同的。所以，在教育行政体制改革中引入新公共管理理论是必要的，也是适用的。① 王凤秋、刘俊花进一步运用新公共管理理论分析了中国教育行政体制的弊端，认为应该采取以下对策：适度分权，政府对教育实行宏观管埋；引入市场竞争机制，鼓励社会参与教育管理事务；适当借鉴企业管理理念，强化教育行政的绩效；加强制度和法制建设，实现教育行政法制化。② 张黎在《新公共管思想对教育行政管理改革的影响》（载《决策管理》，2006年第23期）中提出，"新公共管理"思想的影响下的中国教育行政管理体制改革，应引入竞争机制，鼓励社会办学；提高学校办学自主权；更新管理观念，树立服务意识。徐鹏在《借鉴新公共管理理论推进我国教育行政体制改革》一文中，持类似的观点。③ 王小玉认为，在新公共管理视角下，政府的管理职能应由划桨转向掌舵，政府应适当放权，把集权、分权和自主权有机结合，高校可以借鉴成功企业的行政管理手段和经验，将竞争机制引入高校行政管理体制中，提高高校行政管理的效率、效果和质量。④ 邹娜在分析新公共管理运动的背景、内容和主要思想的基础上，结合在中国教育行政管理工作中效率低下、结构冗余、责权不清的现象，分析了新公共管理运动给中国教育行政管理工作带来的启示，认

---

① 王凤秋．"新公共管理"理论对我国教育行政体制改革的适用性分析 [J]．河北师范大学学报（教育科学版），2007(6)：82-85.

② 王凤秋，刘俊花．论新公共管理理论视野下我国教育行政体制改革 [J]．黑龙江高教研究，2007(11)：29-31.

③ 徐鹏．借鉴新公共管理理论推进我国教育行政体制改革 [J]．改革与开放，2009(10)：176.

④ 王小玉．浅析我国高等教育行政管理体制的改革：基于新公共管理的视角 [J]．黑河学刊，2010(3)：37-38.

为服务行政的治理理念有利于满足社会公众的教育需求，有利于教育领域中行政权力和学术权力的协调；引入绩效管理思想，有利于提高工作人员积极性，提高教育行政管理效率；引进竞争机制和私营部门的管理方法，提高教育服务的效率和质量。[①]李轶博士在其《公共管理范式下的教育行政创新》（载《复旦教育论坛》，2004年第5期）与《教育行政管理创新势在必行》（载《人民教育》，2006年第22期）中，探讨在公共管理范式下中国教育行政创新路径，认为教育行政应该以实现公共教育利益和公众满意为目标，尝试利用市场机制，以多种方式提供教育；同时要学习企业的管理模式和技术，提高自身的管理服务水平；借助社会和第三部门的力量；加强制度和教育法制建设，规范教育行政和市场行为，从而提高公共教育管理的能力。[②]娄佳基于新公共管理理论，认为中国教育行政体制改革应适度分权，提高地方办学的积极性；引入市场竞争机制，鼓励社会参与教育办学与管理，提高教育服务的质量；引入绩效管理理念，提高教育行政管理的效率和教育工作者工作的积极性；加强法制建设以实现教育行政法制化。[③]

第三，其他视角的教育行政研究。较具代表性的比如，褚卫中与褚宏启在《新公共服务理论对我国公共教育管理的改革的影响》（载《教育理论与实践》，2007年第4期）中对新公共管理改革所带来的责任模糊、价值缺失等问题展开论述，认为教育行政改革应从新公共服务理论中吸取理论养料；李春玲博十在《公共选择理论及对我国教育行政改革的影响》中，强调了从公共选择理论视角思考教育行政改革发展的重要性；柳清秀、柳春慈从学习型社会的视角探索了教育行政管理体制改革，认为在建设全民学习、终身学习的学习型社会，教育行政管理应该充分体现以人为本的理念，提升学生在教育教学中的主体地位，促进学生个性充分发展。教育行政管理也应该坚持以人为本的理念，改变过去的以管理者为中心的管理理念，教育行政管理部门切实担负起对学习主体的服务职能。同时，需要创新教育行政管理部门的管理方式，实现信息化、网络化。[④]孟丽波、张娜在《后结构主义视域下的教育分

---

① 邹娜. 从西方新公共管理运动分析我国教育行政体制改革 [J]. 高等农业教育，2006(3)：87–89.

② 李轶. 公共管理范式下的教育行政创新 [J]. 复旦教育论坛，2004(5)：28–32.

③ 娄佳. 试探我国教育行政体制改革：基于新公共管理理论 [J]. 当代教育论坛，2008(8)：38–40.

④ 柳清秀，柳春慈. 学习型社会与教育行政管理体制改革 [J]. 继续教育研究，2008(1)：74–75.

权运动：兼论对我国教育行政体制改革的启示》中则从后结构主义视域分析了教育分权运动，他们在借用福柯的话语和权力理论阐释权力下放的难度和成效，认为权力下放需要打破旧话语体系，摆脱权力的控制。此外，他们论述了教育市场化的弊端，认为市场化使教育话语体系发生转变，教育价值沦丧。[①] 余生在《我国教育行政改革中的政府权力重构》（载《陕西教育》，2008年第4期）中也提出了，"教育行政从最根本上涉及教育行政权力的合理配置，因此教育行政改革应从政府教育行政部门所执掌的权力资源的分配上进行变革与重构。"还有一些学者如王洪才在其论文《论教育中介组织的培育与教育制度创新》（载《江西教育科研》，2004年第4期）中对教育行政职能转变后的学校管理、教育中介组织发展等问题进行了研究。叶忠教授也持类似观点，认为要从政府、社会和学校的视角出发，提出"重新认识社会中介组织参与教育事业发展的作用与价值。"[②] 庄西真博士在谈到学校自主性的同时，提出"学校有了一定的自主性，只是说学校有了在面对变化多端的环境里相机行事的权力，并不意味着有了自主性的学校就一定能够运转良好，从而表现出很好的效能。学校要想取得好的效能，还需要具备一定的能力。"[③] 范国睿教授对社会转型期的学校变革维度进行了分析，提出"教育行政管理：从外控管理走向校本管理"。[④]

（二）研究现状简评

1. 国外研究现状简评

从国外相关研究成果及现状梳理来看，基本上都具有三大特点：（1）研究问题较为聚焦，如社会参与、学校选择、校本管理、教育分权等；（2）国外学者对教育管理体制改革的研究视角和研究方法呈现跨学科特点，他们不仅局限于通过定量的研究方法对教育管理体制改革的效果等进行技术上的测量和评价，以求为教育管理体制改革与教育质量改进相关联寻找证据。同时，还

① 孟丽波，张娜. 后结构主义视域下的教育分权运动：兼论对我国教育行政体制改革的启示 [J]. 现代教育论丛，2007(10)：7–9.

② 叶忠. 学校与政府关系的转型：从国家管理到公共治理 [J]. 教育科学研究，2009（8）：24–26.

③ 庄西真. 论地方政府教育管理制度变迁：以无锡市"管办分离"改革为例 [J]. 中国教育学刊，2009（3）：22–25.

④ 范国睿. 从时代需求到战略抉择：社会转型期的学校变革 [J]. 教育发展研究，2006（1）：1–7.

进一步拓展到政治、历史、文化、社会等领域的定性和规范研究；（3）研究本身逐渐追求"效力"和"价值"，研究过程注重科学性，研究对象微观化。但是，由于教育行政职能转变是特定社会发展的产物，有着深刻的地方烙印。因此，正如杰夫·惠迪、萨莉·鲍尔、大卫·哈尔平在《教育中的放权与择校：学校、政府和市场》中所言："在考察不同国家改革的相关研究成果时，我们需要留心各国在研究方法与重点上的差异。在任何国家，改革的某些方面相应来说会得到更多的重视，研究方式也会有所不同。美国的研究具有一种强大的量化传统，这种传统往往基于对大规模数据的仔细分析。而其他地方当前的研究中就比较缺乏这种分析。在英格兰和威尔士，被普遍采用的个案研究方法产生了大量有关学校内部过程的质性资料 (qualitative data)，但几乎没有能够得到数据支持的可推广性成果。新西兰和瑞典的研究结合了量化 (quantitative) 与质性 (qualitative) 的研究方法，而澳大利亚的大量研究在本质上倾向于质性研究，并日渐受到后现代理论的影响。"①

2. 国内研究现状简评

总的来说，我国关于教育行政研究的时间还不算太长，绝大多数研究者的研究思维还主要局限在对集权型教育行政管理的诠释和阐发上，其研究方法和手段的采用上，还主要停留于经验性层面的归纳和总结上，尤其是在20世纪80年代初期，大多是口号倡导式的泛泛而谈。但随着我国改革开放力度的不断加大和社会主义市场经济体制改革的纵深推进，在20世纪90年代开始有了学科体系建构的萌芽与起步，在研究方法上也开始有了逻辑推理和比较研究的研究成果的出现，再到今天质的研究、量的研究、复合研究等研究方法的采用，不断地完善和丰富我国教育行政改革发展领域的研究；从内容上看，主要是对教育人事行政、财政、法规与政策等零散领域进行孤立的研究，缺乏对教育行政整体治理模式的关注、构建与探索；从研究的背景来看，主要站在计划经济管制行政的背景中进行讨论，缺乏对教育行政服务职能的关注；从研究视角上看，多从教育的视野和经营管理的视角进行研究，缺乏从

---

① [美] J·惠迪、S·鲍尔，D·哈尔平著. 教育中的放权与择校：学校、政府和市场 [M]. 马忠虎译. 北京：教育科学出版社，2003年版，第8-9页.

"政治—行政学"①的视角对教育行政的研究。

合作型教育行政研究是一个非常新的研究话题，它主要是随着20世纪70至80年代的世界范围内的公共行政改革运动的发展而逐渐走进公众的视野的。研究界虽已经有大量的著作和论文从各个不同角度阐述我们的教育行政改革的方法与路径，这些文章都只是从不同的视角涉及合作型教育行政的相关领域，而且研究内容都比较零散和肤浅，不够系统和深入。同时，也缺乏对合作型教育行政的概念界定和整体构建。另外，他们对合作型教育行政的核心理念与运行逻辑，即公民与政府合作关系的思想也没有进行细致探讨。

美国著名行政学家德怀特·沃尔多曾言："我们所有人的福利、幸福以及我们实实在在的生活，在很大程度上取决于影响和维持我们生活的行政机构的表现。现代生活中，行政管理的质量影响着我们的日常生活—从食宿问题到思维活动。……不管你愿意不愿意，行政管理关系到每一个人。如果我们希望活下去，我们最好琢磨琢磨行政管理。"②但是，在教育学界，相对于学校管理研究而言，有关教育行政的研究却显得薄弱很多。尽管通过文献检索可以看到关于教育行政的研究内容涉及行政职能、行政方式、行政绩效等。但从总体上来说，我国对于教育公共治理合作型教育行政在中国的本土化设计、现实条件的准备状况等研究还较为薄弱。尽管有学者开始运用多样化的研究方法对教育行政的弊病进行了分析、对中外教育行政进行了比较研究（如华东师范大学的陈永明教授等）；对教育行政组织"做什么""是什么"进行了研究（李轶等）；对教育局局长理念和行为进行了调查（吴景松等）；对教育社会组织与教育行政职能转变之间的关系进行了逻辑推理（胡伶）等等。然而，这些研究无法反映出教育公共治理下教育行政职能到底该如何转变，可以转变什么等关键问题的解决路线。上海浦东新区勾勒了教育公共治理的结构，其中包括政府教育行政职能的界定。尽管浦东新区经历了教育"管办评"分离和联动的教育公共治理改革，但是在其实践报告里却更多的是介绍该改

---

① "政治—行政学"的研究视角认为教育行政是国家公共行政的一个组成部分，对教育行政的研究必须放在公共行政及国家和社会的治理模式的领域进行讨论和研究，并在此基础上来探讨政府应该如何管理教育。具体参见：[日] 久下荣志郎，崛内孜著. 现代教育行政学 [M]. 李兆田等. 北京：教育科学出版社，1981年版，第17–18页.

② [美] 罗伯特·登哈特. 公共组织理论（第3版）[M]. 扶松茂译. 北京：中国人民大学出版社，2003年版，第4页.

革的理论框架和制度构想，对改革过程中出现的具体问题的研究相对较少，如学校自主发展现状如何？教育社会组织是否能承担起参与治理的职能，等等。同时，对教育公共治理这一模式对促进教育行政职能更好定位、促进学校自主发展、提高教育教学质量、提高教育行政效率、效果和效益所起的作用还缺乏深入研究。

此外，无论是著作还是论文，均未将职能界定与转变当作一个"牵一发而动全身"的变量，对其进行系统分析，因此很难为我国转变教育行政职能的现实需求提供支撑，即只是模糊提出"现在一定存在问题"以及"未来应该走向哪里"的问题，却没有为这些问题提供值得信赖的"证据"，而后者才是当前我国教育行政改革需要解决的重点和难点。

三、研究方法与研究框架

（一）研究方法

本研究以应用理论研究为旨归，以文献法、历史法、访谈法、比较法、演绎法等为主要研究方法。

1. 文献研究法。主要是通过云南大学图书馆、衡阳师范学院图书馆、贵州师范大学图书馆和云南大学公共管理学院和高等教育研究院的资料室的馆藏图书资料，CNKI 中国知网信息资源总库、中国优秀硕博论文数据库和一些教育网站等进行相关文献的收集整理，以了解该研究的现状，并对教育行政改革的相关文献进行梳理和归纳，从而为本论题的研究提供厚实的文献基础与理论基础；

2. 历史研究法。这里运用历史法主要是对自古至今的人类社会治理模式历史发展过程以及公共行政中政府与公民关系的历史演变过程进行系统地梳理和分析，寻找其历史演进规律及其发展趋势，及探寻历史逻辑问题，并在此基础上完成对合作型教育行政的构建做出理论上的准备；

3. 访谈调查法。这里主要是通过对教育行政人员、校长、教师等相关人员进行开放式的深入访谈，深入了解我国教育行政管理的现况，准确地揭示其在履行合作型教育行政方面所存在的主要问题和原因，并据以提出相应的对策性建议；

4. 比较研究法。这里运用比较研究法主要是通过对我国教育行政管理不同历史时期的纵向比较和当前国外教育行政改革发展及合作型教育行政构建理论与实践的横向比较，从而探寻比较逻辑视野下以及来探寻当前我国构建合作型教育行政的对策与措施；

5. 理论演绎法。在本研究中，运用公共行政和公共管理的一般性理论或原理去推断作为公共行政的教育行政应该具有的特征，也就是要结合教育行政的特点把公共行政和公共管理中的相关理论移植到教育行政中去，从而去分析和探讨合作型教育行政的构建问题。

（二）研究框架

本研究的主题是讨论合作型教育行政的构建问题，研究内容则主要是围绕着构建合作型教育行政这个核心命题予以展开，涉及以下几个方面的内容。

1. 第一部分是导论，首先通过当前我国教育及教育行政自身改革与发展要求引出教育行政改革与发展的研究话题，然后结合我国及世界范围内公共行政改革与发展状况的时代背景谈论我国构建合作型教育行政问题缘起及其必要性。其次，就本研究国内外研究现状进行系统地回顾与展示。最后就是本研究拟采用的基本的研究方法等内容。

2. 在第二部分中，着重对构建合作型教育行政的知识基础做了详细的梳理与呈现，包括教育行政、政府行政、公共行政、教育公共治理以及其他与合作型教育行政相关的概念进行概念识别与界定，并就教育行政作为公共行政的本质及其与合作型教育行政的内在关联，同时也明确提出构建合作型教育行政的理论坐标是公民与政府关系的理论并对公民与政府关系的演变做了历史梳理与考察，并就合作型教育行政的基本内涵进行了初步探讨。

3. 在第三部分中，主要就合作型教育行政构建的理论依据做一个系统的挖掘，重点阐明了公共治理理论及其相关的民主行政理论、党的群众路线理论、政府与公民合作伙伴关系理论等理论内涵及其为合作型教育行政构建所提供的充分的理论依据与扎实的理论支撑。

4. 在第四部分中，对人类社会治理模式的历史演变及其相应教育行政类型的结构、主体、关系等进行全面的考察，从历史逻辑的角度，我们选择一种有公共性和使命感的教育行政即合作型教育行政是历史的必然。

5. 在第五部分中，研究了我国构建合作型教育行政的现实基础，从合作型公共行政的视角去分析我国当前教育行政发展的宏观环境、现状及管制型教育行政存在哪些问题，抑或是合作型教育在我国教育行政管理活动中的"合作缺失"与"合作异化"，进而为合作型教育行政的构建奠定良好的现实基础。

6. 在第六部分中，对以上内容的分析与梳理基础上，分别就美国、德国和韩国的合作型教育行政实践，以及相关经验教训等进行呈现和介绍，从而通过考察域外经验的"他山之石"，以攻"我国教育行政改革与合作型教育行政构建"之玉。

7. 最后就当代中国合作型教育行政构建的对策与路径进行了尝试性的思考与探索，合作型教育行政的建构需要围绕着"理念——主体——规则（配套保障）"的结构逻辑与致思路径而予以展开和推进。同时也通过文章涉及的内容进行全面总结，对可能性的价值与贡献再次予以重点强调，也坦诚指出一些不足之处，并展望了中国教育行政未来发展的美好图景。

第一章

合作型教育行政建构的知识基础

合作型教育行政作为一种教育行政类型或模式，是从属教育行政的下位概念。究竟何谓教育行政？如何理解作为公共事业的教育行政？如何区分教育行政与政府行政？如何识别教育行政与公共行政？在近年来教育领域中大行其道的教育公共治理与合作型教育行政的联系与区别是什么？因此，对上述相关概念知识与基础问题有一个科学的概念认知与知识把握，是对合作型教育行政及其构建问题展开探索与思考的逻辑前提。

一、教育行政的概念阐释及其界限

由于教育行政由"教育"与"行政"二字组合而来，要了解什么是教育行政，就应先了解什么是教育，什么是行政。毕竟概念是分析问题的逻辑起点，"概念是学术研究由以展开的工具，要促进学术研究水平的不断提高，任何学科都必须对它的基本概念有着共识性理解。"[1]"概念引导我们探索"[2]，如果我们对概念理解得不正确，那么最后很可能危险地放弃了真正对我们有益的东西，而得到了对我们有害的东西。[3]

（一）教育行政的概念阐释

1. 教育的内涵

"教"的甲骨文字形为𣁬，其造字本义是用体罚手段训导孩子做算术。

---

① 张康之，张乾友. 公共行政的概念 [M]. 北京：中国社会科学出版社，2013年版，第1页.

② [奥] 维特根斯坦. 逻辑哲学论 [M]. 郭英译. 北京：商务印书馆，1962年版，第540页.

③ 周义程. 公共利益、公共事务和公共事业的概念界说 [J]. 南京社会科学，2007（1）：77.

"育"的甲骨文字形为 ♪，其造字本义为孕妇生子。汉语中"教育"一词始见于《孟子·尽心上》："君子有三乐，而王天下不与存焉。父母俱存，兄弟无故，一乐也；仰不愧于天，俯不怍于人，二乐也；得天下英才而教育之，三乐也。"《说文解字》对教育的解释是："教，上所施，下所效也。""育，养子使作善也。"西文中教育（education）一词源于拉丁文（educare）。本义为"引出"或"导出"，意思就是通过一定的手段，把某种本来潜在于身体和心灵内部的东西引发出来。捷克著名教育家夸美纽斯（Johann-Amos·Comenius，1592—1670）认为："假如要去形成一个人，那便必须由教育去形成……教育就在于发展健全的个人。"18世纪法国著名的启蒙思想家和自然主义教育家让·雅克·卢梭（Jean-Jacques Rousseau，1712—1778）认为："植物是由培栽而成，人是由教育而成……教育就是让儿童的天性率性发展。"[①] 19世纪英国的实证主义哲学家和教育家赫伯特·斯宾塞（Herbert Spencer，1820‑1903）提出："教育是为受教育者未来的美好生活做准备。"19世纪瑞士著名的民主主义教育家约翰·裴斯泰洛齐（Johan-Heinrich Pestalozzi，1746‑1827）认为，教育是"依照自然法则，发展儿童道德、智慧和身体各方面的能力。"20世纪的实用主义哲学家和教育家约翰·杜威（John Dewey，1859—1952）说："教育不是为未来的生活做准备，教育即生活本身……教育即生长。"[②] 如上种种，尽管他们各有不同的哲学观与教育观，也反映着不同时代与不同阶级的要求，但他们的表述都集中在一个基本的共同点上，那就是都把教育看作是培养人的活动，看作是感化、启发、引导人的活动，或者看作是传道、授业、解惑的过程，目的在于促使一个新生个体社会化，促使受教育者的身心得到发展，在知识、品格等方面都能适应社会的需要。可见，人类从古至今纷繁复杂的各类教育中都把培养人作为教育的本质。正如柳海民先生所言："通过现象看本质，不论我们强加给教育多少个属性、多少个性质，这都无碍于教育作为一种培养人的活动的本质规定。教育过去是、今天是、将来也必定还是教育——人的培养，这便是教育的本质。"[③] 因此，正如《中国教育百科全

---

① [法] 卢梭. 爱弥儿：论教育（上卷）[M]. 李平沤译. 北京：人民教育出版社，2001年版，第9页.

② 刘铁芳. 从苏格拉底到杜威：教育的生活转向与现代教育的完成 [J]. 北京大学教育评论，2010（2）：91-111.

③ 柳海明. 教育原理 [M]. 长春：东北师范大学出版社，2000年版，第19页.

书》的教育界说："广义的教育是指一切增进人们的知识、技能，影响人们的思想，增强人们的体质的活动。"也正如《美利坚百科全书》的教育定义："从最广泛的意义上来说，教育就是个人获得知识或见解的过程，就是个人的观点或技艺得到提高的过程。"袁振国先生认为："教育就是培养人的一种社会活动，是承传社会文化、传递生产经验和社会生活经验的基本途径。"① 教育即培养人，反映了教育的自然属性，也揭示了教育之所以是教育的质的规定性。值得一提的是，18世纪的德国著名教育家约翰·弗里德里希·赫尔巴特（Johann-Friedrich Herbart，1776 — 1841）研究建立在心理学基础上的教育学，即所谓的实验教育学，主张用自然科学的实验研究方法研究儿童发展及其与教育的关系，强调教育学发展的客观性、精确性和科学性，重视以经验归纳为主的科学理性。然而，正如作物栽培一样，作物栽培学需要研究作物生长发育、产量和品质形成规律及其与环境条件的关系，需要探索通过栽培管理、生长调控和优化决策等途径，实现作物高产、优质、高效及可持续发展的理论、方法与技术。教育学也需要研究人的成长发育、个性品质形成的规律及其与环境条件的关系，也需要探索如何通过教育主导者的协调与控制，实现人的全面发展的理论、方法和技术。所以，从教育是培养人的逻辑起点出发，必须综合与此相关的各种因素，探索为什么要培养人，培养什么样的人和怎样培养人的问题。胡德海将教育形态分为教育活动和教育事业这两种不同的教育现象。他认为："就教育活动这一教育形态而言，可以认为它是人类一种特殊的文化传递的形式、手段和工具。教育的本质属性是它的传递性、工具性、手段性。传递什么？传递文化，传递人类文明，传递人类劳动和智慧的一切成果和结晶。人类靠生育传递生命，靠教育传递文化、文明。教育的根本作用就在于此。这是教育这种社会现象决定教育的一切属性的属性。"② "还必须同时肯定，在阶级社会中各种不同的教育事业、教育制度，都是为了适应一定人、一定民族、一定国家、一定团体，总之是适应一定社会的政治、经济、阶级的需要的，因此，各种不同社会制度下的学校教育事业都必然具有不同的阶级性、民族性。学校教育事业的重要任务之一是为了一定的阶级、民族、社会团体传播其所需要的文化、知识，培养所需要的一定的人才。因

---

① 袁振国. 当代教育学 [M]. 北京：教育科学出版社，2004年版，第4页.

② 胡德海. 教育学原理 [M]. 兰州：甘肃教育出版社，1998年版，第223页.

此，学校教育的阶级性、民族性以及历史性也集中反映在选取什么样的文化知识等教育内容上和培养什么样规格的人才标准上。因此，学校教育事业也就必然成为一定社会制度基础之上的上层建筑，成为一定社会为其经济、政治服务的不可缺少的一种社会事业。"胡德海阐述了教育为什么要培养人和培养什么样的人的问题但他并未说明教育应怎样培养人的问题。那么，应该如何理解教育的概念？

我国心理学家荆其诚在其主编的《简明心理学百科全书》中明确指出，概念是对事物本质属性的反映。学者波纳（Bourneetal）等人在概念结构的特征表理论（Feature List Theory）提出，概念是由按照一定规则联合起来的事物的定义性特征和整合这些特征的规则两方面构成的。这些规则也称为概念规则，它包括肯定、否定、析取、条件等。概念的定义性特征和概念规则相互结合就形成了各种各样的概念。[①] 教育的定义性特征表现在"教"和"育"两个方面，这两方面定义性特征整合的规则是通过"教"而达到"育"的目的。因此，反映教育本质的定义性特征应该是现象和本质的统一，满足独立的和具有"是什么？为什么？怎么样？"三者内在的、和谐一致的定义性特征。[②]归根结底，教育（主要指学校教育）就是一种有意识、有目的、有针对性地培养人的社会生产和社会服务的实践活动，教育具有社会性、生产性和服务性三重基本属性。

首先，教育具有社会性。因为教育是一种有目的的社会交流活动，通过这种社会交流将富有特定社会政治、经济、文化内涵的内容传递给受教育者，教育的最终目的是要培养适应社会发展和需要的人，离开了社会适应和发展的需要就失去了教育的意义。可见，培养人的过程就是人的社会化的过程。教育的社会性反映了教育培养什么样的人的问题。

其次，教育具有生产性。教育特别是学校教育是一种有计划、有组织地传递社会经验的活动，它就像车间加工产品一样，需要根据原材料的性质和特点来确定和组织加工的程序与技术。教育者只有尊重受教育者的心理和生理发展、发育的基础及个性特征，并采用相应的技术和手段，才能有效完成知识和经验的传递，提高人的心智和才能。教育的生产性揭示了教育怎样培

---

① 彭聃龄. 普通心理学（第4版）[M]. 北京：北京师范大学出版社，2012年版，第79页.

② 宋官东. 教育公共治理 [M]. 哈尔滨：东北大学出版社，2012年版，第223页.

养人的问题。

最后是教育具有服务性。教育能够为社会政治、经济、文化的创造和发展提供强有力的支撑和服务。正如马克思所说："要改变人的一般的本性，使它获得一定劳动部门的技能和技巧，成为发达的和专门的劳动力，就要有一定的教育和训练。"[1]同时，教育作为一种社会生产活动需要一定的人力、物力和财力的投入，这种投入也是一种服务。教育的服务性反映了教育的条件与目的，特别是教育为社会服务性质体现了教育为什么要培养人的问题。"教育是培养人的社会生产和社会服务的活动"的观点揭示了教育活动中不仅仅存在"教"和"育"的技术特征，也存在服务于教育和教育为社会服务的产品特征，教育的产品特征是教育公共治理的研究的基础，是教育公共治理及其机制研究的重要假设前提之一。

2. 行政的定义

"行政"是随着国家的产生而产生的，是国家的一种基本职能形态，因而"行政"一词是公共行政（管理）学中一个最基本也最为重要的概念。尽管如此，时至今日，人们对行政一词的含义并无一致的认识，这也是人们总是持续不断地对行政加以研究的价值理由。在人类文明史的早期阶段，国家与政府是一体的，还没有分化，行政从属于政治。在奴隶制、封建制时代，所谓"行政"，只不过是协助国王或君主处理日常事务，我国古代，《左传》中的"行其政事""行其政令"的提法就表明了行政是执掌政务、推行政令之意，此时"行政"的功能表现为阶级统治与政治统治，它承担的是对统治阶级意志和命令的执行以及对社会的控制。在英语世界里，行政为 administration，起源于拉丁文的 administrare，也指的是治理、管理事务的意思，故而有些国际词典把行政解释为"国家事务的管理"[2]。

作为近代知识发展与学科分化的产物，将国家和政府的行政现象和行政问题作为研究对象的行政学（亦称公共行政学或行政管理学）是从政治学领域所派生和分化出来的知识体系。作为一门学科，行政学是典型的西方学科发展与知识范式变迁的产物。追溯西方政治与行政学发展史，行政的概念定

---

[1] 中共中央马克思恩格斯列宁斯大林著作编译局. 马克思恩格斯文集（第5卷）[M]. 北京：人民出版社，2009年版，第200页.

[2] 孙荣、楼宇生、陈瑞龙. 行政管理学概论 [M]. 上海：同济大学出版社，1988年版，第2页.

义大致分为如下几种：

（1）从"三权分立"的角度来理解行政

所谓三权分立，亦称三权分治，是西方民主国家的一个政治学说和基本政制的建制原则，主张政府的行政、立法与司法职权范围要分明，以免滥用权力。三权分立原则的起源可追溯至亚里士多德时代，亚里士多德提出了著名的政体三要素论，他首次把国家的政权划分为议事权、行政权和审判权，并认为国家之治乱以三权是否调和为转移。古罗马波里比阿在政体三要素的基础上，提出三要素之间要能够相互配合并相互制约。17世纪，英国著名思想家洛克《政府论》的发表，表明现代意义上的分权理论初步形成。洛克在《政府论》中，对权力分立理论有详尽的描述，他把国家权力分为立法权、行政权和对外权，立法和行政权应该分别由不同的国家机关行使，行政和对外权由一个机关行使。立法权属于议会，行政权属于国王，对外权涉及和平与战争、外交与结盟，也为国王所行使。继洛克之后，法国启蒙思想家孟德斯鸠更进一步发展了分权理论，提出著名的"三权分立"理论。他在《论法的精神》中，将国家权力分为三种：立法权、行政权和司法权。所谓三权分立是通过法律规定，将三种权力分别交给三个不同的国家机关管辖，既保持各自的权限，又要相互制约保持平衡。我国台湾学者将此观点称为"法律执行说"①，即在三权分立的国家，立法为制定法律，行政为执行法律，司法为维护法律。

（2）从政治与行政的分离及不同功能的角度来解释行政

一般而言，学术研究界都会政治与行政相分离的思想与美国的著名的行政大师及前总统伍德罗·威尔逊（Woodrow Wilson，1856–1924）的名字联系起来，因为早在1887年，威尔逊在《政治科学季刊》上发表了被认为是行政学开山之作的论文《行政之研究》（The Study of Administration）。不过威尔逊显然要谦逊得多，在这篇文章中，他认为政治与行政的区分其实早已由德国政治学家布隆赤里（J·K. Biuntschli）做出："政治是'所涉事情重大而普遍'的国家活动；行政相反，它是'个人和细琐事情'的国家活动。因此，政治是政治活动家的特殊领域，行政则是技术官员的领域。虽然政策若无行

---

① 吴挽澜. 行政学新论 [M]. 台北：幼师文化事业公司，1984年版，第8页.

政的支撑便无所作为，但是行政并不因此而就是政治。"① 换句话说，威尔逊就认为政治是国家意志活动的领域，主要指国家政策的制定；行政是指实现国家目的的方法和技术，主要是指国家政策的执行。正如美国著名学者弗兰克·古德诺（Frank·Goodnow）所论证的那样："实际上，行政中很大一部分是与政治无关的；所以，即使不能全部，也应该在很大程度上把它从政治团体的控制下解放出来。行政之所以与政治不相干，是因为它包括了半科学、准司法和准商业或商业的活动——这些活动对于真正的国家意志的表达即使有影响也是很小的。为了能最有利于行使行政功能的这一分支，必须组织一套完全不受政治影响的政府机构。"②

（3）从管理功能的角度来分析和释义行政

从管理主义视角看行政，认为行政与其他管理活动在目的性上是一致的，并把公共行政视作一种"管理行为"（Management Endeavor），与民营部门的运作相类似，被视作一种协调众人力量以达到共同目标的活动。例如，1926年，美国著名的行政学家伦纳德·怀特（Lenonard·White）在《行政学概论》一书中就提出："公共行政的目的就是在官员与雇员的处置下，对各种资源加以最有效能的利用，使公共计划得以最迅速、最经济、最圆满地完成。"③1930年，美国行政学家费富纳（Jnhn·Pfiffner）在《行政学》一书中，认为行政就是由一些人的协调的努力，使政府的工作得以做成。美国行政学家古立克（Luther·Gulick）将行政活动分解为计划、组织、用人、指挥、协调、报告和预算，即著名的 POSDCORB 七功能说。美国行政学家西蒙（Herbert·Simon）也认为，行政即为达到共同目的时合作的集体行动。在他们看来，行政组织就如同一个大企业一样，应该按照同样的管理原则和价值进行管理。从众多学者的理解和定义出发，认为行政乃是为完成某种目的时，对许多人所做的指挥、协调和控制，其特点是强调行政的管理特性，技术性，以效率为直接目标。可以说，在当今美国社会的一些部门中，管理主义视角的行政观是极受欢迎的，在每一次的美国总统竞选中的政治领导人那里，亦经常提到此观

---

① [美]W·Wilson. The Study of Administration[A]. 竺乾威，马国泉. 公共行政学经典文选（英文版）[C]. 上海：复旦大学出版社，2000年版，第19页.

② [美]F·古德诺. 政治与行政[M]. 王元译. 北京：华夏出版社，1987年版，第47页.

③ [美]L·怀特. 行政学概论[M]. 邓世传译. 上海：商务印书馆，1947年版，第25页.

点，他们喜欢对公务员的政治影响恶言相向。也就是说，如果不强调候选人管理庞大的官僚组织的能力，以使其更有效率，那简直是不可思议的，而即使在州和地方的选举中，这种情形也不例外。当然，时至今日，行政的管理途径又发展处两种派别，一种是传统的管理主义途径，它将组织视为依正式法令而形成的架构，而非人员的组合；另一种是新公共管理途径，提出了公共行政是非政治化和企业化（apolitical and business like）的主张。

（4）从综合的角度全面地概括行政

第一，从政府组织维度看，行政乃是政府组织中行政机关所管辖的事务或活动；第二，从政治运用角度看，行政乃是民意的实行，国家意志的执行，主要表现为一种执行活动；第三，从管理功能的观点看，行政乃是以集体的努力与合作完成共同任务的活动，是为管理公共事务而对许多人所进行的指挥、协调、控制，是一种专门艺术。第四，从行为科学观点看，行政是由有关行政活动的人的行为构成的，是许多人通力合作达到共同目标的集体行动。如我国台湾学者吴挽澜先生在其著作《行政学新论》中认为，行政实系指政府机关依据国家的政策和法令，为达成工作目标，对有关之人、财、事、物、时、空等做有效运用之施政行为。简言之，行政便是化政令为具体行为的一种过程。此种过程，若就行政的效能观念来论，即是输入政令，经由行政系统输出为民服务的绩效。[①]

从上述行政的诸种定义可知，行政本身就是一个仁者见仁、智者见智的概念定义或诠释，甚至迄今为止，也没有定论。科学理解行政的含义又至关重要。为此，应明确以下三方面的关系：第一，要明确行政与国家的关系。行政是指国家行政，是一个国家概念，是国家事务的管理。行政的主体是国家行政机关及其工作人员，行政的客体或内容是国家事务，行政的基础是国家权力。行政是政治上层建筑的重要组成部分，行政活动是国家意志的贯彻和执行，而国家总是代表某个阶级的利益和意志的，因此，行政是国家的行政，是阶级的行政，它是为实现国家的社会目标和统治阶级利益进行活动的，是阶级统治的一种工具。第二，要明确行政与管理的关系。行政是一种管理活动，但并非所有的管理活动都属行政。行政是管理，因此它具有管理的一

---

① 吴挽澜. 行政学新论 [M]. 台北：台湾幼狮文化事业公司，1984年版，第8页.

般要素和特点；但行政只是管理的一种，是有特定意义的管理。只有通过国家行政机关对国家各种事务所进行的管理，才是行政管理。第三，要明确行政与法律的关系。行政是一种以国家强制力为后盾的管理，一切行政活动均以法律为依据，要依法管理。行政是凭借国家法定权力、依法管理国家事务的活动。

因此，"行政"是指以政府为核心的公共组织，为维护国家稳定、促进社会发展、满足社会公共需要，综合运用各种手段、技术和方法，依据国家法律、运用国家法定权力对国家政务、社会公共事务和组织内部事务所进行的一系列组织和管理的活动。今天的行政不仅仅是政策执行过程，更是一种对国家事务和社会事务的管理与服务活动。不难看出，今天的行政具有执行性（体现在国家权力机关的从属性）、国家职权性（国家强制力实现其意志的活动）、公共性（行政主体对国家事务和社会事务进管理和调控）、积极性（行政职权的行使具有主动性）等特点。

3. 教育行政的概念理解

教育行政（亦称教育行政管理）是伴随着近代行政国家的建立而形成和发展起来的教育现象。国家出于军事和政治上的目的，需要培育有才能的公民，并因此认识到教育的生产性与公益性，正是教育的公共性使得政府干预教育具有天然的合法性，教育行政由此成为国家对内职能的重要组成部分。由此看来，教育行政是国家对教育事业的管理，以求有效达成教育目标的状态及过程。尽管如此，关于什么是教育行政？现行教科书和各种教育行政专著的概念理解，众说纷纭，莫衷一是，可以夸张地说，有多少教育行政学专著就会有多少种教育行政的内涵界定。

在主要发达国家，教育行政研究领域论述的教育行政定义可以大致概括为以下三种。

第一种是"关于教育的行政"或"教育的行政"。持这一观点的又分成消极说和积极说。消极说认为，行政主要是从事公共事务管理，而不是行使国家统治作用（立法＋司法），即行政不是立法，也不是司法。对此，积极说认为，司法是法律的适用宣言，但行政不能只停留在对法律的适用宣言上，而有必要进一步发挥行政适合于公共利益的功能作用。还有，司法要受法律的约束，而行政在法定范围内较有自由裁量的余地。

第二种是"配备教育的条件"。这一定义深受美国现代教育行政思想的影响，以职能论的教育行政为其特征。换言之，是一种讲究效益的经营管理学，与第一定义深受德国学派影响而重于法律规范不同。德国行政学理论中的"行政是统治性的"，而美国行政学思想中的"行政是服务性的"。因此，教育行政被认为是合理有效地配备教育条件的经营管理论。

第三种是"权力机构使教育政策现实化"。与前两种定义相比，第三种定义较有学问深度。其特征为：教育政策是"由权力支持的教育思想"，教育思想是"教育的目的和手段，以及内容和方法的总体"，为使思想得以贯彻而展开像"教育行政——教育政策——教育理念——教育思想"那样学问性的联想，由此而"科学地提高教育行政研究的水准"。

在上述三种定义基础上，日本有学者把教育行政定义为"是使国民的教育和学习活动有组织化，并使之有体系地展开，公共权力机构按照教育政策，配备完善教育诸条件之行政过程。"[①] 教育行政也就是由教育立法规定教育制度之过程。所谓教育行政制度，则是由公共权力机构所支配的固定化的教育制度。教育行政一词常与教育制度、教育政策、教育财政、教育经营、学校管理等密切相关而被广泛地运用，因为实际的教育行政既有独自领域又有共同领域就我国的实际情况而言，目前对于教育行政的理解也仍然存在争议的，绝大部分的专家学者乃至相关的法律规范都认为教育行政是国家对教育的管理活动，是属于教育管理的下位概念，教育管理包括教育行政和学校管理两大块内容，它主要指政府的教育行政机关的活动而不再包括学校的内部管理活动。然而华东师范大学的吴志宏认为，从广义上来说，教育行政其实就是教育管理，包括学校内部管理活动，在某种程度上，可以将教育行政与教育管理等同起来使用。

就本研究而言，本人尽管也倾向于从宏观角度来理解教育行政或从微观角度理解教育管理，然而，从严格意义上说，管理与行政并不是完全画等号的同义范畴，而是有着很大区别的两个概念，因此，为了研究的方便，特从狭义的角度将教育行政理解为政府对教育的干预和管理活动。所谓教育行政，"是国家行政的重要组成部分，是国家通过政府的教育行政部门对教育事业进

---

① ［日］清水俊彦. 教育制度 [M]. 日本教育图书中心，1987年版，第30页.

行的领导和管理。"① 从这一角度说，教育行政与教育行政管理基本上是两个相等的概念而没有原则上的区别，都是指国家通过教育行政部门对教育事业进行的管理，基本上可以将它们视为等同的概念来使用。本研究也是基于这一立场而开展的。

教育行政是部门行政，是公共行政的一种领域和类型。教育行政与其他行政的区别就在于：第一，教育行政活动在很多方面要受制于教育本身的规律，如教育是人力密集的事业，教育的周期性长，教师工作是一种专业性工作等，违背这些规律而实施行政管理是行不通的。例如，你不能运用行政手段，强令教师采用某种教学方式，因为这与教育规律不符；相反，在企业行政中，你却可以通过机器与技术，直接控制员工的工作程序；第二，教育行政工作的许多方面难以实行量化管理。这是因为，教育行政管理最终要落实在学校工作中，而学校培养人要受多种因素的影响。例如，我们就很难对一所学校的德育管理情况实行精确的统计；第三，教育是价值高度涉入的事业，因此教育行政常常会涉及其他行政所不常碰见的伦理、道德及价值观方面的问题。正如国外有的学者所说的那样，"学校是社会上各种冲突的价值观念的中心。"② 从这一角度出发，教育行政工作不可能像有些学者所提倡的那样"保持中立"；第四，对教育行政工作的成效的评价，要比对其他行政工作的评价复杂得多。例如，我们很难根据某所中学当年的高考成绩，来对这所学校的行政管理工作成功与否做出评价，因为其中的影响因素太多了，而且很多因素主观上是无法控制的，正是由于这种评价上的困难，为圆满地履行教育行政职能带来一定难度。

（二）教育行政的界说

1. 作为公共事业的教育行政

（1）何谓公共事业 ③

所谓公共事业，就是社会全体公众的事业，即关系到社会全体公众基本

---

① 萧宗六、贺乐凡. 中国教育行政学（第2版）[M]. 人民教育出版社，2004年版，第4页.

② 吴志宏、冯大鸣、魏志春. 新编教育管理学（第1版）[M]. 上海：华东师范大学出版社，2000年版，第10页.

③ 崔运武. 公共事业管理概论（第2版）[M]. 北京：高等教育出版社，2006年版，第11页.

生活质量和共同利益的特定的社会公共事务。从公共事务的角度看，公共事业所包含的公共事务，是由公共事务中的狭义的社会事务为基础和主要内容，并包括一定的经济事务所构成的一种特定的社会公共事务。从公共物品的角度看，公共事业主要由公共物品和准公共产品构成，但主体是准公共产品。公共事业的基本范围，主要是教育、科学、文化、卫生、体育、人口、资源与环境保护，以及通讯、邮电、铁路和公共交通、水、电、煤气组成的公用事业等。进而言之，公共事业具有如下几个方面的内涵：

第一、从理论上看，公共事业所包含的基本内容属于社会公共事务的范畴，或者说属于社会公共产品的范畴，必须以不同于私人事务的方式进行经营和管理，或者说，企业和个人家庭不能管、不愿管也管不了的事务应该是公共事业的基本内容。

第二、从社会公共事务的角度看，公共事业作为社会全体公众所拥有的共同事业，因而在逻辑上，举凡政治的、经济的和社会的公共事务，都可以在公共事业的范围中。但我国公共事业这一概念或提法，实际上是由我国计划经济体制下特有的"事业"发展而来的，"事业"的基本内涵主要是非政治非经济的事务，即狭义的社会事务。因此，狭义的社会公共事务应该是公共事业的基本内容，但不应包括政治性事务。

第三、公共事务的基本实现方式是公共服务。现代社会的公共事务日益丰富，这不仅表现在许多私人事务涉及公共利益，而且狭义的公共事务的实现也与经济密切相关。从公共产品理论对社会总产品的划分看，任何一种社会产品地提供都是一个生产过程，都是一个经济行为过程。因此，公共事业不再是传统的"非经济"事务，确定公共事业内涵基本标准之一不是与经济的关系，而应是是否与公众的日常基本生活相关联，且企业和私人家庭能否操作。

第四、在公共产品理论尤其是准公共产品理论的视野中，我国传统事业所涉及的范围主要分为两部分，一是属于纯公共产品的事业产品，在整个事业中占少数，如气象、基础科学研究、农业技术的研究和推广、大型水利设施、社会科学研究等。二是属于准公共产品的事业产品，在整个事业中占大多数，如教育、医疗、卫生、体育、动植物检疫、出版、广播、影视、文化等。

通过对公共事业的基本内涵予以阐释，可以看出，公共事业的最大特点是公共性。其公共性主要表现为：

第一，公众性，即公共事业的受益对象是全体社会公众，具有公众性；

第二，公用性，即它的服务内容涉及所有社会成员的共同需要，所以带有公用性；

第三，公益性，即它的服务目标是实现公众的共同利益，因而带有公益性；

第四，非营利性，即事业产品的生产和提供是不以营利为目的，且在一般情况下，事业产品的生产和提供是以公共财政作为基础的，社会公众在享受这一产品时是不需要另外交费的，虽然在现代社会，有时为了弥补公共事业的经费不足，或者为了平衡在享受公共事业所提供的服务方面实际存在的差异，也会采用收费的办法，但是，特定的管理政策决定了这种收费绝不是以营利为目的，因而总体上具有非营利性。

必须指出的是，在现代社会中，企业通常也承担公共事业产品的生产，但由于有相应的政策法规的限制和必需的财政补贴，因而这些企业在保证社会效益的前提下并在规定的利润空间里进行营利的。因此，公共事业的这种非营利性可以进一步表述为：公共事业以非营利性为主，并在某些规定范围或空间内具有特定的营利性。

（2）作为公共事业的教育行政之理解[①]

所谓公共事业，是一个源于公共问题，本质上决定于社会公共需要，又与既有的事业单位的业务所涉及的范围密切相关的生产并向公众提供产品以满足一定公共需要的行业或部门。[②] 由此可知，教育是一种典型的公共事业，对教育公共事业进行调节管控的教育行政就是公共事业管理。进而言之，作为国家公益性事业的重要组成部分，"谁也不会有异议，立法者最应关心的事情是青少年的教育……对教育的关心是全国（城邦）共同的责任，而不是私

---

① 注：作为公共事业的教育行政的提法，是参考了华东师范大学陈永明教授的观点。具体参见：陈永明. 比较教育行政 [M]. 上海：华东师范大学出版社，2005年版，第166页.

② 崔运武. 公共事业管理概论（第2版）[M]. 北京：高等教育出版社，2006年版，第11页.

人的事情。"①"显而易见，教育方面应由立法规定，并且应是国家的事务"。②早在两千多年前的古希腊先哲亚里士多德就强调国家应该管理社会教育并把教育纳入国家法治的轨道。在亚里士多德看来，"所有共同体都是为了追求某种善而建立的（因为人的一切行为都是为着他们所认为的善）……国家（城邦）是所有共同体中最崇高、最有权威、并且包含了一切其他共同体的共同体，所追求的一定是至善。"③教育是国家（城邦）政治的杠杆，"具备了良好的教育，国家（城邦）所需其他种种就会跟着实现。"④"通过教育，可以使国家（城邦）建立'更番迭代'的最优良政体；通过教育，可以保证公民团体的永存；通过教育，可以为城邦培养一支强大的公民兵。"因此，为了保证教育在国家政治生活中的杠杆作用，亚里士多德主张把教育机构交付国家，"教育由城邦办理……使教育与国家（城邦）的政治目的统一起来。"毕竟"忽视教育就会危害政治制度"，所以国家要掌握教育，这样就可以"维护这个政体的实力"。为此目的，他主张必须用法律来管理教育，即"立法家必须保证他的公民们从今往后可以取得这样的成绩"⑤。总之，为达到国家（城邦）的统一政治目的，"必须用国家政权和法律的力量作为实现教育方向的保证。"⑥

教育制度是根据国家政权性质而制定教育目的、方针、内容和设施的总称，意指各种教育机构的系统。教育制度是社会发展的产物，既要受社会生产力发展水平的影响，又要受社会政治经济制度的制约。由于现代国家政治制度差异以及经济发展和文化教育水准不一，各国教育制度也不相同。

现代教育制度包括现代教育的法制、体制、机制及其运作。在由国家权力支持的教育制度下，经营管理教育事务的国家作用就被称为教育行政。教

---

① [古希腊]亚里士多德. 政治学 [M]. 颜一，秦典华译. 北京：中国人民大学出版社，2003年版，第267页.

② [古希腊]亚里士多德. 政治学 [M]. 颜一，秦典华译. 北京：中国人民大学出版社，2003年版，第268页.

③ [古希腊]亚里士多德. 政治学 [M]. 颜一，秦典华译. 北京：中国人民大学出版社，2003年版，第1页.

④ [古希腊]亚里士多德. 政治学 [M]. 吴寿彭译. 北京：商务印书馆，1965年版（2016年印刷），第440页.

⑤ [古希腊]亚里士多德. 政治学 [M]. 颜一，秦典华译. 北京：中国人民大学出版社，2003年版，第267–268页.

⑥ [古希腊]亚里士多德. 政治学 [M]. 颜一，秦典华译. 北京：中国人民大学出版社，2003年版，第267–268页.

育行政又被解释为是一种制度化的教育事务。教育行政与教育制度有着密切的联系，但教育行政的发展要比教育制度晚得多。由教育法规来规范和制约教育的运作，于是产生所谓的公共教育制度。"教育行政也可以说是教育制度的一种运作。"①正规的教育行政运作，从某种意义上说，其实就应该是以公共教育制度为核心而展开的。教育制度的成立是在人类社会生活中萌芽的，而教育行政却是在近代国家的发展过程中诞生的。教育制度的变革与更新，都会对教育行政的目的、内容、方法和组织机构及其职责职能产生或多或少的影响。因此，研究教育行政不是静态的，多数是从动态过程以法律学或行政学为重点来探究有关教育法规、教育制度和教育行政组织关系，等等。

有关教育行政众说纷纭，不尽一致。实际上教育行政是对教育事务的管理，以求有效而经济地达到教育目标。教育行政的管理对象是教育事务，教育行政是对教育事务的管理；教育行政的目的在丁达到教育的目标；教育行政应兼顾有效及经济这些方面。换言之，就是中央及地方政府对于所属的教育行政机构或部门，从事计划、执行及督导等项工作，其目的在于以经济有效的方法来促进教育事业的发展，实现国家教育目的，普遍提高人民的教育水准。教育行政组织是教育所产生的价值被认为社会的共同利益，国家为适应社会的需求从事教育事业而成立的机构。鉴于此，教育行政实际上是一种由公共权力来发挥教育的组织化作用。教育行政不只应求有效，而且要求经济。所谓"有效"，即指能完成所欲达成的目标；所谓"经济"，系指能以最少的投入获取最大的产出。教育行政只是一种手段，它的目的是为达成教育的目标。因此，不论是教育行政的工作内容（教务、训导、总务、人事公共关系），还是教育行政的工作程序（计划、组织、沟通、领导或评鉴），都旨在达成教育目标。为了教育行政达成其目标，或为能使教育行政充分实现其目标，教育行政的实施必须注意到效率，即以最经济有效的方法来维持教育制度、进行教育运作以及实现既定的教育目标。

总之，在现代社会，"教育基于正当性或正义性而关涉公民社会的公共事务及公民品质，它以对公共事务的关怀和公民品德的培养为旨归。"②"教育行

---

① 陈永明. 比较教育行政 [M]. 上海：华东师范大学出版社，2005年版，第166页.

② [美] 约翰·罗尔斯. 正义论 [M]. 何怀宏等译. 北京：中国社会科学出版社，1988年版（2015年印刷），第465–481页.

政管理是各国政府极为重要的公共职能之一，也是教育理论和教育实践中最为基础性的范畴。这一范畴一般涉及教育的体制、机构、职能、内容、规范及队伍，它们从不同的方面决定着教育行政管理的特征与水平，也是人们认识或研究一种教育行政管理体系的不同视角。或者说，只有对上述各个方面进行系统的研究，才有可能获得对一种教育行政体系客观准确地认识。作为行政的一个方面或领域，教育行政当然也具有行政的一般特点。"[①] 因此，"教育行政必然受到社会政治体制的影响和制约并反作用于一定的政治体制，这种政治性在阶级社会还必然表现为阶级性，教育行政管理总是要反映统治阶级的意志"；教育又是一种公益性事业，"教育行政管理也必须是面向社会各个阶层和全体国民的公共性活动"；"教育行政管理也是国家意志和权力的重要体现，教育宗旨、教育方针、政策法规的制定和贯彻执行都带有明显的强制力"，教育行政管理具有的政治性、公共性和强制性的特点，这是分析研究教育行政管理不同方面和不同环节时都应注意的认识基点。

2. 作为公共行政的教育行政

（1）政府行政与公共行政的分野

所谓政府行政，主要是针对传统意义上所谓"全能政府"而言的一种形象说法，是一种政府控制和包揽社会一切事物的政府主导型行政。众所周知，行政当然与政府密切相关，以国家和政府行为及其过程的基本现象和基本问题为研究对象的行政学，也最先蕴含于政治学之中并与之高度合一，而后才从政治学中独立出来的一门现代学科与知识体系。再加上中国处在几千年的封建君主专制集权的社会与政治生态中。所以，这种理论上的知识与学科源流及实践中长时间的历史积淀，导致了在我们国家一直以来的一种价值取向和固有观念：即无论是在政府心底，抑或是研究者脑中，行政事务似乎只应该是政府负责和操心的事情，而与普通公众干系不大。于是乎，在这样一种根深蒂固的价值与观念前设之下，我们默认了由政府单独、单向地处理各种社会事务的合法性，也习惯将各种社会事务的功过是非归于政府头上的做法，从而造成了政府行政的出现。政府行政实际上就是传统意义上的以政府为中

---

① 陈永明. 比较教育行政 [M]. 上海：华东师范大学出版社，2005年版，第166页.

心而忽略公共性意蕴的狭义上的公共行政。[1]或者说，政府行政就其本质而言，也是公共行政，只不过是公共性相对较缺乏的、原始的、早期的、狭义层面的公共行政。

显而易见的是，公共行政和其他与人类有关的事物一样，也与人的问题密切相关。可以说，人们对其究竟指称为何物的问题，尽管皆有一种答案或者皆有所共识，毕竟社会上每一个人"从摇篮到坟墓"都要与政府组织打交道，都要公共行政密切交往。尽管如此，人们对于公共行政的概念界定仍然没有统一意见。以前曾有人指出，用一句话或者一段话界定共行政肯定会让人如堕五里雾之中。之所以如此，是因为公共行政作为一种研究的范畴是如此的抽象且易变动，故研究者只能用模糊的、一般性的、隐喻性的、甚至是矛盾的词句加以描述。然而，即使如此，明确定义仍有其重要性。[2]历史以来，人们对公共行政下了很多定义，但是下列几种定义可以说是其中最重要且最具有代表性的：

第一，公共行政……系政府行为，亦即政府落实其目的与意图的各种手段。[3]

第二，公共行政作为一个领域，其主要关注实现政治价值之手段……[4]

第三，公共行政运作过程由影响政府施政目标或意图的行动构成。因此，公共行政可以说是经由组织和管理的过程，以建构政府行动或营运的一部分，其目的在于执行立法部门（或相关权威部门）之决议，同时接受司法部门之审核。[5]

第四，公共行政是：①一个基于合作而组成的公共团体；②其范围涵盖了行政、立法和司法三个政府部门与相关组织；③在公共政策的制定方面发挥重要作用，因而是政治过程的组成部分；④与民营部门管理在许多重要的

---

① 陈学军 公民与政府：走向合作型教育行政 [J]. 教育研究与实验，2008年第1期，第41页.

② ［美］D·罗森布罗姆，L·克拉夫丘克. 公共行政学：管理、政治和法律的途径（第5版）[M]. 张成福等译. 北京：中国人民大学出版社，2002年版，第5页.

③ ［美］D·罗森布罗姆，L·克拉夫丘克. 公共行政学：管理、政治和法律的途径（第5版）[M]. 张成福等译. 北京：中国人民大学出版社，2002年版，第5页.

④ ［美］D·罗森布罗姆，L·克拉夫丘克. 公共行政学：管理、政治和法律的途径（第5版）[M]. 张成福等译. 北京：中国人民大学出版社，2002年版，第5页.

⑤ ［美］D·罗森布罗姆，L·克拉夫丘克. 公共行政学：管理、政治和法律的途径（第5版）[M]. 张成福等译. 北京：中国人民大学出版社，2002年版，第5页.

方面存在差异；第五，与民营部门或个人亦有密切之关系。①

第五，从政府组织行为角度的考察。西方学者政府角度界定公共行政，而关于政府，一般又有大政府和小政府两种观点的划分。第一，小政府的视角，美国行政学者魏罗毕认为"公共行政是政府组织中行政机关所管辖的事物"②第二，大政府的视角，美国行政学者菲尼克斯·尼格罗和劳埃德·尼格罗认为"公共行政包括所有三个部门——执行、立法和司法的——以及他们的相互作用"③

不可否认，以上对公共行政的理解在一定的语境下都是正确的。公共行政的多种定义一方面反映了公共行政作为一种研究的范畴是如此的抽象且易变动，对于不同的观察者而言，公共行政意味着不同的东西；另一方面，也反映和表现了公共行政作为一种社会现象而普遍存在的客观性，特别是当今世界各国均试图改善公共部门的运作状况之际更是如此。就本研究而言，此处的公共行政被界定为："公共行政乃是运用管理、政治和法律的理论和过程来实现立法、行政及司法部门的指令，为整个社会或社会的局部提供所需的管制与服务。"④

由是观之，作为处理众人之事的行政活动，天然的与公共权威机关之政府密切有关，无论是合法性层面，还是有效性层面。但这不能作为成为政府单向性处理公共事务的一种垄断与独占，它在某种程度上，更与公共事务之主任的社会公众密切相关。因此，凸显公共事务管理的民间属性或社会属性的公共性行为的客观趋势，就是进一步凸显公共性与公民参与属性。从政府行政走向公共行政也就成了一个不可逆转的理论和实践发展趋势。

（2）作为公共行政的教育行政之理解⑤

尽管我们有过不少关于教育行政之性质的讨论，但这些讨论大多未能在

---

① [美] D·罗森布罗姆，L·克拉夫丘克. 公共行政学：管理、政治和法律的途径（第5版）[M]. 张成福等译. 北京：中国人民大学出版社，2002年版，第5页.

② 竺乾威主编. 公共行政学 [M]. 上海：复旦大学出版社，1999年版，第1页.

③ [美]F·尼格罗、L·尼格罗. 公共行政学简明教程 [M]. 郭晓来等译. 北京：中共中央党校出版社，1999年版，第13页.

④ [美] D·罗森布罗姆，L·克拉夫丘克. 公共行政学：管理、政治和法律的途径（第5版）[M]. 张成福等译. 北京：中国人民大学出版社，2002年版，第5-6页.

⑤ 作为公共行政的教育行政这种提法，是参考了南京师范大学陈学军教授的观点。具体参见：陈学军. 公民与政府：走向合作型教育行政 [J]. 教育研究与实验，2008年第1期，第41-46页.

公共行政和政府行政之间做出明确的区分。通过对教育行政的外延进行明确的梳理与阐释，教育行政因教育事业的公共性及政府的公共教育管理职能，而呈现出明确的公共性特质及公共事业管理的本质特征。其实，一如美国当代著名公共行政学家乔治·弗雷德里克森 (H.George·Frederickson) 所主张的，"公共"与"政府"，这两个概念并不是一回事，而且还有本质的区别。① 同样，"作为公共行政的教育行政"与"作为政府行政的教育行政"也是两个存有差异的概念。那些有意无意地将两者等同的主张，对于"作为公共行政的教育行政"的内涵是缺乏深刻理解的。

3. 现代教育行政的界定

如前所述，现代意义上的教育行政，是一项公共事业的管理活动，是国家行政的重要组成部分，是由国家通过政府的教育行政部门对公共教育事业进行的组织、领导与管理的活动及其过程。一方面，它不仅要求教育行政同过去以往的政府行政相区分，虽然在当前以及今后很长的历史时期里，教育行政永远都无法摆脱政府角色及作用的影响，也时常会不自觉地陷入政府行政的泥淖，但这不能将教育行政等同于政府行政的理由；另一方面，由于现代政府也在不断地进行着凸显"公共性"的自我改革与重塑，即由政府行政走向公共行政的这样一条变革道路，因此，作为公共事业的教育行政也必然会走向公共行政的这一客观趋势。

二、合作型教育行政相关概念的梳理、识别与比较

从类型学上看，合作型教育行政当然是教育行政的一种类型或模式，但又是一种比较特殊的教育行政类型或模式。合作型教育行政与合作治理或合作行政密切，要理解和界定合作型教育行政的基本内涵，必须先从合作行政、合作（式）治理及教育公共治理等名词概念谈起。在参阅各类文献中，笔者发现很多学者在研究教育行政改革与发展时候经常提及所谓的"公共治理"或"合作治理"一词。通过阅读分析，大部分学者均认为公共治理本身就内在涵括了合作治理的意蕴，合作治理与合作行政是一个概念的两种叫法，对

---

① ［美］乔治·弗雷德里克森. 公共行政的精神 [M]. 张成福等译. 北京：中国人民大学出版社，2003年版，第18页.

两者不加以区分。而事实上，合作治理与合作行政在理论上确实存在相通之处，在实践中也很难将两者的现实差别区分清楚。笔者之所以选择合作行政一词而未采用合作（式）治理一词，主要是因为本文是对行政行为模式的探讨，合作行政模式的概念更具现实性和可操作性。"而合作治理是一种宏观理念，是一个视野或者一种治理思维模式，我们视之为合作行政的最后阶段，视之为合作行政的发展目标。在这一新的治理模式形成以前，是以政府为主导的一种合作，对于这种社会治理中的合作，其最恰当的定义是合作行政。因此，合作治理模式的实现依赖社会治理主体力量的成长，比如非营利性组织、非政府组织和其他社会治理主体力量的成长，直到这些治理主体在组织的意义上有了可以平衡政府的力量，合作治理才能形成。"①同理，在谈论教育行政改革与发展话题时，更多的是出现了教育公共治理一词，而相反专门谈及合作型教育行政的研究成果则很少。这一方面说明理论色彩较浓的公共治理或合作式治理正恰逢其时地兴盛于理论研究界，而与此相反的公共治理或合作式治理的理论的实践转化与实践话语是比较欠缺的。另一方面也更为凸显了公共行政改革及合作型（教育）行政构建的巨大实践空间。

（一）合作行政与合作（式）治理

1. 合作行政

具体讲合作行政是什么，这依然是个见仁见智的问题。国内学界在20世纪末对此就有过零星研究，而国外则更早，但相对集中在行政契约领域。就国内研究情况而言，合作行政常与公务协助、行政协助、协助行政、行政协调、区域行政合作、民营化、合作国家等概念相比较甚至是混同使用的，并在行政程序领域也多有涉及；但总体上仍然没有出现共识，甚至连这个概念本身是否应该存在也是个可供讨论的问题。2012年学者胡敏洁以《合作行政与现代行政法发展的新方向》为题，通过解读美国学者弗里曼6篇有关合作治理的论文，从新行政法学重心的转移、公私合作关系形成以及混合行政的法律规范等方面提出了现代行政法发展的新方向——合作行政，但并未具体阐释到底何谓合作行政。南京工业大学汪自成教授援引宋国博士的话说，公共

---

① 谢新水. 作为一种行为模式的合作行政 [M]. 北京：中国社会科学出版社，2013年版，第23页.

行政活动的主体结构除政府单一主体外，更多的是呈现出政府与民间相互依赖、互相协商、互相合作的多样化行政活动形态，就是合作行政。作为一种事实描述，合作行政是指政府部门与民间部门共同处理公共事务的情形。①

近期比较集中的著述请参见李延、罗海峰《行政合作新论》，载《前沿》2006年第1期；黄学贤、周春华《行政协助概念评析与重塑》，载《法治论丛》2007年第3期；贺乐民、高全《论行政法的合作理念》，载《法律科学》2008年4期；曾鹏《论从行政区行政到区域合作行政及其法治保障》，载《暨南学报》（哲社版）2012年第5期；宋国《合作行政的法治化研究》，吉林大学博士学位论文（2009）。因此，我们认为，在当前的理论研究和实践状况下，不将合作行政视为一种单纯的行政行为方式，而是当作一种对行政活动状态进行整体性概括性描述的行政模式来对待，可能更加具有包容性，也会对行政实践更具指导意义。作为一种开放、参与、合作、共赢的管理模式，合作行政是政府管理、社会自治、公众参与的有机结合。

合作行政通过维护公共秩序来维护公民自由，从而彰显理性行政之目的。这种增强社会力量，并据以实现国家力量与社会力量价值共享、公务共治、责任共承担的管理模式，不同于国家单一行政的传统模式，反映在行政法视域下，表现为行政主体与社会主体合作行政的新型管理模式。即"为达成国家任务，行政主体与社会主体在执行社会任务的具体环节进行配合，协同完成任务。与传统行政法律关系结构不同，合作行政在行政主体与行政相对人中间引入第三方，行政主体利用或结合该第三方的资源履行行政任务，提高完成任务的效率及所提供公共产品的品质。"②

鉴于建设公共服务型政府的新要求，建构一个合适的行政行为模式成为合作行政实现的基础。后工业社会网络化的社会结构、服务行政体系中的合作制组织、多元主体的独立人格，共同构成了合作行政体系的行政环境。公共信任和公正成为一组共生的价值，服务行政体系被赋予一种以公正为主导的、推动服务行政体系良性运行的责任结构。

从政府与公民关系转变的角度来看，公共服务型政府更认为凸显其"公共性"，是"在公民本位、社会本位理念指导下，在整个社会民主秩序的框架

---

① 汪自成. 合作行政：服务行政的一种模式 [J]. 南京社会科学，2013（4）：89.

② 江必新，邵长茂. 社会治理模式与行政法的第三形态 [J]. 法学研究，2010（6）：22.

下，通过法定程序，按照公民意志组建起来的以为公民服务为宗旨并承担着服务责任的政府。"①在合作行政实现的过程中，政府行政体系必须实现以公正为主导的责任结构，并通过道德判断的方式，以"信任——合作"的行政协调机制来整合多元合作主体。那么，服务行政模式与合作行政行为模式的契合应从三个方面去理解：即社会本位、公众参与和公共服务。

作为一种"奉行开放、参与、合作、共赢"的全新行政行为模式，合作行政在功能定位上更突出目的理性，力图通过维护公共秩序来维护公民自由；在利益取向上要实现社会整体利益的最大化；在行政范围上要将重心从市场监管渐次转向社会管理；在行政行为方式上既要强制性方式，更要重视非强制性方式。

2. 合作（式）治理

南开大学李砚忠博士在其《和谐社会内涵及其构建中的合作式治理》一文中，引用了美国学者科伊曼（Kooiman）的观点：在公众需求与政府能力间的动态关系中，社会政治问题的多样性特征应该被体现出来，解决社会政治问题要求的手段应该多样化，只有多样化才能破坏多样性，解决方案的可行性可以被称为"有效治理"。而"有效治理"需要在分割的职责与互补的能力间建立开放的渠道，这种在社会需求与政府能力间相互的调整和平衡的治理形式就是一种"合作式治理"（简称"合作治理"），它可以透过强化具有社会性与公民性的"系统"或"制度"信任，建构民众间的"社群性""集体性"的联结关系。因此，合作式治理可以使个人与社会、政府之间形成了一种"新的直接关联"，个人自身成了社会、政府在生活世界中的再生产单位。"合作式治理可以使个人进入新的社会联系过程，既定的社会生活形式瓦解（如阶级与地位、性别角色、家庭邻里等），而新的社会整合逐渐兴起。"②因此，合作式治理可以实现一种"社会整合"，促成公民与政府间的和谐互动，培育民众对政府的政治认同感。在某种意义上，合作式治理可视为合作行政的同义词，但更多的是倾向于理论层面的应用。

---

① 刘熙瑞. 服务型政府：经济全球化背景下中国政府改革的目标选择 [J]. 中国行政管理,2002（7）：6.

② 李砚忠. 和谐社会内涵及其建构中的合作式治理 [J]. 东南大学学报（哲学社会科学版），2007（5）：10–13.

（二）教育公共治理的定义

伴随着"公共治理"在政治学、行政学、公共管理等领域的兴起，这一理念也逐渐进入教育研究领域。有学者认为："作为治理理念的延伸，可以说，教育公共治理是一种协调教育各相关主体的权力运作方式，强调按照相应的权责比例共同达成对教育政策或教育制度的社会性回归，其目的是充分体现各主体的教育利益诉求，有效实现公共教育利益。"[①] 还有学者提出：教育公共治理的实践内涵可归纳为价值、制度、工具等三个基本层次，涉及治理理念、治理主体、治理结构、治理工具、治理能力等五个主要维度的关系。第一层治理理念，是治理的核心价值与目标；第二层包括治理主体和治理结构，是治理的宏观层面；第三层包括治理工具和治理能力，是治理的微观层面。其中，治理理念是教育公共治理的价值前提；治理结构是政府实现教育公共治理目标而采取行动的制度基础；治理工具是将治理理念转化为行动的操作性方案；治理能力则提供了主体治理空间的可能性。这三个层面五个维度的要素内涵在教育公共治理概念框架中成为有机统一的逻辑整体。[②] 教育公共治理是指政府、市场、公民个人等主题通过参与、对话、谈判、协商等集体选择行动，共同参与教育事务管理，共同生产教育公共产品和提供教育公共服务，并共同承担教育责任。[③]

（三）合作型教育行政对教育公共治理的概念超越

合作型教育行政是本研究最重要的基础性概念，是基于公共治理理论核心支撑与实践应用的产物，与教育公共治理存在千丝万缕的联系。鉴于合作型教育行政是一个立意新颖却又纷繁复杂的概念，但我们可以借鉴马克斯·韦伯的"理想类型"[④] 式的分析方法对其加以理论抽象与概括，从逻辑上

---

① 李涛. 教育公共治理若干问题探析 [J]. 教育发展研究，2009（8）：61-63.

② 段晖. 走向教育公共治理 [J]. 人民教育，2014（5）：24-28.

③ 姜美玲. 教育公共治理：内涵、特征与模式 [J]. 全球教育展望，2009（5）：39-46.

④ 理想类型分析法是马克思·韦伯创立并运用的研究方法。在韦伯看来，理想类型是一种分析概念或逻辑工具，是高度抽象出来的、反映事物本质特征的分类概念。对理想类型的分析，主要包括比较不同理想类型的本质特征，分析不同类型之间的结构关系，并根据机构一致性的原则，来解释事物或现象的原因。具体参见：[德] 马克思·韦伯. 社会科学方法论 [M]. 韩水法等译. 北京：商务印书馆，2013年版，第19页.

对其进行类型学分析（概念界定）和要素学分析（分析合作型教育行政的价值追求、理性根基、制度设计等），以期构建一个理论模型与概念框架。鉴于合作型教育行政之孱弱研究现状和笔者本身学力之所限，这个模型与框架必然是模糊的、粗糙的，只是限于理论抽象的，并不能完全包含对当今教育行政现实的准确描述与精准概括。但这种抽象却是逻辑推演的一个必然前提，我们可以借助这个模型与框架来分析现实社会，并在分析现实社会的过程中完善、修正、补充，甚至推翻原有的理论框架，发展或构建新的理论框架，在实践中也不失其指导作用。

合作型教育行政对教育公共治理的替代与超越就体现在它的创新性与实践性，这种创新性是对先前主流理论批判与反思的基础上的超越。这种超越性的存在是因为时代背景、社会环境已经变迁，但是社会治理方案的建构却没有随之调整，合作型教育行政的实践性正是体现出随着时代变迁而建构的新颖的教育行政改革方案。笔者通过比较研究，发现合作型教育教育行政在价值层面、工具层面、治理主体方面进行了变革，从而实现了对教育公共治理的超越。

三、合作型教育行政的概念内涵、价值旨归与基本特征

（一）合作型教育行政的基本内涵

所谓合作型教育行政，指的是立足于公共行政中的公民与政府合作关系的理论基础上而形成的一种包括共同参与 (co-operative)、共同出力 (co-laboration)、共同协调（co-ordination）共同安排 (co-arrangement)、共同主事 (co-chairman) 等互动关系的伙伴情谊的全新的教育治理方式。"合作型教育行政"强调的是一个公民社会，在教育政策制定的过程中，不只是由上而下的专家指导和政府全能，更希望由公民、基层、民间组织共同参与制定政策，借此形成与政府间的互相对话，实现共识的凝聚。因此，政府的主要角色不再只是制定公共规章和法令，也不是建立一个让人们朝向某一目标方向的规则系统，政府必须扮演另一种角色，也即要成为民间的"合作伙伴"，其行动要结合私人、非营利团体，彼此加强沟通与联系、团结协作、共同致力于教

育公共事务的治理及教育公共利益最大化目标的实现

"合作型教育行政"是一种对称自主的政府与公民的平等互惠，使其彼此面对共同的问题，提供彼此的资源，共同讨论问题的症结所在，来解决共同的问题，达到共同的目标，建构所谓的"共同缔造者"（co-producers）的积极、良性的合作伙伴关系。这种互惠、分工、协作精神，正是合作型教育行政之本质所在。

（二）合作型教育行政的价值旨归：公民与政府的合作伙伴关系

1. 公共性的维度

随着近代公共教育制度的确立，教育成为一种具有教大外部收益性的公共产品，教育领域也因此成为典型的公共领域，而要理解"作为公共行政的教育行政"这个概念的关键在于理解"公共"含义。从源头看，"公共"的古典含义是指一个人不仅能与他人合作共事，而且能够为他人着想。[①]然而，最近的一个多世纪以来，功利主义哲学及市场经济思维不断侵袭和消解"公共"的古典含义，在公共行政领域，我们总是用"政府"替代"公共"。这些看似对于公共的现代理解，事实上是窄化、甚至取消了公共的本义。帕尔默（Park Palmer）认为"那种将'公共'视为政府仲裁下由人们为其最大化利益而竞争的领域的观点，是对公共的降格，因为这样的公共形象根本没有反映出对诚信的公共生活所应做出的任何承诺，他没有为政治共同体提供任何的愿景，也没能团结和引导人们加入共同体。"[②]严格说来，经过漫长发展时期的公共性的理解，已经具有现代性的新含义。所谓公共，或者公共性，指的是一种公有性而非私有性，共同性而非差异性、共享性而非排他性。[③]循此思路，作为公共事业的教育行政是公共行政而非政府行政，作为公共行政的教育行政是政府与公民共同治理的公共领域。

---

① [美]乔治·弗雷德里克森. 公共行政的精神 [M]. 张成福等译. 北京：中国人民大学出版社，2003年版，第18–19页.

② [美]乔治·弗雷德里克森. 公共行政的精神 [M]. 张成福等译. 北京：中国人民大学出版社，2003，第22页.

③ 崔运武. 公共事业管理概论（第2版）[M]. 北京：高等教育出版社，2006年版，第5页.

2. 政府起源的维度

政府作为"一个以公民的自愿联合或本质上的强制性为基础的组织"①，其产生源于人民的公意达成和公意授权，其功能在于运用其他社会组织所不具备的强制性公共权威，承担起无可替代的社会责任。换言之，从终极根源上看，政府及其公共权力产生于人民的直接或间接授权，这是任何一个民主国家所确定的一项根本的宪政原则。②公共行政就是指以政府部门为核心的行政主体提供公共产品、管理公共事务、增进和维护社会公共利益的活动及其过程。政府作为一种社会组织形式，其最初的产生和出现是基于公民对于自身财产、安全、秩序等需求而将一部分权利以让渡和委托的形式集中起来的组织形态。概言之，政府的本质就是公民部分权利的聚集，政府必须具有回应性和责任性，必须保障和提供基本社会秩序、安全等公共物品，必须承担增进和维护社会公共利益的社会职责。正如英国著名的政治学者戴维·赫尔德在《民主的模式》中所指出，"国家的存在是为了保护公民的权力与自由，公民是自己最好和最终的判断者；国家是个人确保他们自己的目标所不得不承受的负担；而且国家必须在范围上受到制约，在实践上受到制约，以确保每个公民最大可能的自由。"③从中不难看出，公共的行政是公民的行政，也是为公民的行政，只有当公民真正参与管理社会公共事务时，作为民主的合理形式才能真正建立。行政参与不仅可以表达公民的利益愿望，而且公民还可以直接或间接的影响政府决策，并对行政权力进行有限监督。教育与每一位公民都有切身的利害关系，公众对政府管理的教育事业期望越来越高，需求越来越多样化，参与管理和监督政府的要求也日益强烈。因此，作为公共行政的教育行政，其改革与发展也必须以处理政府与公民的关系作为改革实践的逻辑起点与基础。

3. 公民权的维度

所谓公民权，是"公民权利"的简称，指公民依法享有的政治、经济、文化和人身等各项权利。在美国学者斯蒂弗斯（Camilla ． Stivers）看来，"它

---

① [美]斯蒂格利茨. 政府为什么干预经济：论政府在市场经济中的作用[M]. 郑秉文译. 北京：中国物资出版社，1998年版，第69页.

② 金太军. 公共行政的民主与责任取向析论[J]. 天津社会科学，2000（5）：9.

③ [英]戴维·赫尔德. 民主的模式[M]. 燕继荣等译. 北京：中央编译出版社，1998年版，第378页.

既是一种身份，也是一种实践。作为一种身份，其指代的是个体与国家之间的一套正式关系，这些关系典型的包括各种重要的权利，而很少涉及义务或责任的规定；作为实践，公民权则包含了构成了政治生活的能力、活动和义务。"[1] 比如，参与公共生活与交往的义务，考虑公共善的职责等。与此相似，登哈特夫妇也区分了法律意义上的公民权和道德意义上的公民权。前者指由法律体系规定的权利与义务，后者涉及个人影响政治系统的能力，其意味着对政治生活的积极参与。[2] 无论是斯蒂弗斯还是登哈特夫妇都倾向于认为，真正的公民权应该是后一种的，是积极而非消极的。从政府角度出发，需要考虑公共生活的公民参与问题；从公民的角度出发，要成为真正的公民必须介入公共生活。基于此，特里. 库珀（Terry Cooper）将公民权视为公共行政的重要伦理维度，主张让公民参与到政府运行和政策制定过程中来。在他看来，参与公共生活不仅是公民的权力也是公民的义务，不仅是对个体尊严的维护也是实现公共利益的保障，而且这种参与也是一种教育过程，它教会人们如何做一个公民。[3] 如此，教育行政作为公共行政，必须重视公民的积极参与，因为公共行政不能排斥和限制人民参与的机会与能力。

4. 有效性的维度

从公众参与的工具价值——有效性的维度看，教育行政作为一种公共行政，必须重视公民的积极有效的参与，因为它能带来一些工具性的效果和益处。具体而言之，其有效性表现为：其一，公众的参与可以缓解和应对教育决策的信息压力和创造压力，从而不断改进教育行政决策的质量与水平。毕竟当今风险社会及教育事业的日益复杂化，使得教育行政部门及其工作人员既无法全面获取教育行政决策所需的各种信息，也难以全面周到的考虑和制定教育问题的应对措施和解决方案，而公众的广泛参与则在很大程度上能够为教育行政决策提供充分而广泛的信息来源和创造力来源，从而确保教育公共政策的制定与执行的合理性与科学性；其二，公众的参与可以提高公共教育政策和公共教育事务的实施后果。一方面，公众的参与有利于满足公民表

---

① 陈学军. 公民与政府：走向合作型教育行政 [J]. 教育研究与实验，2008（1）：42.

② [美] 珍妮特·登哈特，罗伯特·登哈特. 新公共服务：服务而不是掌舵 [M]. 丁煌译. 北京：中国人民大学出版社，2004年，第26—27页.

③ 陈学军. 公民与政府：走向合作型教育行政 [J]. 教育研究与实验，2008（1）：44.

达与发声的意愿，以及其需要和利益得到满足的期望与获得感的实现，也增加了公民对于政府回应性、透明度、责任性的认可度与信任度，进而又能极大地提升政府施政的有效性与合理性，有利于解决政府的"合法性危机"[①]并防止陷入"塔西陀陷阱"。另一方面，公民的积极参与有助于人民更为真切的理解和把握各种具体教育问题及教育行政决策流程的实际情况，促进政府及其教育行政部门与一般公众的理解与对话；其三，公共参与所具有的道德功能和教育功能，使其能在根本上达成教育行政管理的目标。从表层观之，教育行政是为顺利、科学与合理地开展教育活动服务的，但其最终目标则是为了每一个受教育者接受优质公共教育服务并养成优良德性的。所以，教育行政本身就是一种教育过程或者教育途径，而让公众积极参与公共教育事务的管理，则能够使他们逐渐习得和掌握公共生活参与能力，内化和养成公共精神和公民品德。用德国哲学家汉娜. 阿伦特在其著作《人的条件》中的话说，"政治是在复数的人类 (Men) 中间进行，其中每个人都能行动并开始新的东西。"[②]也就是说，那些一直都在积极参与公共教育事务的人更能成为一个好人。

无论是从公共性的维度与政府起源的维度，还是公民权的维度，抑或是从参与的有效性维度而言，确立明确规范的公民与政府的良性互动关系，对于教育行政管理改革以及整个政治、经济和社会生活的民主化、法制化具有十分重要的理论和实践意义。仅从教育行政管理改革的角度看，公民权利与公民观念的树立及公民与政府间关系的确立，对于选择教育行政管理改革的目标模式与方法模型、运行轨迹与路径、科学设计政府职能、科学评估政府绩效和建立更加有效的行政监督机制，都具有十分重要的价值与意义。同时，教育行政作为公共行政的分支，理应采取公共行政的相关理念进行运作，重视公众参与作用的发挥，认识到公民与政府合作伙伴关系的本质，最终构建出一种积极的、新型的合作型教育行政。

---

① "合法性危机"一词是德国学者哈贝马斯所提出的重要政治术语，又称"政权信任危机"，主要表现为人民对政治生活冷漠，对政治人物的不崇敬，对政府及其工作人员不信任等。具体参见：[德] 尤尔根·哈贝马斯. 合法化危机 [M]. 曹卫东译. 上海：上海人民出版社，2000年版.

② [德] 汉娜·阿伦特. 人的条件 [M]. 竺乾威译. 上海：上海人民出版社，1999年版，第 39 页.

（三）合作型教育行政的基本特征

1. 通过公共参与突显教育治理价值

在传统的公共行政学理论中，政府是"全体公民权利的委托行使者"[①]。对于公共治理理论来说，政府是国家意志和国家执行的有机统一，体现政府和公民的高度融合。审视公共治理理论诞生的社会环境可以发现，政府行政权力的扩张、行政职能的强化、政府规模的膨胀俨然无所不能，而形成明显对比的是公共利益的衰减和式微，公共行政在管理主义和实证主义的侵袭下，致使公共利益日渐受损。但是，奠基于公共治理理论上的合作型教育行政，无疑承载着新的使命。第一，参与主体实现了新的突破。在各级政府组织、非政府组织、社会志愿团体、公民自治组织之间实现合作共治，破除了政府这个唯一主体的超然地位，实现了多元化主体参与，在保证公共教育利益、提升教育行政效率、建立合作关系方面更加开放和灵活，对公民诉求的回应更加直接，治理行为更加具有代表性和合法性，建立了一种适应性和灵活性的回应机制，可以更好实现责任、任务、绩效之间的合理分配和动态平衡，也体现了合作行政的民主价值。第二，促进公共教育利益为目标使命。以公民为核心的各类组织主体，通过有效的运转机制和制度设置进行互相融合，共同协调行动，建立网络组织，体现了合作型教育行政的融合性、互动性、包容性和弹性化。第三，政府的"元治理"角色更为凸显。在整个教育行政和教育公共治理结构中，治理主体之一的政府主要是发挥协调和统筹作用，做好公共教育服务的"掌舵"工作，保证公共教育产品和服务的质量和效益，"让人民满意，维持人民的信任"[②]。

2. 通过协商合作建立教育治理结构

在合作型教育行政中，行政的有效性取决于各个参与主体之间的行动力度和协调效度。围绕公共教育利益的导向，各个参与主体履行各自职责，建立合作互助的教育治理结构。首先，注重治理手段的创新。在新公共管理运动期间，由于借鉴了企业化管理技术，创新运用了市场竞争机制，对政府部

---

① [法]让·雅克·卢梭. 社会契约论[M]. 何兆武译. 北京：商务印书馆，1980年版，第82-83页.

② 孙珠峰，胡伟. 公共行政的发展趋势：西方的预测与中国的逻辑[J]. 上海交通大学学报（哲学社会科学版），2014（6）：74-83.

门管理无论是理念还是手段上，都发生了革命性的改变。合作型教育行政继承了这些有效工具，还在参与主体之间进行了创新，在教育这个"准公共产品"①和"准公益性项目"上，部分采用了引入民间资本和民间力量进入教育生产和提供领域，或以独资或以合作办学等方式进行，通过"委托与公共机构签约的私商来生产"②建立了市场化的治理工具。对于义务教育产品和服务，政府必须履行公共责任，强化教育公平。其次，强化合作型教育行政的主体责任分工。对于政府而言，主要责任做好教育事业发展的整体规划、监督激励和绩效评估等工作，保证各个主体之间的协调分工；对于企业而言，由于逐利本性的驱动，希望在税收和相关政策方面得到一定的优惠，通过配合政府的行动安排进行合作生产，并严格接受政府、社会和公民的监督管理和办学评价，充当伙伴关系角色；对于非营利性组织而言，通过志愿行动，参与治理过程，与其他参与主体合作，谋求自身发展和利益；对于公民而言，主要通过参与行动和治理，维持个体利益，寻求自身利益的最大化与合法化。一句话，合作型教育行政就是在公共权力部门的引领和主导下，有效整合各参与主体的力量，形成治理结构和体系，进行公共事务的分配和管理，解决各类公共矛盾，保障社会公共利益的实现。

3. 通过制度规则巩固教育治理体系

在合作型教育行政中，为了保证各个参与主体的高效合作，制度和规则是基础保障因素之一。基于"满意决策"和"有限理性"原则，合作型教育行政在所有参与主体的共同协商下，遵照事先达成的协议实现共治，在相对公平透明的环境中行使权利、履行职责，筑牢和夯实良好的教育行政根基。第一，建立内部合约规则。在教育治理行动之先，各个治理主体通过平等协商、友好谈判达成相应的合约，在权利、责任、行动、成本等方面建立起彼此共同遵守的内部规则，进行基本的职责区分。第二，建立教育利益分享制度。教育行政是一项风险性和成本性都较高的行动，利益博弈与治理主体具有高度相关性，直接关系到治理的成败，因此，建立合理公平的利益分配方

---

① 教育是准公共产品的提法，是参考了崔运武的观点。具体参见：崔运武. 公共事业管理概论（第2版）[M]. 北京：高等教育出版社，2006年版.

② [美]M·麦金尼斯. 多中心体制与地方公共经济[M]. 毛寿龙译. 上海：上海三联书店，2000年版，第48-49页.

案,"展开适度的竞争,来解决各种各样的公共问题"①,调动各个参与和治理主体的主动性、积极性和创造性。第三,建立教育信息共享和监督制度。教育信息是教育行政决策的基本依据和主要条件,是良好行政和"善治"的根本前提,掌握精确而又翔实的教育信息,并形成共享规则,防止出现"信息不对称""信息隔离"或"信息垄断"下的决策失败与治理失灵,同时,依据教育信息与内容,保证各个参与主体和治理主体间的互相监督,避免出现投机行为和"负向溢出"②现象,节约公共教育治理成本。

---

① [美]M·麦金尼斯. 多中心体制与地方公共经济 [M]. 毛寿龙译. 上海:上海三联书店,2000年版,第56–57页

② "负向溢出",又称"负外部性",也称外部成本或外部不经济,是指一个人(或组织)的行为影响了其他人(或组织),使之支付了额外的成本费用,但后者有无法获得相应补偿的现象。具体参见:崔运武. 公共事业管理概论(第2版)[M]. 第八章,公共事业管理费用及配置效率分析. 北京:高等教育出版社,2006年版

第二章

构建当代中国合作型教育行政的理论依据

就理论的本质而言，任何科学理论其实都是理性思维世界对于现实生活世界的一种先行筹划，通过这一筹划，现实中的那些零碎的、片面的、表面的各种要素得以整合，并形成一定规则下的合力，从而获得行动的合法性与基本依据。"理论是人类对某一事物或事物的某一方面提出的一个系统看法，包括一些特有的定义'抽象构建'关键词和通过假设'观察'论证而得出来的有关现象和因果关系的一系列互相关联的结论，理论的价值，在于它对事物的解释力和对未来的指导意义"[①] 因此，在社会科学研究中，研究问题的理论依据与理论支撑，必然是来自现实生活世界的经验积累与活动总结，随之上升到理性思维世界的高度概括与科学抽象。与此同时，这种抽象与概括的理性思维当然也应该而且是必须是以能够对现实生活世界进行解释与筹划为前提的。作为现代教育行政的一种类型，合作型教育行政的研究与实践是科学应对当今"风险社会"[②] 的复杂社会时代背景的客观趋势与必然产物，有着深厚的理论基础与支撑依据。其中，最为核心的理论支撑就是公共治理理论，其直接理论动力则来源于民主行政理论，党的群众路线理论则是当代中国场域中党政同构背景下教育行政改革与合作型教育行政构建的相关理论依据，政府与公民合作伙伴关系理论是当代中国构建合作型教育行政的根本价值定位。

---

① 蓝志勇，陈国权. 当代西方公共管理前沿理论述评 [J]. 公共管理学报，2007（3）：2.

② 注：近年来，随着各种社会关系的日趋复杂及社会问题的不断增加，用德国社会学家贝克的话说，全球已进入一个"世界风险社会""在风险社会中，不明的和无法预料的后果成为历史和社会的主宰力量""在现代化过程中，危险与潜在威胁的释放达到一个我们前所未知的程度。"具体参见：[德]W・贝尔. 风险社会 [M]. 何博闻译. 北京：译林出版社，2004年版，第15页.

一、核心理论支撑：公共治理理论

（一）治理的兴起及其时代背景

从20世纪70年代开始，西方国家的政府行为经历着由统治向治理的转变过程。时代是思想之母。理论是实践之源，实践呼唤理论，理论解释并指导实践。伴随着社会实践的发展，治理理论随之产生。1989年世界银行在报告《南撒哈拉非洲：从危机走向可持续增长》的中，首次使用了"治理危机"（crisis in governance）来描述和概括当时非洲的发展情况；1992年世界银行发布年度报告《治理与发展》，系统阐述关于治理的看法；同年，联合国成立"全球治理委员会"并创办《全球治理》杂志。自此以后，"治理"概念迅速成为政治学、公共管理学、行政学等众多学科研究和探讨的热点，引发延续至今且一浪高过一浪的研究热潮。自此以后，西方学者，特别是政治学家、行政学家和政治社会学家们在对"治理"进行思考与研究的基础上，不断赋予治理以新的含义，不仅其涵盖的范围远远超出了传统的经典意义，而且其含义也与统治相去甚远。它不只局限于政治学领域，还被广泛应用于社会经济领域，其内涵也因此得以极大地丰富与拓展。

关于治理理论兴起的背景因素一直受到研究者的高度重视。如英国学者格里·斯托克（Garry·Stock）认为："治理的兴起折射了其背后的几个因素，经济发展及与之相关联的世界经济的全球化，消费者、纳税人、公民的需求增加且复杂化，科学技术尤其是信息传播与管理的技术的日渐发达并呈现出前所未有的多样性与复杂性，众多的国家都经历了这些因素的影响。"[①] 俞可平将治理理论兴起的直接原因描述为"西方的政治学家和管理学家之所以提出治理概念，主张用治理替代统治，是他们在社会资源的配置中既看到了市场的失效，又看到了政府的失效。"[②] 滕世华将公共治理理论兴起的背景归纳为四个方面，即20世纪70年代以来各国政府普遍面临的管理危机是公共治理理论产生的深刻社会根源；全球公共问题的凸现，促进了全球公共治理的兴起，成为公共治理理论兴起的重要国际社会根源；全球性的公民结社运动以及在

---

① ［英］格里·斯托克. 作为理论的治理：五个论点［J］. 国际社会科学杂志（中文版），1999（1）：19-30.

② 俞可平. 治理与善治［M］. 北京：社会科学文献出版社，2000年版，第7页.

经济社会发展中所显示的日益重要的作用，对传统的公共行政或政府行政管理范畴提出了严峻挑战；90年代以来经济学对政治、政府问题的拓展性研究是公共治理产生的理论背景。① 综合已有研究成果，可将公共治理论的兴起背景主要放在全球化浪潮的影响、治理危机的发生和公民社会的壮大这三大背景下予以阐述。

1. 全球化为治理理论的产生推波助澜

全球化一词起源于经济领域，是指当经济发展到一定阶段，资源可以在全球范围内的自由流动与配置，市场机制成为世界经济运行的主导规律，全球经济紧密合作、相互依存的一种必然趋势。经济全球化使人们活动的疆域超越了国家界限，跨国公司成为经济领域最为活跃的要素，催生了权力主体多中心多元化的趋势。跨国公司的成长以及全球资本主义的扩张，使国家变得力不从心。为了对全球经济进行调控，依赖任何一个单一国家的力量都是行不通的，多个国家，乃至全世界各国共同参与通力合作的治理模式呼之欲出。由此，政府主导一国社会、政治、经济的传统能力在全球化背景下受到广泛而巨大的冲击。全球化首先打破了传统的权力中心统治格局，即打破政府对公共事务管理的垄断，为治理的兴起提供权力合法性的可能。自国家产生以来，代表并行使公共权力的政府始终处于主导地位。全球化直接导致公共事务管理的部分权限由政府转向非政府组织，如国际非政府组织、大型跨国公司、全球公民网络等参与公共事务的管理。非政府组织同政府分享公共权力和政治权威，是全球化对国家和政府在人类社会生活中的绝对主导地位提出的挑战。当公共事务的管理权从政府转向非政府组织，就意味着公共权力从国家到社会的必然转移。其次，全球化进程锻炼了国际经济组织，它们的迅速发展为治理提供了组织基础，也为其他非政府组织和公民社会发展提供了样板。伴随着全球化进程的不断深入和全球公共问题的出现，以各种非政府组织为代表的全球公民社会的兴起，为全球治理的产生提了客观必要性和可能性。

2. 治理赤字与治理危机的纷纷出现

治理理论的兴起，事实上伴随的是西方政治学家对传统公共行政和新公

---

① 藤世华. 公共治理理论及其引发的变革 [J]. 国家行政学院学报，2003（1）：44–45.

共管理的理论批判和范式重构。以西方发达国家为主的政府改革潮流，有其深层次的社会背景。1973年到1975年，中东石油危机、美元贬值引发战后最严重的全球经济危机，西方资本主义经济进入"滞胀"期，试图满足公民"从摇篮到坟墓"要求的福利国家也陷入财政困境与危机。政府职能与责任的与日俱增，国家的财力资源又十分有限，同时又没有获取新资源的途径与良策，从而陷入了财政危机之中；伴随着财政危机的是政府管理和信任危机，政府规模过于庞大导致管理的失调、失控、效率低下，其结果是政府形象受损和普遍存在的信任危机。[①]人们对限制政府规模、寻求以市场为基础的新的公共管理运作模式诉求达到极点，占据几乎整个20世纪后半叶的主导地位，以传统官僚制为核心的公共行政，陷于终结的衰落，随之"新公共管理"范式应运而生。20世纪70年代末，西方发达国家掀起了一场声势巨大的"重塑政府""再造公共部门"的"新公共管理运动"，代表性的改革实践包括撒切尔政府的以改革缩小政府规模为目标的"财政管理创新"，梅杰政府采取以宪章的形式界定公共部门服务的"公民宪章运动"，美国成立的"国家绩效评估委员会"等。新公共管理运动先期在公共管理实践领域取得突破，以解决政府失灵为主要目的，与传统官僚制形态形成鲜明对比。20世纪80年代中后期，新公共管理在解决政府失灵问题的同时，面临新的指责和困境，主要包括其单一的经济价值取向（经济、效率和效能）、市场化导向造成公共利益的缺失等，这些问题与民主社会越来越关注公共利益、社会正义与公正的实现格格不入，新公共管理在管理实践中显现出越来越大的局限性。政治学家、政府官员开始认识到，完善的公共管理不得不开始考虑治理层面的问题，需要同时解决政府与市场存在的失灵现象。在这样的政府改革大背景下，公共治理理论应运而生。

3. 新科技革命加速了地球村的形成

科学技术的飞速进步促使了人们之间联系的加强。经历过几次科技革命的影响，人类的科技和生产力水平有着突飞猛进的进步。科学技术的进步使人类的信息交流更加密切，文化渗透和文明借鉴程度也大大加强，人们能够更多地接触一些新的理念，在社会发展中能够有选择和借鉴。因此，伴随着

---

① 周志忍. 公共选择与西方行政改革 [J]. 新视野，1994（6）：46–48.

这种交流和传播，人们对于公共事务和公共产品的认识更加成熟，单一的公共产品供给形式越来越不被人们所接受。人类交流的加强促使了人类的思维更加开阔，也更加复杂，所以面对公共产品供给的问题，越来越多的人希望出现更多的形式，在供给主体上也希望有更多的可选择性。随之而来的就是公共治理理念被越来越多的人所认可和接受。伴随着技术进步和联系加强，带来的是社会的进步，各国之间的联系越来越密切，经济全球化促使人们的活动逐渐跨越国界，产生了许多跨国性的经济组织和社会组织，国家决策与管理的影响力也不仅仅局限在一国之内了。因此，与公共产品相关的管理主体不仅多元化，而且也超出了国界的限制，并导致了社会资源流动的加剧。公共资源是进行产品供给的物质基础，资源控制的变化要求供给主体和供给手段的变化，相应地也要求政府的管理方式必须随之改变。公共治理理念所关注的主要问题是："如何在日益多样化的政府组织形式下保护公共利益，如何在有限的财政资源下以灵活的手段回应社会的公共需求。"① 市民社会的发展、经济全球化和传统机制的弊端促使产生了更多样化的公共需求，"政府治道的变革"便迫在眉睫，公共治理理论随之而生。

（二）公共治理理论的基本内涵及其特征

1. 公共治理的基本内涵

"治理"（governance）一词源于拉丁文和古希腊语，原意是控制、引导和操纵，带有鲜明的命令式口吻和绝对权威性，也具有鲜明的政治意涵。从历史追溯看，治理是具有很长的历史时段的。在国内，"治理"的相关论述古已有之。《荀子·君道》曰："明分职，序事业，材技官能，莫不治理，则公道达而私门塞矣，公义明而私事息矣。"《孔子家语·贤君》曰："吾欲使官府治理，为之奈何？"在西方，古希腊的先哲柏拉图、亚里士多德等也对"治理"有过相关论述。柏拉图在《理想国》提出："做了统治者，他们就要报酬，因为在治理技术范围内，他拿出了自己的全部能力努力工作，都不是为自己，而是为所治理的对象。"② 亚里士多德在《政治学》中也提出了"最早的城邦由

---

① 陈振明，薛澜. 中国公共管理理论研究的重点领域与主题 [J]. 中国社会科学 2007（3）：140–152.

② ［古希腊］柏拉图. 理想国 [M]. 郭斌和等译. 北京：商务印书馆，1986年版，第30页.

国王治理"①的观点。非常明显的是，历史上的"治理"与"统治"密切相关并被广泛地交叉与混同使用，主要应用于那些与国家公共事务相关的管理活动和政治统治活动相关的领域。由于国家及其实体代表之政府对于社会事务的管理，既具有控制的目的，也具有治理的意味，因而长期以来，政府的统治和治理被认为是一体的。然而，学界对于治理理论的研究和重视，可追溯的时间却不长。尽管"历史上的统治活动都可以被认为是治理"②，但这与"少一点统治，多一点治理"③的公共治理相比，含义则相差甚远。全球治理委员会在1995年发表的《我们的全球伙伴关系》中，对治理概念的界定较有权威：治理是各种机构或个人管理其共同事务多方面的总和，调解不同利益主体并相互合作实现目标的持续过程。既包括迫使人们服从的正式制度，也包括各种人们为实现共同目标而达成的非正式的制度。其特征是：治理不是一整套固定的规则，也不是一种活动，而是相互协调的过程；治理过程不是建立在控制之上，而是协调；治理不仅涉及公共部门，也包括私人部门；治理不是一种政治制度，而是持续地互动。

截至目前，究竟何谓治理，还没有统一界定。在理解公共治理的内涵之前，必须认识到中外治理的差异、公共治理和私人治理的差异。首先，国内传统的治理含义与国外是有区别的。国内对治理一直沿用着它的本义。在《现代汉语词典中》，治理一词包含两层意思：一是指统治，使之有序，如治理国家；二是指整修、改造，如环境治理、综合治理。但是，细细推敲之后可以发现，无论是统治还是改造，都蕴含着秩序化的东西（即制度），暗含着权力的运用及其组织，环境治理和综合治理都离不开多种主体的参与和综合手段的运用。因此，我国的传统治理是一个开放的词汇，它的传统性只是表现在它还停留在本义上面，还没有上升为一种理论和思潮。

其次，为了研究的规范，公共治理和私人治理一定要分开。经过对治理概念的层层分析，我们认为公共治理与私人治理是有很大区别的。公共治理是要实现公共目标，包含公共产品与服务的供给和公共资源的治理，公共治

---

① ［古希腊］亚里士多德. 政治学 [M]. 颜一，秦典华译. 北京：中国人民大学出版社，2003年版，第3页.

② 俞可平主编. 治理与善治 [M]. 北京：社会科学文献出版社，2000年版，第4页.

③ 俞可平主编. 治理与善治 [M]. 北京：社会科学文献出版社，2000年版，第4页.

理是"有政府的治理";而私人治理是指企业间为了达到共同目的、资源依赖下的合作。目前绝大多数学者所研究的治理是公共治理，它包含着大量特征，"公共治理并不是一个跑龙套的角色，或者是公共管理其他方法的代名词，它还有更多的内涵。"[①] 具体来说，体现为以下三个方面的科学内涵。

第一，协商式的管理过程。治理与管理有着微妙的关系，治理包含着物质的生产与服务的传递，因此治理离不开管理。治理的管理活动既不是官僚体制下的行政命令，也不是市场模式下的交易与契约，传统治理的管理活动是掌舵，而治理理论的管理活动既包含着掌舵，又包含着协调、谈判与合作等复杂管理。在治理过程中，政府作为参与者之一，也许不再充当领航者的角色，与其他行为主体构成平等的伙伴关系。

第二，多元主义的合法性保障。毫无疑问，多元主义是治理的最重要特性之一，"多元"包含治理主体的多元化、权力的多中心化两层含义。其一，治理不是指政府"唱独角戏"的模式，而是社会组织的广泛参与，从国际层面到社区组织；从官方（政府）到非官方（私人与非营利组织）。其二，治理与分权是相联系在一起的，没有分权就很难形成治理。主体的多元化容易形成多个权力中心，多个权力中心的竞争，有助于克服权力垄断所带来的弊端，增强治理的合法性。

第三，制度保障治理的秩序。治理的过程是一个集体行动的过程，参与者必须在制度约束的框架内行事。与传统制度不同的是，治理框架下包含着大量的非正式制度。政府组织、私人部门以及半官方组织最后所达到的协议既可以是书面的，也可以是口头的；既可以是法律文件，也可以是不完全的契约；既可以是严谨的条款，也可以是松散的关系。

2. 公共治理的主要特征

第一，公共治理实现了主体多元化。公共治理包括一系列来自政府、多种公私机构在内的公共管理机构体系，政府只是多元主体中的一个主体，公民社会组织、私人部门、国际组织及公民个人都可以成为公共治理的主体。公共治理打破了传统的两分法思维方式，强调政府与社会的合作，在社会公共务管理、公共服务方面存在着多个中心。各种社会组织在国家与社会关系的调适方面，发挥着越来越大的作用。

---

① 余军华、袁文艺. 公共治理：概念与内涵 [J]. 中国行政管理，2013（12）：52.

第二，公共治理的权力多中心网络化运行。公共治理的权力呈网络化分布，权力多中心化，政府不再是唯一的权力中心。在治理过程中，它所依靠的是合作治理网络，而非强制性权威，权力运作向度由单一的自上而下转向自组织网络式的多互动的模式。它的运作逻辑是以谈判为基础，强调行为者之间的对话与协作。治理是一个上下互动的管理过程，它主要是通过合作、协调、伙伴关系、确立认同和共同的目标等方式实施对公共事务的管理，以建立在市场原则、公共利益和认同之间的合作。其管理机制所依靠的主要不是政府的权威，而是合作网络的权威，其权力内容是多元的，相互的，而不是单一向度和自上而下的。

第三，信任与合作是公共治理的实现机制。公共治理的实现机制主要依靠多元主体之间彼此的信任与互惠，而非依靠政府的权威进行规制。公共治理是一个上下互动的管理过程，它十分注重在公共事物的治理过程中吸纳治理的利益相关人、专家学者以及关心公共事物的组织和个人的参与。公共治理主体间相互协调，形成合作的价值共识，建立合作伙伴关系，通过良性的互动模式实现对公共事务的管理。

第四，公共治理手段与方法的多样性。公共治理是综合运用各种管理手段对社会公共事务进行管理。这些管理手段与方法既包括一些传统的政治、法律等规制性手段，也包括运用了市场机制调节的经济手段，还包括创新型的灵活多样的社会和文化教育手段。

3. 公共治理的价值理念

公共治理是区别于传统政府管制模式的一种新型的社会管理模式。在这种模式中，政府与非政府组织，国家与公民社会，公共机构与私人机构相互合作，共享管理权利，并通过多种管理手段与方式，达到共同分享责任与义务，增进和实现公共利益的目的。公共治理一般有以下几个理念：

（1）分权导向。非政府组织、非营利组织、公民自治组织等第三部门和私营机构将与政府一起共同承担管理公共事务、提供公共服务的责任，这些组织的权力也将得到社会和公民的认可。

（2）社会导向。从根本上说，公共治理模式的过程就是寻求新型国家—社会关系的过程，是重新定位政府统治与公民作用关系的过程。

（3）服务导向。当代政府的治理变革表现出一种破除权力拜物教的趋势，实现由过去的重管制、轻服务，以政府为中心，到开始注重公共服务，以满足公众的需求为中心的转变。

（4）市场导向。在实践中，公共治理模式注重用市场机制来改造政府或用企业家精神重塑政府，在公共物品和服务的提供上采用市场的方法（合同承包、代理、招标、拍卖等）或非市场的方法，并在公共组织中确立节约成本和提高效益的激励机制。

公共治理的好处在于管理社会的主体不仅仅是政府，还有各种非政府、非营利性的民间组织，这使得当今的公共治理更加趋向社会化和多元化。作为民间组织的行业协会，代表企业的意愿，通过合法途径，向政府呼吁本行业的利益与需求，经过协商与对话，以法律法规、政策的形式获得合法保护，从而使政府能够倾听来自社会各个层面的声音，更好地平衡各方利益，避免官僚化。

（三）公共治理的理论体系

1. 新公共服务理论

新公共服务（New Public Service）的概念最早由美国学者帕特里夏·英格拉姆（Patricia·Ingraham）和戴维·罗森布鲁姆（David·Losenbloom）于1989年在《The New Public Personnel and the New Public Service》一文中提出，但是在当时的影响非常小。直到2000年，美国当代著名行政学家登哈特夫妇的《The New Public Service：Serving Rather than Steering》一文的发表，在学术理论界及实践中掀起了一场新公共服务的研究浪潮。国内学者对于新公共服务理论的研究始于2002年，刘俊生在《中国行政管理》杂志上发表的译文《新公共服务：服务，而不是掌舵》，正式将新公共服务理论引入中国。新公共服务理论主张民主、公民权和公共利益，并提出了七大原则："第一，服务于公民，而不是顾客；第二，追求公共利益；第三，重视公民权胜过重视企业家精神；第四，思考要有战略性，行动要有民主性；第五，承认责任并不简单；第六，服务，而不是掌舵；第七，重视人，而不只是重视生产率。"[①]此后，登

---

① 关于新公共服务理论的七大原则，主要是参考了美国学者登哈特夫妇的观点。具体参见：[美]J·登哈特，L·登哈特. 新公共服务：服务而不是掌舵[M]. 丁煌译. 北京：中国人民大学出版社，2004年.

哈特夫妇后来又对新公共服务理论的发展现状进行再审视，认为这四大问题需着力探讨："a. 公民参与起作用吗？ b. 公共利益和协作性领导的价值在实践中是如何体现的？ c. 企业化和私人化的市场模式联盟是否减弱了？ d. 我们的政府是划桨、掌舵还是服务？"在他们夫妇俩看来，在过去15年的发展中的新公共服务理论的影响力日益显著，在学术界与实践领域中所发挥的作用页越来越明显，特别是新公共服务理论所提出的民主、公民权、公共利益、公民参与治理、共同领导等理念在现代公共行政领域中广泛流行开来。

2. 网络（化）治理理论

网络（化）治理（Network Governance）的概念最早是在2002年由伊娃·索伦森（Eva·Sorensen）在《Democratic Theory and Network Governance》一文中明确提出，集大成者是美国的史蒂芬·戈德·史密斯（Stephen·Gold·Smith）和威廉·艾格斯（William·Eggers）。网络（化）治理理论是针对科层治理导致效率低下和市场治理忽视民主价值等弊端而提出的适应高度复杂化和高度不确定性环境的一种治理理论，目前有私人网络、政策网络和治理理论三种语境下的网络（化）治理理论，本文重点探讨后两者语境下的网络（化）治理理论。伊娃·索仑森（Eva·Sorensen）和雅各布·托风（Jacob·Torfing）在《Network Governance and Post-Liberal Democracy》中建议将治理网络定义为："①在水平方向上的联结是相关的、稳定的并且相互依赖的，但是在运作中是相互自治的行动者们；②通过谈判相互作用；③发生在一个管制的、规范的、认知的、理想的框架中；④在某种意义上是自律的；⑤在某些特殊的政策领域致力于公共目的的产出。"[①] 瓦尔特（Walter）认为网络包含三个基本内容："①由各种各样的行动者构成的，每个行动者都有自己的目标，且在地位上是平等的；②网络之所以存在是因为行动者之间的相互依赖；③网络行动者采取合作的策略活动来实现自己的目标。"[②] 在网络中每个行动者为一个节点，利益相关的行动者就构成了治理的网络，打破了层级节制的科层体系，行动者之间相互作用，平等交流，信息沟通有效，能够迅速地做出反应。网络（化）治理为公共治理提供了一个结构性基础，正是在这种网状结构中，政府可以

---

① 韩兆柱、翟文康. 西方公共治理前沿理论研究述评 [J]. 甘肃行政学院学报，2016（4）：28.

② 韩兆柱、翟文康. 西方公共治理前沿理论研究述评 [J]. 甘肃行政学院学报，2016（4）：28.

综合自身、社会组织、社区、公民等众多主体的力量实现良好的治理。

3. 整体性治理理论

整体性治理（Holistic Governance）的概念最早是1990年由英国约克大学的安德鲁·邓西尔（Andrew·Dunsire）在《Holistic Governance》一文中提出，但是当时对整体性治理的认识并不系统，随后由英国学者佩里·希克斯（Perri·Six）于1997年出版的《Holistic Government》一书进行了系统论证。我国台湾学者彭锦鹏于2005年出版了《全观型治理：理论与制度化策略》一书，首先将整体性治理理论介绍到我国，他讲道："不论从理论层面或实务层面来加以衡量，全观型治理（holistic governance）的理论可望成为21世纪有关政府治理的大型理论，值得行政学者广泛加以研究。"[①] 我国大陆学者竺乾威于2008年发表《从新公共管理到整体性治理》一文，将整体性治理理论介绍到国内。希克斯指出"政府机构之间的合作、协调和整合，不管它被叫作'协同性'的、整体性的还是整合的或协调的，所有这些一直都是被政府组织看作是要追求的目标"。[②] 因此，整体性治理理论的核心主张就是协调、整合、紧密化与整体主义，强调机构间的协调、政府功能的整合、行动的紧密化和提供整体性的公共服务。希克斯还论述到了整体性治理理论的基本要素包括信任、信息系统、责任感和预算等几个功能性因素。整体主义的对立面是碎片化，而不是专业主义，整体性治理理论正是为了解决公共服务的"碎片化"问题而提出的，如：①部门之间转嫁问题和成本；②相互冲突的项目；③重复建设；④相互冲突的目标；⑤缺乏沟通；⑥回应需求时各自为政；⑦公众无法获得或不知道怎样恰当的服务。"整体性治理的关键在于结合公民的回应性、层级和公私部门整合、网络简化、程序统一以及组织协调，这也正是碎片化问题的解决之道。"[③] 整体性治理理论为公共治理提供了一种策略性活动，即合作，它所主张的协调、整合、紧密化和整体主义，就是提倡多主体以合作的方式联合起来，组成紧密化的共同体，集体行动。理论应用层面，"整体性治理的理念在一些西方发达国家的政府改革中得以成功实践。英国的协同

---

① 彭锦鹏. 全观型治理：理论与制度化策略 [J]. 政治科学论丛（台湾）. 2005（23）：62–63.
② 韩兆柱、翟文康. 西方公共治理前沿理论研究述评 [J]. 甘肃行政学院学报，2016（4）：28.
③ 韩兆柱、杨洋. 整体性治理理论研究及应用 [J]. 教学与研究，2013（6）：82.

型政府很好地解决了英国政府'空心化'的局面。"① 对于我国来说，"它所提倡的协调、整合和网络化的治理理念对我国行政区内横向政府组织跨界治理、区域经济一体化尤其是京津冀区域经济一体化问题也有着重要的启发和应用价值。"②

4. 数字治理理论

数字治理（Digital Governance）的理念最早是在美国南加州大学传播学院的曼纽尔·卡斯特（Manuel·Castell）于1996年出版的《网络社会的崛起》一书中提出，1997年英国伦敦国王学院的佩里·希克斯在《整体性治理：新的改革议程》一书中探讨了数字治理产生的必要性，并在其1999年和2002年的专著中具体阐释其思想。而帕特里克·邓利维（Patrick·Dunleavy）于2006年在其《Digital Era Governance：IT Corporations，the State，and E-Government》一书中系统地阐述了数字治理理论，奠定了其理论主要倡导者的地位。数字治理理论是在整体性治理理论基础上结合数字时代而提出的一种治理理论，邓利维认为，"数字时代的治理的核心在于强调服务的重新整合，整体的、协同的决策方式以及电子行政运作广泛的数字化。"③ 大数据时代的到来使得信息技术成为重要的治理工具，数据库和信息系统的应用打破了公、私部门之间以及私人部门之间纵横交错的信息壁垒，促进了治理主体之间信息和知识的共享。数字治理理论为公共治理提供了数字化的治理工具，它较前几种治理理论相比更加结合时代性背景，利用互联网或大数据技术阐释和修正治理理论。

5. 公共价值管理理论

2012年美国《公共行政评论》第1期杂志刊发了关于公共价值研究的专刊征稿启事：《Call for Papers for a Conference and Special Issue of Public Administration Review on Creating Public Value in a Multi-Sector，Shared-Power World》。征稿主题涉及两个领域："一是关于强调公共价值如何被创造或不被创造的研究；二是关于识别、测量和评估公共价值的路径及公共价值的创造

---

① 韩兆柱、杨洋. 新公共管理、无缝隙政府和整体性治理的范式比较 [J]. 学习论坛，2012（12）：58.

② 韩兆柱，单婷婷. 基于整体性治理的京津冀府际关系协调模式研究 [J]. 行政论坛，2014（4）：33.

③ 韩兆柱，翟文康. 西方公共治理前沿理论研究述评 [J]. 甘肃行政学院学报，2016（4）：28.

方式的研究。"这是国际学术杂志首次刊发以"公共价值"为主题的征稿，标志着"公共价值"开始引起美国社会的广泛关注，并正式进入国际公共行政研究的学术领域。其实早在1995年的时候，公共价值管理理论就已开始受到了来自学术界的关注。1995年，美国哈佛大学肯尼迪政府管理学院的马克.穆尔教授（Mark Moore）出版了《创造公共价值：政府战略管理》（Creating Public Value：Strategic Management in Government）一书，率先提出了"公共价值"这一概念，他认为"公共部门管理工作的目的是创造公共价值，就像私人部门管理工作的目标是创造私人价值一样。"[①]这本书的公开出版，标志着公共价值管理理论的正式诞生。公共价值管理理论认为公共管理者的使命就是创造公共价值，而"认知公共价值是创造公共价值的关键一步。"[②]虽然穆尔并未对公共价值做出详尽而确切的定义，但他却开辟了学界对公共价值进行热烈讨论的先河。"在认知政府和其他组织何时并创造了多大的公共价值方面，我们很有必要做大量的工作来形成公共价值产出的概念和展开绩效测量。"[③]公共价值管理理论重新论述了政治与行政的关系，重新定位了民主与效率的关系，更具重视政治的作用。同时，公共价值管理理论不认为民主与效率是独立的关系，而是伙伴关系，在公共价值管理过程中，民主与效率应当兼备，是在民主的环境与过程中追求效率，以民主为基础的效率，从而实现公共价值。公共价值管理理论为公共治理理论体系贡献了"使命"，即追求和创造公共价值，并在网络结构中，以合作、协商的方式寻求公众的集体偏好，通过经常性的互动沟通以实现共同利益和公共价值。

综上所述，新公共服务理论提倡民主、公民权、公共利益、共同领导和公民参与治理，在治理理念上为公共治理理论提供了"服务"理念；网络（化）治理理论提倡在网络结构中多元主体共同参与治理，在治理结构上为公共治理理论提供了治理性的"网络"状结构；整体性治理理论提倡协调、整合、紧密化和整体主义，体现出合作的策略活动，在治理方式上为公共治理理论

---

① [美]马克.穆尔.创造公共价值：政府战略管理[M].伍满贵译.北京：商务印书馆，2016年版，第28页.

② 韩兆柱，翟文康.公共价值管理理论及其在中国语境下的应用研究[J].公共管理与政策评论，2016（4）：75-84.

③ John.Benington，Mark.Moore. Public Value Theory and Practice[M]. New York：Palgrave Macmillan，2011：265.

提供了"合作"的策略；数字治理理论提倡重新整合、数字化过程，与时代背景相结合，从而在治理工具上为公共治理理论提供了"大数据技术"；公共价值管理理论提倡公共管理者的使命和目标是再造公共价值，在治理使命上，为公共治理理论提供了"公共价值"的目标。面对日益复杂的社会和变革的时代，单一的理论难以系统地解决某一个问题，以上五大前沿理论相辅相成、优劣互补，在治理理念、结构、方式、工具和使命上提供了"服务""网络""合作""大数据技术""公共价值"等主张，共同构成了公共治理理论群，我们可以借鉴其"理论群"优势，应对高度复杂化、高度不确定性的社会。

（四）公共治理及其在中国的适应性

1. 对治理中国适用性的质疑

自公共治理理论兴起以来，就引起了国内学者的关注。从世纪中后期开始，我国学者相继展开了对治理理论的研究，拉开了治理理论研究的序幕。综合研究内容来看，国内学者的研究主要围绕治理理论的中国阐释、地方治理、中国参与全球治理等方面的内容展开。同样，也有学者对治理理论的中国适用性提出质疑，主要有以下几种代表性观点：

一是治理理论与中国行政文化不相融合。学者靳永翥认为："'新治理'理念与中国传统行政文化存在着严重的错位。"他认为，"政府长期以来全能全管的统治型行政模式使得政府很难在唯一主体地位上做出让步"。"由此，决定了政府、公共机构与社会自治组织、志愿团体的关系维系还要依靠行政指令而非合作协商。"[①]

二是担心公共治理理论在中国适用会对现代政治秩序造成冲击，毁灭现代化成果。杨雪冬博士认为："在缺乏作为制度基础的现代社会政治秩序的情况下，如果过分地夸大'治理'的效用，把本来作为愿景的'治理'状态视为眼前的目标，则可能破坏正在进行的现代制度建设。"[②]复旦大学刘建军教授在《治理缓行：跳出国家权力回归社会的陷阱》一文中指出："在中国现代政

---

① 靳永翥. "新治理"与中国地方政府社会治理及治理价值选择 [J]. 湖北社会科学，2004（12）：35-37.

② 具体参见：俞可平、李景鹏、毛寿龙、高小平、彭兴业、杨雪冬、董礼胜. 中国离"善治"有多远——"治理与善治"学术笔谈 [J]. 中国行政管理，2001（9）.

治还没有完全成型之前，对国家权力回归社会的过分呼唤，会使中国重新掉入政治浪漫主义的陷阱，会使中国在改革开放时代所奠定下来的现代化成果遭到毁灭性的打击。"①

三是认为中国缺少成熟的多元管理主体和民主协作的精神。复旦大学臧志军教授在《治理：乌托邦还是现实？》一文中指出，"治理"需要成熟的多元管理主体及其相互间的伙伴关系以及民主、协作和妥协的精神，但是，在当今中国总体上并不存在着成熟的多元管理主体，所谓的非营利性组织也几乎没有程序性的渠道可以自主地参与公共事务的治理，更不要说与政府形成双向对等的关系。②

2. 公共治理的中国场域分析

公共治理作为一个西方土壤生长出来的理论"舶来品"，我们当然可正面直视它，甚至要引介利用它，但也必须十分重视对其深层次的价值预设的挖掘，否则，将会导致盲目简单地、急功近利地移植该理论。公共治理是以新古典自由主义为核心价值体系的，它重申了（消极）自由的重要性，诉求多元主义的文化，彰显了公共性的价值，确认了政府的有限理性。早期的公共治理制度安排的研究主要是以"比较制度分析"框架为基础的，这一分析忽视了公共治理制度安排的多样性以及制度环境对公共治理制度安排的影响。鉴于这种价值预设，我们必须谨慎评价公共治理的中国意义。公共治理对我们改革的启发意义集中体现在有限政府理念的形成及其制度建设方面。③

（1）公共治理改革是当今中国社会发展最大的现实红利

改革红利是发展中依靠改革创新性举措所实现的经济社会化价值最大化。中国社会公共治理的改革是不断调和各阶层公共利益的改革，从社会分享性的视角看，公共利益是客观存在的，追求以公共利益为核心的社会利益最大化是公共治理的目标。中国社会的公共治理是实现公共利益的核心途径。④公共利益在公共治理中具有的重大功能，可以从政治、经济、法律、社会和文

---

① 《探索与争鸣》2003年第3期刊出了由沈佩萍作为主持人的一组文章，总题目为《反思与超越——解读中国语境下的治理理论》，几位学者解读了中国语境下的治理理论及其中国适用性.

② 《探索与争鸣》2003年第3期刊出了由沈佩萍作为主持人的一组文章，总题目为《反思与超越——解读中国语境下的治理理论》，几位学者解读了中国语境下的治理理论及其中国适用性.

③ 董妍、杨凡. 中国社会公共治理的变革逻辑与创新向度 [J]. 求索，2015（3）：9-13.

④ 张成福，李丹婷. 公共利益与公共治理 [J]. 中国人民大学学报，2012（2）：95.

化四个方面得以体现。公共利益所反映的是，在多元社会的治理过程中，政府与利益相关者在利益和利益分配问题上所达成的共识。从中国当前转型社会的发展格局来看，中国的社会经济发展的矛盾已经凸显，不顾社会环境所换来的发展已经很难沿着老路继续前进，唯有对阻碍公共利益最大价值理性的障碍进行清障，才能释放出最大发展红利，而这体现的正是中国社会公共治理改革的思路，还公共利益于中国社会大众。

（2）中国社会公共治理改革的本土化土壤亟需培育

公共治理"是在民族国家受到经济全球化冲击，社会形态和国家权力性质发生重大变化的背景下，政府组织为有效回应环境变化和危机挑战而选择的一条新型发展道路。"[1]其主要是针对西方政治与行政的实践及理论的，因此从严格意义上讲，将治理理念用于讨论中国社会的公共治理应该是不符合逻辑的，但"中国与发达国家面临的许多问题是共时的"。[2]如此，兴起于西方语境的治理理论向中国的扩散也便成为理所当然的过程，但这又势必要求我们从应用限度入手给出适用性的证明，因为这是深刻把握中国社会公共治理与改革理性的逻辑关键。中国社会公共治理改革机制的工具理性、价值理性、制度理性的建立需要根据我国实际情况来构建，否则将会影响到中国构建现代新型社会的精彩进程。

（3）国家治理现代化将在中国社会公共治理的改革中加速实现

健全的政府公共治理政策是创造和提升国家竞争优势、实现经济和社会可持续发展的重要条件。从目前来看，中国社会公共治理改革已经形成了以十年为期的具有中国特色的改革总体规划，这也理应成为我们评估当下中国社会公共治理改革的依据和准绳。作为全面深化改革总体目标的主要内容，推进国家治理体系和治理能力的现代化，首先就是要树立地方政府的现代化公共治理理念，最大限度地把我国的根本制度与基本制度所蕴含的巨大能量和活力充分释放出来，促进社会公共治理视域下的公共利益的最大化。国家公共治理能力现代化是国家体系治理有效性的充分体现，要实现现代化的格局，需要充分运用法治思维、制度治理，强化规则和制度的执行与问责，为现代化建设保驾护航。而在中国，这方面的思维和能力是有限的，需要不断

---

① 李慧凤. 公共治理视域下的社会管理行为优化 [J]. 中国人民大学学报，2014（2）：23.

② 董妍、杨凡. 中国社会公共治理的变革逻辑与创新向度 [J]. 求索，2015（3）：9.

精进。①因此，我们可以以西方政府公共治理的理念和原则为参照系，立足中国的具体国情和政府公共治理的基础和能力，通过良好的制度安排和机制设计，对中国政府公共治理模式和运行机制进行改革、改造和整合，促进民众治理受托责任，优化公共资源配置，实现具有中国特色的社会公共治理目标。

3. 中国特色的公共治理模式分析

从公共治理理论的内涵看，公共治理作为政府与社会之间相互合作的公共事务治理机制，必须要求现代政治体制的完备和各种社会主体性力量的成长，特别是公民社会的发育和成长。但从上述学者的观点看，中国的现代国家建设任务尚未完成，中国的公民社会尚不成熟，中国的公民意识的培育也远未完成。但是治理作为一种理论范式和分析工具对人类的公共生活产生了巨大的影响，中国的治理实践也深受治理理论和运动的影响。当前，高度复杂的公共问题以及动态多元的社会环境使得各国政府的不可治理性不断增大，如何发挥公共治理理论在中国治理实践中的作用，提高国家治理能力，走一条具有中国特色的治理之路是一个不可回避的理论和现实问题。从公共治理理论的内涵、结合中国政治体制以及公民社会发展现状看，中国特色的治理体制应该是一种政府主导型的多元合作治理体制。这种政府主导型的多元合作治理体制既符合治理理论的研究路径，又符合中国政治体制和公民社会成长的现实。这一政府主导型的多元合作治理体制符合"治理"的政府管理研究途径，也是善治意义上的公共治理的内在要求。按照我国学者陈振明的观点，治理主要有三种研究途径：一是政府管理的途径，将治理视为政府管理，这一途径采取自上而下的研究途径；二是公共社会的途径，将治理视为公民社会的自组织网络，这一途径采取自下而上的研究途径；三是合作网络的途径，这一途径强调政府部门与非政府部门联结的相互依存的合作（网络）关系。应该说，这是一种整合的研究路径。②由此可见，政府主导型的多元合作治理体制符合上述治理的政府管理研究途径，同时也能实现治理"善治"的效果。治理追求的境界就是"善治"，其目的是实现社会公共利益最大化。所谓"善治"就是指使公共利益最大化的社会管理过程，善治的本质特征就在

---

① 何翔舟、金潇. 公共治理理论的发展及其中国定位 [J]. 学术月刊，2014（8）：129.

② 陈振明. 公共管理学：一种不同于传统行政学的研究途径（第二版）[M]. 北京：中国人民大学出版社，2003年版，第81—91页

于它是政府与公民对公共生活的合作管理，是政治国家与公民社会的一种新颖关系，是两者的最佳状态。[①]善治是对良好的或理想的社会治理状态的描述，"实际上是国家的权力向社会的回归，善治的过程就是一个还政于民的过程。"[②]因此，善治是政府与公民积极合作共同管理国家，善治离不开公民，也需要政府的"善政"。

这一政府主导型的多元合作治理体制符合当前我国现代治理体系、市场经济和公民社会发展的社会现实。治理体制的选择受到特定的文化、体制和发展水平等多重因素的影响，在我国现阶段，选择建立一种政府主导型的多元合作治理机制不失为一种智慧的选择。一方面，我国一直存有强政府的治理传统。曾经的国家社会一体化导致整个社会被淹没在国家（政府）体制之下，这样一种政治和社会结构长期制约着公民社会和多元主体的独立成长。在现实国家治理实践中，市场、社会依赖服从政府，地方政府依赖服从中央政府。另一方面，当前中国公民社会还没有发育到完全自治的程度，还无法以完全独立平等的身份参与公共事务治理。[③]还有，我国公民的公民精神和公民意识导致公民在参与公共事务治理方面主动性不足。

综上，我国特定阶段的发展现状决定了这一多元合作治理体制应发挥政府的主导作用。这一政府主导型的多元合作治理体制需要发挥政府"元治理"的作用。针对治理理论过分高估公民社会及市场作用的情况，不少学者对治理体制提出质疑和反思。英国著名政治理论家杰索普提出了"元治理"的概念。杰索普指出："虽然治理机制可能获得了特定的技术、经济、政治和意识形态职能，但国家（政府）还是要保留自己对治理机制开启、关闭、调整和另行建制的权力。"[④]美籍日裔的著名社会理论家弗朗西斯·福山（Francis·Fukuyama）指出：国家建构也许比治理更重要，一个强有力的国家也许比自组织治理更重要，尤其对于广大的第三世界国家而言。[⑤]由此可见，"元治理"更强调国家（政府）在社会治理中的重要作用。在多元的治理体系

① 俞可平. 治理与善治 [M]. 北京：社会科学文献出版社，2000年版，第8-9页.

② 俞可平. 治理与善治 [M]. 北京：社会科学文献出版社，2000年版，第11页.

③ 麻宝斌. 公共治理理论与实践 [M]. 北京：社会科学文献出版社，2013年版，第77页.

④ 王诗宗. 治理理论的内在矛盾及其出路 [J]. 哲学研究，2008年（2）：85.

⑤ 郁建兴. 治理与国家建构的张力 [J]. 马克思主义与现实，2008年（1）：87.

中，国家要承担起协调不同组织和力量的责任。具体来说，国家（政府）要在社会治理体系中要发挥主导作用，做社会治理规则的"主导者"和"制定者"，做社会利益博弈的"协调器"与"平衡器"，做社会公共服务的"推进者"与"服务者"，积极开展与其他社会力量的合作，通过对话、协作，共同实现社会的良好治理。①

概言之，公共治理理论经过不断完善和发展，具备了完备的方法体系和完整的理论基础，基本适应了现实对复杂环境和公共事务多样化需求，结合了政府、市场和社会各自优势，已成为研究现代社会的占主导地位的分析方式，在众多治理主体之间构建了新型的"合作伙伴关系"②，实现了效率和公平的重构过程，有效地调合了价值理性和工具理性之间的张力。公共治理从来不否认政府的主导作用，不管你是否接受，政府仍将在人类社会未来很长一段时期内发挥不可或缺的功能。结合我国的治理体系和市场经济以及公民社会的发展现实，建立一种政府主导型的多元合作治理体制能有效地推动政府改变自身治理理念和权力运行方式，改革自身治理体制，实施"善政"，从而获得更高的社会信任和认同，同时又能推进社会多元主体参与公共事务治理，从而促成良好公共治理之"善治"。

二、直接思想动力：民主行政理论

20世纪后期以来，在公共行政理论的发展中，民主行政的理论渐成一种主流话语，并对实践产生了一定的影响。一般认为，民主行政的理念是由"新公共行政运动"提出来的，它所要突出强调的是民主在公共行政中的价值。但是，在整个80年代，民主行政的主张一度被学术界搁置了起来，在"新公共管理运动"的理论主张得到了实践的普遍支持时，只有很少的一部分学者坚持对民主行政理论进行探讨，并努力提出付诸实践的方案设计。90年代后期，特别是进入新世纪后，由于新公共管理运动在实践上暴露出了诸多缺陷，"新公共行政"的一些代表人物又重新站了出来，极力向人们推荐民主行政的

---

① 丁冬汉. 从"元治理"理论视角构建服务型政府 [J]. 海南大学学报（人文社会科学版），2010（5）：20—22.

② 王敏. 论构建政府与媒体合作伙伴关系的必要性 [J]. 怀化学院学报，2011（6）：49.

理论，而且，在新公共行政运动的代表人物重新登场的时候，也确实提出了许多具有可操作性的民主行政方案，并得到了行政管理实践的普遍响应。近些年来，民主行政理论产生了世界性的影响，在各国政府的行政改革中，都出现了努力引进民主行政理论的做法，也确实有一些实践方案得到了贯彻。①

（一）民主行政理论的思想源流

一般认为，"民主行政"属于20世纪70年代"新公共行政运动"的主张，但如果对文献进行认真梳理的话也会发现，在20世纪初期就已经有了与"民主行政"概念相近的表达式了。马克斯·韦伯（Max. Weber）在把研究重心放置到对"官僚制行政"进行探讨的时候，也提出了"民主制行政"的两条标准：其一，它建立在以所有人都原则上具有相同的领导共同事务的资格为前提；其二，它把命令权力的范围降到最低的程度上。当然，在韦伯那里，这些标准对于组织的权力关系和效率追求是负面的，所以，他不是把"民主制行政"看作可以替代官僚制行政的理想选择。在他看来，民主制行政只适用于"地区性的、参加人员有限、任务比较简单和稳定的"的场合，是一种"类型上的边缘状态"，而不能视为"任何典型的（或者普遍的）发展进程的历史性出发点"②。故根据韦伯的这一认识，"民主制行政"只能作为某种特定场合下的特定选择，不具有普遍意义。不过，一些持有激进民主行政主张的学者认为，在美国立国之后的历史中一直存在着民主行政的思想资源，文森特·奥斯特罗姆甚至到《联邦党人文集》中去寻找民主行政的思想源头。按照奥斯特罗姆的总结，从《联邦党人文集》中可以归纳出民主制行政的两个原则：

（1）联邦体制中的共存行政

这涉及联邦国家的权威体制的内部设计问题，交叠管辖是联邦体制中共存行政的重要特征。奥斯特罗姆的根据是麦迪逊的一句话："只有在特定的范围里，联邦权力才能得到很好的发展。"③奥斯特罗姆将其引申为，根据公共事

---

① 关于民主行政理论中的部分内容参考了学者张康之和程倩的部分观点与成果。具体参见：张康之、程倩. 民主行政理论的产生及其实践价值 [J]. 行政论坛，2010（4）.

② [美] 奥斯特罗姆. 美国公共行政的思想危机 [M]. 上海三联书店出版社，1999年，第84–85页.

③ 张康之，程倩. 民主行政理论的产生及其实践价值 [J]. 行政论坛，2010（4）：21.

务的不同范围制定出与之相应的制度安排。这样一来，就不再是政府集权体制了，而是联邦制共和模式下的合作共存行政体制了。

（2）自治原则

奥斯特罗姆认为，在汉密尔顿和麦迪逊所想象的美国联邦体制中，行政体制运作与政治体制具有一致性，所有的政府单位均应根据自治原则进行设计。事实上，公共行政的发展史正是按照威尔逊所概括的逻辑演进的。因为，近代以来，逐渐显现出了政治与行政的分化，整个社会治理体系是由政治的部分和行政的部分构成的，政治依据民主的原则加以建构，而行政则成了完全的集权体系。1887年，威尔逊发表了《行政学研究》，这标志着"行政"与"政治"相分离的状况得到了科学认识和理论上的确认，因而，行政也被作为一个相对独立的领域来加以研究了。很快，古德诺对政治与行政进行了分别定义，认为"政治"是公共意志的表达，而"行政"则是公共意志的执行。作为公共意志表达的政治，显然需要按照民主的理念和方式来加以建构，否则，一部分人的意志就会排挤另一部分人的意志，从而无法形成公共意志。但是，行政不同，作为公共意志的执行的行政，所追求的是效率。为追求效率，就必须实现统一指挥，就必须拥有以严格的"命令——服从"为特征的组织体系及其机制，即需要得到官僚制组织的结构性支持，因而，必须是集权的。如果根据民主的原则来建构行政的话，那么，其效率追求简直是一件不可想象的事情。由于这个原因，整个治理体系就表现出了"政治民主"与"行政集权"的既矛盾又统一的状况。然而，20世纪60年代起，行政体系却遇到了官僚主义、效率低下等问题，特别是决策与执行的界限变得模糊了起来，政府在其自身的内部管理和社会事务管理过程中，需要决策的事项迅速增长，这也使得威尔逊关于"政治与行政二分"的理论原则逐渐丧失其合理性，更让韦伯关于行政执行需要祛除价值"巫魅"的要求难以实现，公共行政的大量决策事项都需要充分考虑价值的问题，都包含着政治的内容。因而，出现了对经典公共行政时期理论加以反思的运动。1967年，美国行政学者德怀特·沃尔多（Dwight·Waldo）发起了由数十位年轻学者参加的明诺布鲁克（Minnowbrook）会议，发表了"明诺布鲁克观点"，强调"新公共行政"的务实性（即解决实际行政问题）、后逻辑实证论（即事实、价值与规范并重）和重视社会情境的主题。

　　其中，民主行政的观点就是他们所提出的一个最具争议的论题。20世纪70年代，文森特·奥斯特罗姆在美国阿拉巴马大学举办的公共行政系列讲座中系统地讨论了行政体系与民主之间的关系。在《美国公共行政的思想危机》一书中，奥斯特罗姆努力追溯美国"民主制行政"的思想资源，特别是对威尔逊的"政治——行政二分"原则提出了质疑，认为它因"效率"追求而忽略了公共行政的基本目标。奥斯特罗姆通过对美国联邦体制的思想与实践的系统阐释，结合了当时政治经济学和实在性宪法理论的研究成果，努力去证明当时盛行的官僚行政理论，认为它不仅犯了知识上的错误，而且把美国公共行政的研究与实践导入了歧途。[①]

　　按照他的看法，威尔逊以来的行政理论错误地理解了和偏离了美国宪政创始者的意图，而且在实践上是具有极大的危害性的。所以，他认为，必须进行公共行政范式的转变：由官僚制行政走向民主制行政。他甚至倡议美国政府管理应通过建立多元的交叠管辖和权力分散的体制来实现"公民自治"，提出由多元决策主体运用市场机制进行公共决策和提供公共服务。在他看来，做出这样一种制度安排，能有效地抛弃"威尔逊——韦伯范式"，从而以民主行政范式取而代之。

　　在整个20世纪80年代，行政改革的实践更多地钟情于新公共管理运动的理论，但是，"新公共行政运动"以及受到"新公共行政运动"影响的学者们，并没有中止畅想民主行政的"书院"式活动。1983年，美国弗吉尼亚理工学院暨州立大学公共行政与政策中心的多位教授合力完成了《公共行政与治理过程：转变政治对话》（Public Administration and the Governance Process：Shifting the Political Dialogue）一文，这就是学界称之为《黑堡宣言》（Blacksburg Manifesto）的文献。虽然《黑堡宣言》的作者们并不能被认定为"新公共行政运动"的追随者，但是，他们实际上接受并继承了"新公共行政运动"的民主行政主张，同样要求把政治引入到行政过程中来。1988年，"新公共行政运动"的代表人物再度集会，回顾并检讨了第一次明诺布鲁克会议以及公共行政学的发展，对60年代与80年代的公共行政理论和研究重点进行了比较，再一次探讨了伦理（ethics）、社会公正（social equity）、人群关系（human

---

① [美]奥斯特罗姆. 美国公共行政的思想危机[M]. 上海三联书店出版社，1999年，第37页.

relations）、公共行政与民主政治的调和（reconciling public administration and democracy）等问题，会议成果以《第二次明诺布鲁克会议：公共行政的变迁纪元》（Minnowbrook Ⅱ：Changing Epochs of Public Administration）为名发表。1990年，《黑堡宣言》的作者也将该"宣言"以及几篇延伸"宣言"观点的论文合编成《重建公共行政》（Refounding Public Administration）一书出版。

到了1996年，黑堡学者又出版了《重建民主的公共行政：现代的吊诡、后现代的挑战》（Refounding Democratic Public Administration：Modern Paradoxes，Postmodern Challenges），进一步对"宣言"中重建民主行政的理念做出补充，并对里根政府时期"政府再造"中的管理主义做法进行了批判。可见，"民主行政"的主张应当说是在"新公共行政运动"中提出的，虽然"新公共行政运动"的理论重心是要扭转传统行政学过于重视"效率"和忽视社会回应的局面，但这一运动所提出的公众参与、伦理意识、价值多元化、重视回应与沟通等主张，都为民主行政的追求打下了理论根基。对民主行政进行了具体阐述的是奥斯特罗姆，他在《美国公共行政的思想危机》中，通过分析制度价值与公共组织现实之间的矛盾，指出"威尔逊——韦伯"模式由于过于关注行政过程中的效率和通过集权控制的机制来追求效率的做法造成了公共行政学的"知识危机"，他要求以"交叉重叠的职权""权威多中心"为特征的民主行政模式来取代原来的"官僚制行政模式"。[①]1982年，黑堡学派则明确提出"重建民主行政"的理论主张，在他们看来，当时美国社会所存在的社会、经济问题以及政府的低效问题并不完全是由官僚体系造成，而是因为政治体系本身就存在着不可治理的问题。因此，需要建构一个全新的行政体系，使其能在民主政治的环境下重新找到定位与合法性，确保公共利益最大程度地实现。

（二）民主行政的主要观点

1. 新公共行政运动的民主行政观

"新公共行政运动"的民主行政观所包含的是一种"公平至上"的理念。20世纪60年代初，由于民权运动的兴起，把社会公平的问题推展到了社会生

---

① [美]奥斯特罗姆. 美国公共行政的思想危机[M]. 上海三联书店出版社，1999年，第39页.

活的中心地带，成了美国政治上的一个最为重要的问题。当"新公共行政运动"一出现就遇到了这一话语环境，因而，也突出了社会公平的主题，主要体现在以下五个方面：

（1）社会公平。强调全体公民拥有平等的政治和社会机会。

（2）代表性。官僚机构的公务员应在政治代表性结构中得到代表的约束，同时，公务员又必须能够代表并致力于实现公众的需求。

（3）回应性。政府需要更多地回应公众的需求。

（4）公众参与。鼓励公民以个体或集体的形式广泛地参与公共行政。

（5）社会责任感。政府中的工作人员应有道德意识，应以公共利益为准绳，切实地履行他们的誓言和民事责任。在"新公共行政运动"对这五个主题的关注中，显然包含着对"政治——行政二分"原则以及官僚体制的拒绝，包含着对社会公平和民主价值的追求。因为，政府的"代表性"和"回应性"必然要在与公众的互动中去实现。进而，行政组织也就不可能是封闭的了，在官僚这里，也要求必须从关注行政组织的自我完备和运转效率转移到对公众的利益、对社会的道义和责任上来；对政府而言，则要求必须寻求公众对行政以及公共事务的参与。这个思路的逻辑结果就是，原先的单中心权威体制被突破，而管辖交叠、权威分散的行政体制则得以生成。其中，公众参与则是破解一切行政难题的钥匙，也正是由于公众参与被置于公共行政的中心地位了，所以，它也就是民主的行政了。

2. 奥斯特罗姆的民主行政范式 ①

奥斯特罗姆是一位把民主行政作为一种行政范式来加以建构的学者，在他看来，现代政治经济学和早期民主理论家的著作中都包含着民主制行政科学，其基本定理可以概括为这样几个方面：

（1）在政治与行政制度的分析和设计中，不应对人性有理想化的假设，应把人视为理性的"经济人"。

（2）公民私有权与官员的公共权力都要受到民主宪法的约束，并相互制约。

（3）公共权力尽管是行善之所需，却可能被用于作恶，因此，权力必须分立并相互制约，以恶制恶、以权力对抗权力，确保公共权力服务于公共利益。

---

① 孙凡红，张继平. 民主行政的实现：价值、制度与技术——奥斯特罗姆的民主行政思想 [J]. 中国行政管理，2009（9）：48–52.

（4）公共行政属于政治的范畴，公共物品和服务都需要以政治决策民主为其提供保障。

（5）需要破除政府行政组织的垄断，采用多种多样的组织形式提供公益物品和服务。也就是说，政府组织应当与公益组织、企业组织、社会团体和公民开展协商合作，共同治理公共事务，政府与其他组织之间的关系可以包括互利性的交易和协议、竞争性的对抗、裁定冲突以及有限等级的命令权力。协调不仅可以依赖官僚制的命令与控制结构，也可以通过与多种独立的公共管辖机构之间的合作、竞争、冲突以及冲突解决的复合程序来实现。

（6）单一权力中心的行政体制不仅会削弱行政系统对公民多样性偏好的回应能力，而且会削弱其应付各种环境条件的能力。这是因为，公民有权要求其个性化需求得到政府的重视并予以满足；同时，社会环境也是处于不断变化之中的，如果一味秉承官僚行政范式，势必会忽略公共行政的民主责任，忽略对民众需求的回应。

（7）行政改革的方向不应是完善官僚行政体制的行动，而应是行政管理的民主化。单一权力中心的官僚行政体制在实质上是反民主、反效率的，因而，行政改革应致力于多中心的权力结构设计、多样化的治理结构安排和切实可行的民主参与制度设计。

（8）根据地方自治和民主决策的原则，建立适合民主自治的政府规模和多中心的权力决策体制，奥斯特罗姆称之为"复合共和制"，认为这一体制可以彰显行政学理论和提高公民个体和非政府组织的决策在公共政策选择中的地位。

3. 黑堡学派的民主行政主张 [①]

以《黑堡宣言》为标志的所谓黑堡学派的民主行政主张主要体现在重建民主式的官僚体制上，所提出的是一种改造官僚制的方案。也就是说，黑堡学派并不试图摒弃官僚制，而是希望改进其技术主义的路线，要求行政官僚以其专业知识和经验传承而成为公共利益的保证和民主治理的参与者。在黑堡学派看来，公共行政不限于官僚体制的组织形式，对于民主国家而言，还须有民主式的官僚体制，应使民主的哲学融入行政组织中，服务于公共利益。

---

① 张康之，程倩. 民主行政理论的产生及其实践价值 [J]. 行政论坛，2010（4）：22-24.

黑堡学派的观点可以概括为这样几个方面：

（1）《黑堡宣言》开宗明义地要求美国的政治对话需要改变鄙视公共部门的心态，呼吁美国必须纠正政治文化中鄙视与苛责公共部门与常任文官的风气。

（2）黑堡学者抨击了20世纪70年代末兴起的崇拜市场机能、以企业为师的新公共管理风潮，指出公共行政与企业管理不同。他们认为，公共行政与企业行为的不同在于：首先，常任文官是与政治过程中的其他参与者竞逐辖区、正当性与资源的，而不是追求利润的市场主体；其次，公共部门与其对象的关系是不同于私人部门的消费者与供货商间的关系的，他们对行政体系的效能各有特殊的认知与期待；第三，行政体系运行所需的技能、所关注的焦点以及工作的特质等，都与私人部门不同，公共行政不但要在较复杂的政治环境中进行管理工作和展现管理能力，更要有能力维持机关观点和维护公共利益，保证治理过程合于宪法规范。

（3）尽管行政体系的部门划分会在各部门之间产生不同的立场与观点，而且它们也都有对这些立场和观点加以表达的权利和正当性，但是，行政人员是各部门知识、经验、智能与共识的受托者，所应关注的是公共利益。尽管公共利益的实质内涵无法明确界定，但它在行政人员的思维决策中具有重要的实用价值。因此，行政人员应在具体的语境里以动态的、更全面的观点考虑决策结果，需要拥有更长远的观点去考虑决策的利弊得失，需要从更多元的立场去衡量问题及决策，需要搜集更丰富的知识和更多的信息从而培养良好的决策习惯。总之，要在行政实践过程中去体认公共利益。

（4）政治与行政具有三个层次的关系。在最高的治理层次上，不可能对政治与行政做出区分；在中层次的治理过程与行动过程中，可以对政治与行政做出区分；在参与者的层次上，统治者（民选人员与政务人员）与治理者（文官）应有所区别。所以，治理无非是以社会整体为名的奖罚机制，其中包括政治与管理。治理的格局与层次大于也高于行政或管理，它意味着运用权威来掌管船舵与提供方向。公共行政是社会中唯一能运用强制力进行奖罚与分配的制度，是治理过程的一部分，而权威是治理过程中不可或缺的要素。

（5）选举并不是治理权威正当性的唯一来源，因为，文官集团在政策制定与执行过程中与民众的偏好较为相近，可能更具有代表性。公共利益是是非对错的最高和最终裁决标准，而文官的正当性则来自宪法、人民和专业性。

因此，常任文官应扮演执行与捍卫宪法的角色、人民受托者的角色、贤明少数的角色、平衡轮的角色和分析者与教育者的角色。

（三）民主行政的实践

20世纪的公共行政发展在职业化、专业化的路径上飞速前进，从而使公共行政成了一个专业领域。与其他各种各样的专业化领域一样，它也有着自己的保密性和组织的相对独立性。结果，使得公众与公共行政机构之间出现了巨大的距离，以至公共行政成了民主政治条件下的一个集权体系，因而进一步加大了政府与公众之间的隔膜，使公民与政府处于一种紧张、陌生甚至误解的状态中。这种形势的发展既损害了公共利益，也降低了政府工作的威信与效率，同时也是对公共行政精神的否定。[1]民主行政的主张就是在对这些问题的反思中提出的，所反映的也是一种改革政府、重理政治与行政关系的要求，在本质上，所代表的是一种不同于"新公共管理运动"的行政改革之路。可能由于其可操作性不强，民主行政的主张对20世纪后期的行政改革并没有发生多大影响。然而，进入21世纪后，基于民主行政理论而提出的许多方案纷纷受到各国政府的重视，特别是许多能够把公众参与落实到行动中去的方案得到了采纳。

在民主行政的理论叙述中，黑堡学派所强调的是公共行政中公共对话的重要性，认为公共行政的基本使命就在于促进公共对话，创造有效地公民参与。之所以公共行政能够达成这种使命，其原因就在于："第一，公共利益为行政人员的职业与志向提供了基础，行政人员的一切行动都必须围绕着公共利益展开。因此，促成各种利益诉求进入公共对话之中也就成了行政人员担任职务的成败标准。第二，行政人员的职业在宪政体制中居于臣属位置，行政人员并不拥有独断的权力，他们的所有行政活动都必须顾及宪政体制中的三个部门：行政、立法以及司法。这种臣属地位使公共对话所需要的开放性获得强化。第三，行政过程所处理的事务具有具体性和实时性，因此，行政人员面对具体事件时必须做出适当地裁量，听取参与者的意见。第四，公共行政作为一个正式的制度体系提供了卓越的实验性场所，它能够通过修正语

---

[1] 魏娜. 公民参与下的民主行政 [J]. 国家行政学院学报，2002（3）：20.

言的模式以降低组织的非理性。"① 因此，公共组织必须顾及广泛和深层的利益，教导人们如何谈论以及倾听他人的言谈，创造适当的沟通方式。从 20 世纪后期以来的行政改革进程看，"新公共管理运动"的主张在改革前期所占据的是主导性的地位，随着行政改革的深入，民主行政的主张开始逐渐得到了更多的认同。因而，民主行政所倡导的公众参与在改革实践中越来越多地被落实到制度安排之中来了。② 比如，公共行政中的"听证会"制度显然就是公众参与的直接体现，而从"听证会"制度出发，我们看到了关于建设"透明政府"的要求，因为，公众只有在其知情权得以实现的条件下"听证"才是有意义的，而知情权一旦得到实现，公众就不会满足于通过"听证会"这样一种方式参与行政活动，而是会要求通过各种各样的途径去参与行政活动。结果，就会对整个公共行政体系造成冲击，即打破公共行政中的固有集权，即使在那些允许集权存在的地方，也会要求强化行政监督去保证权力行使的正当性、合理性。民主行政的主张推动了决策民主化。从 20 世纪公共行政的发展来看，由于凯恩斯主义政府干预模式的兴起，威尔逊关于"政治—行政二分"的规定已经被抛弃，行政不再是严格的执行部门，而是已经承担起了大量的决策任务，即通过公共政策的途径去实现社会治理。在官僚体制未受到触动的情况下，行政决策是政府自己的事情。然而，民主行政的主张却改变了行政决策的理念，使公众参与行政决策的理念得到了广泛的认同，而且也确实建立起了公众参与行政决策的民主决策机制。在行政决策过程中，公众的意愿表达受到重视，并影响了决策过程。在"政治与行政二分"的条件下，政治民主与行政集权构成了公众意见表达的两个阶段。在政治的阶段中，依据代表性结构，公众的意见表达是自下而上地进行的，通过民主机制的整合，公众的意见被转化成国家意志，然后由行政部门加以执行。这样一来，如果说公众的意见作为国家意志的实质性内容的话，所走的是一条自上而下的路径。也就是说，公众的意见表达在政治的意义上是走了一条上行的路线，而在行政的意义上则走了一条下行的路线。民主行政的主张改变了公众意见表达的路径，使公众的意见表达得以通过两条路径进行，一方面，在传统的路径上通过代表性结构进行意见表达，另一方面，则直接地向政府表达。公

---

① 魏娜. 公民参与下的民主行政 [J]. 国家行政学院学报，2002（3）：20–21.

② 张康之，程倩. 民主行政理论的产生及其实践价值 [J]. 行政论坛，2010（4）：25.

众直接面向政府的意见表达主要体现在行政决策的过程中，形成了公众参与行政决策的机制。从近些年来的情况看，政府的行政决策越来越注重听取公众的意见，咨询、协商、公示和听证等方式得了广泛的应用，在获取决策信息、均衡各方利益和寻找决策依据等方面，都显示出了积极的成效。这不能不说是得益于民主行政的主张。一般认为，集权是有效率的，而民主则是没有效率的，然而，公众参与行政决策恰恰提高了政府的行政效率。这是因为，公众参与行政决策保证了社会问题能够及时地转化为政策问题。在政府是一个集权体系的情况下，它与社会之间的关系是疏离的，政府表现出很强的封闭性，在觉察社会问题方面表现得非常迟钝，妨碍了社会问题向政策问题的转化，以至许多社会问题被搁置起来和积累起来，直至引发社会冲突和危机事件。公众参与决策改变了这种情况。也就是说，"由于公众参与行政决策的机制生成了，公众可以通过制度化的渠道将自身关注的或与自身利益相关的问题及时地表达出来，并反映到政府的行政决策层，从而使社会问题迅速地转化成了政策问题，并及时地引起了决策层的注意。"[①]由此可见，当政府以行政行为的方式开展社会治理时，集权也许是更为高效的，但是，当政府需要通过政策手段去实现社会治理的时候，民主则比集权更有效率。所以，民主行政的主张在公共政策途径成为社会治理的基本路径的条件下显示出了其实践意义。

公众参与的结构性基础是非政府组织，虽然非政府组织并不是因为民主行政主张的提出而生成的，但非政府组织的出现则使民主行政的主张得到了社会构成要素的支持。也就是说，在20世纪后期的行政改革过程中，在全球化、后工业化的进程中新生的非政府组织对民主行政的主张提供了充分的支持，使公众参与有了组织化的主体，放大了公众参与的力量。民主行政的主张与非政府组织的生成过程几乎是在同一个时间起点上，这说明它们都契合了历史趋势，反映了社会发展所提出的要求。非政府组织的出现意味着：拥有共同价值观的人们通过组成社会组织的方式参与到原先由政府垄断的社会治理过程之中，不仅在行政决策方面向政府提供咨询和政策建议，而且在更广泛的社会治理领域与政府开展合作，实现了近代早期的"共治"理想。

---

① 宁骚. 公共政策学 [M]. 北京：高等教育出版社，2003年版，第262页.

三、相关理论依据：党的群众路线理论

所谓群众路线，就是一切为了群众，一切依靠群众，一切服务群众，从群众中来，到群众中去，把党的正确主张变为群众的自觉行动。中国共产党（以下简称"党"）的群众路线理论是党将马克思主义关于人民群众是历史创造者的唯物史观原理在中国的创造性运用，是党在长期敌众我寡的革命战争时期艰苦斗争的经验总结，也是党推进马克思主义中国化的重大理论成果。习近平总书记指出，"群众路线是我们党的生命线和根本工作路线，是我们党永葆青春活力与战斗力的重要传家宝……必须把群众路线贯彻到治国理政全部活动之中。"[①]党对群众路线理论的重大贡献，体现了马克思主义理论的发展性与开放性，以及中国革命、建设和改革实践的的必然要求。作为中国共产党执政兴国的重要法宝和理论武器，党的群众路线理论对于我国实现国家治理体系与治理能力现代化、构建当代和谐政民关系等具有基础性的理论武装意义。

（一）党的群众路线理论的历史发展

与唯心主义的英雄史观不同，马克思主义唯物史观坚持把人民群众当作社会历史的主体，认为只有人民群众才是社会历史的创造者。党坚持辩证唯物主义和历史唯物主义的统一，把争取人民群众的拥护和支持作为中心任务，贯彻落实到生动的实践中，并不断丰富和发展适合中国国情的群众路线理论。党的群众路线理论大体上经历了萌芽、形成、成熟、发展等几个主要阶段。从1922年中共二大《关于共产党的组织章程决议案》、1928年中共六大《政治议决案》到1929年周恩来主持所写的《中共中央给红军第四军前委的指示信》中针对党、军队和群众的关系以及红军给养问题明确提出"群众路线"的概念，表明党在最初的发展中已经注意到争取群众的重要性和执行群众路线的必要性，成为党的群众路线理论的最初萌芽。1933年毛泽东在《查田运动的群众工作》和《必须注意经济工作》以及1934年《关心群众生活，注意工作方法》等报告中明确提出动员群众、关注群众生活、与群众打

---

① 中共中央宣传部. 习近平新时代中国特色社会主义思想三十讲 [M]. 北京：学习出版社，2018年版，第92页.

成一片的工作要求。到1943年毛泽东在《关于领导方法的若干问题》中从哲学高度谈马克思主义科学领导方法，提出的"凡属正确的领导，必须是从群众中来，到群众中去"标志党的群众路线理论基本形成。在1945年召开中共七大上，毛泽东的《论联合政府》的报告和刘少奇的《关于修改党章的报告》进一步系统阐述了党的群众路线的问题，明确提出要全心全意为人民服务、工作方法上防止脱离群众、实际行动中要和群众打成一片，并集中提炼了群众路线观点，表明党的群众路线理论走向成熟。新中国成立后，党领导人民群众开展了轰轰烈烈的社会主义建设和改革事业。相应地，党的群众路线从革命中的群众路线转变为建设与改革中的群众路线，党的几代领导核心都对群众路线理论进行了丰富拓展，从新中国成立至今，属于党的群众路线理论的发展时期。

回顾党的群众路线理论的发展历程，可以得出如下结论：第一，党始终坚持以马克思主义为指导，以马克思主义唯物史观指导中国革命、建设和改革实践，这是党的群众路线理论的前提和基础。第二，党的群众路线理论是中国实践的产物，中国实践为这一理论的产生创造了条件，而中国实践也强烈呼唤这一理论的指导。第三，党的群众路线理论的形成和发展体现了马克思主义认识论和历史观的有机统一。第四，党的群众路线理论是一种开放的理论，必将伴随中国实践、群众实践的发展而发展，是全党智慧的结晶。

（二）党的群众路线理论 [①]

1. 群众路线的内涵

关于群众路线的内涵，1981年党的十一届六中全会通过的《关于建国以来党的若干历史问题的决议》做了高度概括，就是"一切为了群众，一切依靠群众，从群众中来，到群众中去"。有的研究者从目的与手段、原则与方法、党的组织路线与工作路线的统一的角度来理解这句话，认为"一切为了群众"是首要内容、"一切依靠群众"是重要内容、"从群众中来，到群众中去"是方法论原则，或者"一切为了群众，一切依靠群众"是群众路线的核心原

---

① 注：关于党的群众路线理论主要是参考借鉴了刘向阳的观点与部分研究成果。具体参见：刘向阳. 党的群众路线理论及其历史启示 [J]. 新疆社会科学，2014年第5期。

则，"从群众中来，到群众中去"是群众路线的方法论内容。本书以为，"一切为了群众，一切依靠群众"表达的是群众观念，表明服务群众、依靠群众是党的一切工作的出发点、落脚点和着力点，而"从群众中来，到群众中去"则是基本的工作方法，书中的文本表述实现了理念和方法的有机结合。

2. 党与人民群众的关系及其准则

党历来重视与人民群众的关系。《中国共产党党章》开宗明义地指出：中国共产党是中国工人阶级的先锋队，同时是中国人民和中华民族的先锋队，是中国特色社会主义事业的领导核心，代表中国先进生产力的发展要求，代表中国先进文化的前进方向，代表中国最广大人民群众的根本利益。可见，党是人民群众利益的代表者，也是人民群众的领导者，只有坚持党的领导才能保障人民群众的根本利益。人民群众则是党存在和发展的基础，只有获得人民群众的拥护才能确保党的事业无往而不胜，因此党与人民群众的关系是血肉关系，是相互离不开的关系。党的发展历程也表明，群众路线是党领导人民群众取得革命胜利和社会主义建设和改革成就的一大法宝，成为党同一切剥削阶级政党的显著区别。既然党是人民群众根本利益的代表者，而党的一切工作也需要千百万群众去参加、去落实，那么实现好、发展好、维护好最广大人民群众的根本利益、获得人民群众的支持就成为党开展一切工作的根本任务，这就是党同人民群众的关系的基本准则。"共产党人的一切言论行动，必须以合乎最广大人民群众的最大利益，为最广大人民群众所拥护为最高标准。"[1]这是党在革命时期的宝贵经验，也是党执政后领导社会主义建设和改革事业的实践要求。

3. 党的群众观

中国共产党在实践中坚持人民至上的观点，不断丰富和发展了马克思主义群众观。第一，人民群众是历史的创造者和人民群众是真正英雄的观点，把人民群众看成真正的英雄。"任何党员，任何领袖和英雄，他在共产主义事业中，只能做一部分工作，尽一部分责任。共产主义事业，是一件千百万人长期集体创作的事业，任何个人也不能包办。"[2]

---

① 毛泽东. 毛泽东选集（第3卷）[M]. 北京：人民出版社，1991年版，第1061页.
② 毛泽东. 毛泽东选集（第3卷）[M]. 北京：人民出版社，1991年版，第1096页.

第二，一切为了群众和为人民服务的观点。从"为人民服务"思想到"是否有利于提高人民的生活水平"这一判断改革成败得失的"三个有利于"标准之一，从"始终代表最广大人民的根本利益"这一"三个代表"重要思想中的重要观点到"以人为本"为核心的科学发展观理论，从"立党为公、执政为民"到"群众利益无小事"，都体现了党的全部工作的出发点和落脚点是维护好人民群众的根本利益。

第三，一切向人民群众负责的观点。一切向人民群众负责，实际上是一切为了群众、为人民服务的集中体现；要把握向人民负责与向党和领导机关负责的一致性问题，不能顾此失彼因为"人民的利益，即是党的利益。除了人民的利益之外，党再无自己的特殊利益"……"每个党员对人民负责，即是对党负责。"[1] 干部的权力是人民赋予的，代表人民的利益，因此必须对人民负责。

第四，相信群众自己解放自己的观点。"只要我们依靠于群众的自觉与自动，只要群众有了真正的自觉与真正的发动，又有我们党的正确领导，我们党的一切伟大事业，都一定能获得最后的胜利与成功"。[2] 为此，党的作用是启发群众的自觉性，指导群众的活动。

第五，向人民群众学习的观点。要实现对人民群众的正确领导，为人民服务，维护人民群众的根本利益，就要虚心向群众学习，集中群众的智慧和经验。向群众学习既是一种态度，也是一种方法，它的基础是尊重群众、相信群众。

第六，争取群众是长期艰苦的过程的观点。这需要党持之以恒、坚持不懈地开展群众工作和群众路线教育互动，因为不争取群众就意味着党脱离群众，这是党面临的最大危险。

第七，群众的观点是党性问题的观点。所谓党性，就是指人民性。无疑，不树立群众的观点，就会影响工作的开展，就是党性不够的表现。

第八，党同人民群众的关系问题是一个根本的政治问题的观点。党群关系、人心向背直接关系到党的事业的兴衰成败和党的生死存亡，关系到国家前途命运和民族复兴伟业。

---

① 刘少奇. 刘少奇选集（上卷）[M]. 北京：人民出版社，1981年版，第350页.

② 刘少奇. 刘少奇选集（上卷）[M]. 北京：人民出版社，1981年版，第234页.

4. 群众路线的民主原则

党坚持群众路线的过程本质上就是一个坚持民主、落实民主、发展民主、维护民主的过程，对民主的诉求体现在党的全部工作中。从党与人民群众的关系看，"党开展一切工作的成败得失必然要由人民群众来检验，以人民拥护不拥护、赞成不赞成、高兴不高兴、答应不答应作为根本标准。"[①]从党内民主看，民主集中制是群众路线在党内生活中的具体运用，是党内民主的集中体现。一是把民主集中制界定为"民主基础上的集中和集中指导下的民主"，民主与集中是一个矛盾统一体中的两个不同的方面，二者既矛盾又统一。二是针对少数服从多数这一马克思主义政党的基本组织原则，党在革命斗争实践中概括了"四个服从"的要求，即个人服从组织、少数服从多数、下级服从上级、全党服从中央，后来又对"四个服从"进行了丰富，提出党员个人服从党的组织、少数服从多数、下级组织服从上级组织、全党各个组织和全体党员服从党的全国代表大会和中央委员会，进一步明确了处理党内各种关系的基本原则。三是指出领导制度中的民主集中制，就是集体领导和个人分工相结合的原则。体现为两个方面：其一，凡属重大问题，如涉及档路线、方针、政策的大事、重大任务的安排部署，群众关注的重要问题等，都要按集体领导，民主集中，个别酝酿，会议讨论的原则，由党的委员会集体讨论做出决定。其二，在党的各级委员会内部，要明确规定各个领导成员所担负的具体责任，做到事事有人管，人人有专责。所以集体领导与个人分工负责是相互联系、相互统一的，二者不可分割，不可偏废。

5. 群众路线与工作方法、党的建设的关系

群众路线的内涵告诉我们，党的一切工作都要围绕群众来展开，这对党及广大党员干部落实群众路线提出了要求。关于群众路线与工作方法：坚持从群众中来，到群众中去，这告诉我们一定要收集群众意见，将群众意见上升到一定高度，然后回到群众实践中，化为群众的力量，指导群众实践，并在实践中检验理论的正确性，如此不断反复，这就是科学的工作方法，就是"两个相结合"（领导和群众相结合、一般号召和个别指导相结合）的工作方

---

① 中共中央宣传部. 习近平新时代中国特色社会主义思想三十讲 [M]. 北京：学习出版社，2018年版，第89页.

法。与此相反，教条主义、经验主义、命令主义、官僚主义则是违背群众路线的。因此，群众路线也是科学工作方法，科学工作方法也只有通过群众路线才能得到有效的执行。此外，就群众路线与党的建设的关系而言，党的建设是一项"伟大的工程"，面对"提高党的领导水平和执政水平、提高拒腐防变和抵御风险能力"的历史性课题，党的十九大报告正式着重强调要从思想建设、组织建设、作风建设、反腐倡廉建设、制度建设这五大方面强化党建工作力度。习近平总书记指出，"党要管党，才能管好党；从严治党，才能治好党。"①无疑，全面从严治党，是党的建设的一贯要求和根本方针，而群众路线贯穿于党的建设的各个方面，整风运动、干部工作中的民主考察、党密切联系群众的优良作风、反腐倡廉工作中的群众监督、民主集中制等都是群众路线的体现。可以说，群众路线是党的建设的重要内容，加强党的建设则有助于在全党进一步强化群众路线的落实力度。

6. 党密切联系群众的条件

人民群众是我们党的力量源泉，人民立场是中国共产党的根本政治立场。坚持以人民为中心的根本立场，就必须把群众路线贯彻到治国理政全部活动当中去。也就是说，群众路线是党密切联系群众的根本途径，群众路线的落实则是党密切联系群众的一个重大问题。为此，党在实践中提出了一系列很有实践指导意义的思想，这些思想都是党对群众路线理论的发展。第一，提出反腐败斗争是党密切联系群众的重大问题。反对腐败关系到人民群众对党的信任与支持，反腐败斗争是关系党和国家生死存亡的严重政治斗争，因此任何时候都要反对腐败。第二，以人民为中心的政策制定和决策执行是党密切联系群众的核心。习近平总书记指出："我们党制定任何一项政策，推进任何一项改革，都要倾听人民呼声，汲取人民智慧。"②决策的科学性、合理性直接影响人民群众的根本利益的维护。第三，提出制度建设是党密切联系群众的关键。这种制度建设包括保障人民当家做主的制度和落实群众路线的制度。第四，提出加强领导班子建设，提高全体党员特别是党员领导干部的素质对

---

① 中共中央宣传部. 习近平新时代中国特色社会主义思想三十讲 [M]. 北京：学习出版社，2018年版，第104页.

② 中共中央宣传部. 习近平新时代中国特色社会主义思想三十讲 [M]. 北京：学习出版社，2018年版，第88页.

于贯彻落实好群众路线具有极为重要的影响。第五，持续不断"反四风"是党密切联系群众的现实要求。反四风，其实就是反形式主义、官僚主义、享乐主义和奢靡之风，这"四风"直接影响党及党员领导干部在人民群众中的形象，影响党的群众路线的贯彻执行。以为民务实清廉为主要内容的党的群众路线教育实践活动，就是"持之以恒地克服形式主义、官僚主义，久久为功去除享乐主义和奢靡之风"[①]。实践证明，只有集中解决这"四风"问题，以端正作风、贴近群众、树立形象为追求，才能真正把"以人民为中心"的群众路线落到实处。

（三）党的群众路线理论的历史启示

第一，党的群众路线理论的基本前提是承认人民群众的伟大历史地位和作用。党继承了马克思主义唯物史观关于人民群众是历史的主体、是历史的创造者的基本观点，承认人民群众在推动社会历史发展中的决定性作用。党在实践中认识到千百万群众在创造社会物质财富和社会精神财富以及社会变革中的伟大作用，认识到人民群众的力量、人民群众的首创精神，认识到人民群众是党生存与发展的力量之源和科学决策的"源头活水"，并不断总结动员群众、组织群众、发动群众、依靠群众的新鲜经验，从而形成了党的群众路线理论。"人民，只有人民，才是创造世界历史的动力。"[②]承认、相信人民群众推动社会发展的作用，这是获得科学工作方法、确保党的事业取得胜利的根本前提，也是我们全面理解和掌握党的群众路线理论的首要条件。

第二，党的群众路线理论的目的是"为民"，要求是"务实"。党的群众路线理论表明党开展一切工作的目的是全心全意为人民服务，服务群众，依靠群众，因此群众路线理论的目的是"为民"。要达到"为民"的目的，共产党人就要大兴务实之风、多行务实之举，不折不扣地执行党的群众路线。务实，要求共产党人"从群众中来，到群众中去"，实事求是地制定党的路线、方针、政策，创造性地贯彻和落实党的重大部署和工作要求，要求共产党人顺应人民群众的期盼，解决人民群众反映强烈的突出问题，要求共产党人扎

---

① 中共中央宣传部. 习近平新时代中国特色社会主义思想三十讲 [M]. 北京：学习出版社，2018年版，第93页.

② 毛泽东. 毛泽东选集（第3卷）[M]. 北京：人民出版社，1991年版，第1031页.

扎实实深入群众、融入群众，注重调查研究，认真听取群众意见，使人民群众从内心深处相信党、拥护党、支持党、依赖党。

第三，党的群众路线理论解决的核心问题是党同人民群众的关系问题。搞好党群关系、干群关系，是党需要解决的一个十分重大而长期的课题。从党的历史方位看，"我们党已经从一个领导人民为夺取全国政权而奋斗的党，成为一个领导人民掌握着全国政权并长期执政的党；已经从一个在受到外部封锁的状态下领导国家建设的党，成为在全面改革开放条件下领导国家建设的党"[①] 如果说党在革命战争时期强调群众路线是"不得不"进行的工作，那么在社会主义建设和改革时期继续强调群众路线则是应对复杂的执政环境、巩固党的执政地位和执政基础的客观要求。习近平总书记曾动情地说："老百姓是天，老百姓是地。忘记了人民，脱离了人民，我们就会成为无源之水，无本之木，就会一事无成。"……"在人民面前，我们永远是小学生，必须自觉拜人民为师，向能者求教，向智者问策。"[②]实践证明，什么时候党同人民群众的关系密切了，党和人民的事业就能取得成功，否则就会出现曲折甚至倒退。因此，党的群众路线理论的核心问题是党同人民群众的关系问题，也就是密切党同人民群众的血肉联系。

总之，党的群众路线理论是中国共产党执政兴国的根本也是最为重要的理论工具，党领导下人民政府必须紧紧扎根人民、依靠人民、服务人民，始终保持同人民群众的血肉联系。这既是一个政治立场问题，也是一个政府及其工作人员的行动指南，更是一个建立党群伙伴关系和干群伙伴关系的标杆工具，从而为当代中国合作型教育行政的构建提供了原则立场与根本法宝。

四、根本价值定位：政府与公民合作伙伴关系理论

（一）公民与政府合作伙伴关系理论的基本内涵

所谓公民与政府合作伙伴关系，就是公民与政府之间的进行积极、有效

---

① 中共中央宣传部. 习近平新时代中国特色社会主义思想三十讲 [M]. 北京：学习出版社，2018年版，第89页.

② 中共中央宣传部. 习近平新时代中国特色社会主义思想三十讲 [M]. 北京：学习出版社，2018年版，第91页.

的良性互动与密切合作。其基本内涵可以简单地理解为："政府注重公众的需求和疾苦，尽可能满足公众的需求和解决公众提出的问题；而公众则更加愿意表达自己的意愿，更加关注和主动参与政府的民主管理过程，从而形成政府与公民、政治国家与公民社会协同合作治理的局面。"①在相互依存的环境中分享公共权力，共同管理公共事务，围绕公共问题的解决与公共利益的实现展开广泛的协商与对话。政府与公民的良好合作源于公众与政府之间的权力委托关系，其核心部分就是公众对政府的信任和政府对公众的回应。

（二）公民与政府合作伙伴关系理论的核心主张

1. 公民价值至上主义

公民是公共权力的来源，是公共权力执掌主体之政府存在的灵魂与目的，而政府则是公民实现自己目的的工具与手段，政府的主要职责是为公民提供优质的公共服务。正如英国政治学家约翰.密尔所说，政府整个来讲只是一种手段，这一点是不需要证明的。②也正如登哈特夫妇所说，他们应该以"一种通过充当公共资源的管家、公共组织的保护者、公民权利和民主对话的促进者以及社区参与的催化剂来为公民服务。"他们还指出，"政府的角色是'服务者'而不是'掌舵者'，政府在急于掌舵的同时，切不可以忘记是谁拥有这条船"③。在产权多元化的社会条件下，政府为公民服务的物质基础是公民兼纳税人缴纳的税收。在这里，手段和目的的关系就能够更加充分地体现出来，政府越来越重要的角色也趋向于协助公民表达并实现共享的公共利益。总之，政府所从事的公共事务管理工作无论其以什么方式进行，无论其包括什么内容，都不能倒置这种公民至上主义的基本关系。

2. 推崇公共服务精神

政府与公民合作伙伴关系的另一大核心理念与价值主张是推崇公共服务精神。从管理价值体系的构成来看，这种政府与公民的伙伴关系实现了一种管理核心价值的转移。应该说，对于一切社会治理模式而言，秩序、公平与

---

① 梁莹. 重塑政府与公民的良好合作关系：社会资本理论的视域 [J]. 中国行政管理，2004（11）：86.

② [英]J. 密尔. 代议制政府 [M]. 北京：商务印书馆. 1982年版，第2页.

③ [美]J. 登哈特，L. 登哈特著. 新公共服务：服务而不是掌舵 [M]. 丁煌译. 北京：中国人民大学出版社，2004年版，第23页.

效率都是其基本价值，但是这些基本价值在社会治理体系中的构成方式是不同的。对统治型的社会治理模式来说，秩序就是价值，统治型社会治理在秩序的追求上是统治定位，统治是最根本、最实质性的治理目标；作为对统治型的社会治理模式的替代的管制型或管理型社会治理模式，虽然也把秩序价值作为自己的一项内容，但它不把它作为一种核心价值，而是把效率作为核心价值。管理型社会治理方式在追求秩序的同时也表现出对效率的推崇，而且是寄希望于效率能够为秩序提供支持。所以，在它的管理定位中包含着把一切科学化、技术化手段纳入社会治理活动中来的要求和动力；服务型社会治理模式则把服务作为自己的核心价值，其他一切价值从属于这种价值；合作型社会治理模式则力图超越服务型社会治理模式，把公共利益作为核心价值，其中又特别强调了公民的价值，其他一切价值都从属于这种价值，因为"公共利益是人们基于共同价值观和对话达成的共同利益"[①]，这种对话与商讨的结果就要求以公共行政官员为主体的公共部门工作人员要高度重视公民身份，其回应的是公民需求而非仅仅是顾客，且要把焦点建设在信赖关系以及与公民的合作上。

3. 互惠、团结与合作

"自愿的合作可以创造出个人无法创造的价值，无论这些个人多么富有，多么精明。在公民共同体中，公民组织蓬勃发展，人们参与多种社会活动，遍及共同体生活各个领域。公民共同体合作的社会契约基础，不是法律的，而是道德的。"[②]社会共同体的存续和成员个人的发展也有利于人们之间的团结与协作。参与公共生活是培养社会成员团结与协作精神的重要社会结构。政府与公民通过互惠、互利的行动以增进彼此的理解，感情思想得到更新，心胸也会开阔起来。有关调查也显示，积极参与公共生活的社会成员在政治上更成熟，更有社会信任感，更多的社会参与，也有更强的行为能力。[③]概言之，参与公共组织或其他社会组织能极大的培养参与人（公民）合作的技巧和在

---

① ［美］J．登哈特，L．登哈特著．新公共服务：服务而不是掌舵 [M]．丁煌译．北京：中国人民大学出版社，2004年版，第23页．

② ［美］罗伯特·帕特南．使民主运转起来 [M]．王列，赖海榕译．南昌：江西人民出版社，2001年版，第215页．

③ ［美］罗伯特·帕特南．使民主运转起来 [M]．王列，赖海榕译．南昌：江西人民出版社，2001年版，第100—103页．

集体活动中担当责任的意识。

（三）公民与政府合作伙伴关系理论的基本原则

就政府与公民合作伙伴关系理论的基本原则而言，主要是指该理论对于现代公共行政实践所设想和规定的几个指导性原则。因为有了这些原则性规定的框定，能更好地实现公民与政府良性互动的合作伙伴关系。

1. 法治原则

现代社会是法治的社会，几乎社会生活的一切领域，都是根据法治的精神来进行建构的。[①] 社会秩序的获得、生产与生活的正常化、交换与交往的可持续性等等，都来源于法治，法治就是我们生活于其中的这个社会的基本特征。事实上，政府与公民合作伙伴关系思想所主张的公民本位、社会本位的思想只有通过法律才能为实际履行提供制度上的保证。管制行政体现的是权治和人治格局，行政人员借助公共权力将个人意志借助行政机构来实现，法律起不到应有的作用。因此，这种强调公民权利和社会权力的新型公共行政必然就应该是法治的行政。

2. 服务原则

现代政府是由大众产生的，政府的本质是为人民服务。这就清楚地表明了政府与公民之间的基本关系是一种服务的授受关系。正如登哈特所说："政府的职能是服务，而不是掌舵。"[②] 一方面，政府及其工作人员理应扮演好这个日益重要的角色就是公共服务提供者的角色，这种服务者的角色决定其职能就是要帮助公民表达和实现他们的公共利益，而非试图通过控制或"掌舵"，以使社会朝着新的方向发展，从而通过与以公民社会的密切合作，为社会所面临的共同问题寻找良好的治理策略；另一方面，政府是为公民服务而不是为顾客服务的。也就是说，政府及其工作人员不能将公民是为顾客，而应该把作为服务对象的公民看作是具有公民权的公民，并且要积极构建与公民进行合作与对话的沟通管道与互动机制。

---

① 王人博，程燎原. 法治论 [M]. 济南：山东人民出版社，1989年版，第5页.

② [美] J . 登哈特，L . 登哈特著. 新公共服务：服务而不是掌舵 [M]. 丁煌译. 北京：中国人民大学出版社，2004年版，第3页.

3. 效率原则

政府的活动在任何场合下都必须坚持效率原则。这里的效率包含两层意思：一是政府活动的有效性，有效性的首要表现是活动的合法性，然后就是体现活动的效益，包括经济效益和社会效益。显而易见，作为公共权力的执掌者的政府尤其需要把社会效益放在首位，同时也必须兼顾与经济效益二者的协调统一；二是政府活动追求的是以尽可能少的投入而谋求尽可能大的产出，成本收益分析应当成为政府活动所应当考虑的重要问题之一，从根本上说，这也是政府对公民负责的重要表现。因此，政府与公民合作伙伴关系的重要原则之一是效率原则。

4. 责任原则

权责对称理论是行政学上的经典理论。该理论告诉我们，责任是与权力相对应而言的，拥有多大的权力，就应负多大的责任。政府掌握着公共权力，因而它同样承担着相应的责任。责任原则涉及政府与公民两个维度的责任。就政府维度而言，又涉及两个方面的含义：一是政府的行为必须对社会公民负责；二是政府对自己的行为负责，对自身的失职、失误承担相应的责任。就公民维度而言，同样也涉及两个方面的责任，即公民首先需对自己负责，对自身的利益需求及价值观输出负责，另外，公民同样对参与公共生活、处理公共问题也承担着重要的责任。

5. 平等原则

公民与政府合作伙伴关系理论内在包含了公民与政府两个维度的两个关键词，即"合作"与"伙伴"。"合作"意味着公民与政府的互相信任、互不敌视。"伙伴"则明显宣示着彼此地位平等，没有高下之分，彼此尊重，各司其职，良性互动。[①]也就是说，公民与政府合作伙伴关系就是基于公共利益的目标任务与价值立场，共同创设平等对话的合作平台，并谋求巩固信任基础与伙伴情谊的、既相互合作有彼此影响的关系愿景与理想模式。这其中，无疑贯穿着平等的主线与原则性规定。

---

① 王敏. 合作伙伴：政府与媒体的互动愿景 [J]. 衡阳师范学院学报，2016（4）：116.

第三章

社会治理模式及其教育行政的历史考察

从类型学来看，基于不同的标准和依据，人类社会发展的历史进程也就有不同的历史分期与类型划分。根据马克思的观点，基于物质生产方式的依据可划分为"亚细亚的、古希腊罗马的、封建的和现代资产阶级的生产方式可以看作是经济的社会形态演进的几个时代"[1]并预见到共产主义社会的出现，即后来所广为概括流传的5种社会形态：原始社会、奴隶社会、封建社会、资本主义社会和共产主义社会（社会主义为其初级阶段）。根据滕尼斯的现代性划分标准，可以将人类社会划分为传统礼俗社会与现代法理社会；根据科文理念的观点，人类社会的发展历史基于生产力的划分标准，大致可分为三个时代：即体力（农业）时代；科技（工业）时代；科文（知识）时代。根据工业化和技术化的程度，人类社会又划分成前工业社会（又称农业社会）、工业社会和后工业社会三个时期[2]。尽管社会的类型划分是如此多样，但最根本也最为核心的社会构成要件，即人的问题。一切理论与学说体系的逻辑起点与现实起点都应是人本身，现实的人是人类生活的前提。[3]人是社会的人，社会是人的社会，当人与社会具有共同的秩序治理需求时，以提供秩序治理需求为己任的政府便出现了，随之也出现了行政，政府的运作过程就是行政过程。因此，社会治理其实就是管理社会众人之事的"具体的共相"，是一种以政府为核心的、公民与政府关系如何定位的行政过程。所谓社会治理模式，

---

① 中共中央马克思恩格斯列宁斯大林著作编译局. 马克思恩格斯文集（第2卷）[M]. 北京：人民出版社，2009年版，第592页.

② [美]丹尼尔·贝尔. 后工业社会的来临：对社会预测的一项探索 [M]. 高銛等译. 北京：新华出版社，1995年版，第129页.

③ 王沪宁. 政治的逻辑：马克思主义政治学原理 [M]. 上海：上海人民出版社，1997年版，第44–45页.

实质上就是指人类社会得以延存的"具体的共相"，是人类社会这个整体自身体现出特殊的、个体的丰富性的普遍性，它可以在一个社会总体的结构——图式、精神——价值和人格——行为等层面得到展示，也可以被概括为某种制度体系、制度类型。[①] 具体而言之，一种社会治理模式可以包含某种政府运作方式、某种人际交往关系、某种社会整合机制、某种行政组织结构、某种人机行为方式等共相，而这些共相又在历时态和共时态上表现出差异多元、纷呈多样的模式特征。

由于涉及社会众人之事的社会治理及其教育行政与管理技术密切相关，人类社会发展在某种程度上也表现为一种社会治理技术与手段的历史演进与模式变迁过程。学界普遍认同这种观点：即基于前工业社会、工业社会及后工业社会的类型划分标准，人类社会也就分别呈现出三种具有明显时代特征的、风格迥异的社会治理模式类型。从古至今，人类社会经历了古代农业社会的统治型社会治理模式、近代社会的管理型社会治理模式以及现当代服务型社会治理模式。[②] 自20世纪80年代以来的西方国家普遍采用一种以"顾客导向""服务导向""企业家精神"及"资源外包"等核心词汇为表征的服务型社会治理模式的创新路径，并掀起一场声势浩大的"新公共管理运动"。但随着这场政府改革运动与服务型政府建设的实践推进，社会领域也因其所带来的许多"不可治理性"的现实问题而广受诟病。以21世纪初"公共治理理论"和"民主行政理论"等政治理论的兴起为契机，服务型社会治理模式中又衍生出合作型社会治理模式。这种合作型社会治理模式在强调以政府为核心的公共权威机关在努力推动人类社会这艘大船前进的同时，切不可只顾"掌舵"，而忘记是谁拥有这条船。也就是说，合作型社会治理模式在继续坚持提供公共服务的逻辑使命与行政初心的同时，更为凸显一种"信任—合作"关系特质的社会治理"具体的共相"。由于教育行政的本质就是公共行政，是公共教育事务治理的部门行政，就是社会治理模式在教育领域的延伸与体现，反映了政府的一种教育发展思维与教育管制方式。因此，站在政府的立场，

---

① 张康之. 社会治理中的价值 [J]. 国家行政学院学报，2003（5）：20.

② 注：张康之根据社会发展阶段的不同将社会治理模式划分为古代统治型、近代管理型以及现当代服务型社会治理模式。具体参见：张康之. 社会治理中的价值 [J]. 国家行政学院学报，2003（5）：20.

在这四种不同的社会治理模式及其教育行政管理方式各有不同的结构、过程、关系等特点。现分别予以梳论之。

一、统治型社会治理及其教育行政模式

（一）统治型社会治理模式的内涵、结构、过程与关系

1. 统治型社会治理模式的基本内涵

所谓"统治型社会治理模式"，是指建立在自然经济、神权主义、宗法等级的基础上，以维护国王（君主）专制为根本、以阶级统治的形式来实现社会等级秩序的社会治理模式。质言之，统治型社会治理模式是一种以权力规范为基础，以统治利益为导向的专制型治理模式。[1] 此种社会治理模式下的一切社会治理活动必须围绕统治阶级的利益、意志而展开，一切社会治理制度、治理体制、治理手段和治理方法的制定与实施都必须服从政治统治的需要。进而言之，在统治型社会治理模式中，秩序价值是它的核心价值，它以权力意志的形式表现出来，在身份关系的线性等级体系中以强制性的力量维持着统治，这是一个"权治"的社会。在此，统治的等级秩序就是权力意志，它通过权威整合的方式获得并表现出来的行为模式。很显然，在从下到上的关系中，是依次而有的忠心与顺从，是臣对君的忠诚与服从，是一切直接相关的"下"对"上"的顺从；在从上而下的关系中，则是不同统治层级表现出的主观性与随意性。非常明显，在农业社会这种社会形态中，生产力水平低下，生产方式十分保守，社会关系比较单一，不发达的社会分工和落后的经济技术状况决定了当时只有为数不多的社会公共事务，政府的社会管理内容也较少。统治型治理模式的主体是君主（国王或皇帝）。这一时期，一切权力集中在统治者手里，以国王或君主为中心，真可谓"普天之下莫非王土，率土之滨莫非王臣"，国君一人掌握着国家的最高统治权，凌驾于法律之上，不受法律的约束。在此基础上，形成了一整套固定化的政府及其官员的行为规则、程序规则和一些具体的可操作的、强制性的管理方式，即以国家权力作

---

[1] 注：张康之根据社会发展阶段的不同将社会治理模式划分为古代统治型、近现代管理型以及服务型社会治理模式。具体参见：张康之. 社会治理中的价值 [J]. 国家行政学院学报，2003（5）：20.

为后盾，实施国家和政府对社会的全面控制和赤裸裸的政治统治。与政府的社会管理职能极为软弱形成鲜明对比的是，它们的政治统治职能被大大强化。政府代表国家实现政治统治，拥有国家的所有权力和职能，与国家高度融合。政府最主要的、最根本的职能就是统治，实现统治阶级的意志和利益；政府的其它职能如社会职能、经济职能也是为实现政治职能服务的。就政府而言，它的管理是服务于某个阶级或某个社会集团的统治目的，管理是为了增强某个阶级或某个社会集团的统治能力和增进这种统治的合法性。在管理的方法上，行政强制方法和思想教化方法非常突出，表现出了一种赤裸裸的强制性特征。政府机器主要是镇压国内反叛者，反对外族入侵，其主要社会公共事务是为社会提供公共安全。概括而言，统治型社会治理在秩序的追求上是统治定位，统治是最根本、最实质性的治理目标。[①]当然，除传统的封建统治外，在近代的法西斯国家以其一些封闭的集权式国家（如朝鲜等）与社会，也存在着统治型社会治理。可以说，统治型社会治理模式下的政府是一种典型的"全能型政府"，集权是政府行政的典型特征与根本支柱。它以君王或政府元首为中心，以政府与官员为本位；政治就意味着统治，统治是为了追求秩序和政治稳定。政府就相应成为代表统治阶级利益的国家手中的工具，是国家意志的忠实执行者，政府的存在主要是以强制性的公共权力实现对整个社会生活的垄断和控制。

2. 统治型社会治理模式下等级化差别的社会结构[②]

马克思主义社会学认为，广义的社会结构，是指社会各个基本活动领域，包括政治领域、经济领域、文化领域及其他领域之间相互联系的一般状态，是对整体的社会体系的基本特征和本质属性的静态概括，是相对于社会过程而言的。学者张康之等认为，社会结构是指某一社会中由经济结构、政治结构以及文化结构互相耦合而成的、形态相对稳定的组织系统，其中，经济结构是指一个社会占主导地位的经济组织方式，政治结构是指社会和国家政治组织形态，文化结构是指一个社会中占主导地位的官方意识形态。[③]在社会各

---

① 陈学军. 公民与政府：走向合作型教育行政 [J]. 教育研究与实验，2008（1）：43.

② 关于统治型社会治理模式下社会结构的观点参考了陈亮博士的观点。具体参见：陈亮. 走向网络化治理：社会治理的发展进路及困境破解 [D]. 吉林大学博士学位论文，2016年.

③ 金观涛、刘青峰. 兴盛与危机：论中国社会超稳定结构 [M]. 北京：法律出版社，2010年版，第11页.

种基本活动领域中，经济结构对于政治结构、文化结构等具有决定性的影响和制约作用。它是社会的经济基础，具有将其他社会领域结合为一个有机整体的作用。其余的部分是在经济基础上建立起来的上层建筑，包括政治法律制度以及各种意识形态。上层建筑领域的各部分，具有相对独立性和稳定性，并对社会经济具有能动的反作用，直接或间接地影响社会经济结构。从社会结构上看，等级化差别的社会结构是农业社会与统治型社会治理模式最主要的社会组织形式。社会结构等级化就表现，经济结构等级化、政治结构等级化和文化结构等级化。

一是经济结构等级化。所谓经济结构等级化，是指以土地关系为基本经济关系的等级化，又由于土地关系是农业社会的基本经济关系，所以社会经济结构的等级化在很大程度上体现为土地关系的等级化。在农业社会中，无论是西方还是中国，土地关系都体现为明显的等级化差别特征。在欧洲，以采邑制为例，通常由国王或诸侯将一定的土地以及附属于土地上的农奴分封给自己的附庸，附庸作为受封者向封主承担兵役和纳贡的义务，封主则有义务保护附庸的安全问题。这样，通过采邑制，领主和附庸之间就基于封地和服役达成交换条件或交换关系，建立了基于土地关系的等级关系，形成了封建贵族等级制度。在中国封建社会，由于农民长期无地、少地，为了谋求生存，被迫租种地主阶级的土地，基于土地关系的等级化，地主和农民事实上形成了土地资源占有上的、一种自上而下的不对称关系。虽然历史学家公认，自秦汉以来，中国就有土地自由买卖制度，地主、自耕农和佃农一直是农业经济的主要成分，但是这种经济结构基本上属于"地主经济"。[①]农民因为无地或少地的原因，在与地主阶级的经济关系博弈中不得不接受其经济上的剥削与压迫，形成了基于土地占有不对称关系的等级化分配，土地越多，越容易成为等级化经济结构的上层。由此观之，在农业社会历史进程中，土地关系的等级化形塑了经济结构的等级化，"土地关系与等级关系一直胶着在一起，或者说，正是土地关系与等级关系的互相支持，构成了农业社会生活和交往的基本框架。"[②]

---

① 金观涛、刘青峰. 兴盛与危机：论中国社会超稳定结构 [M]. 北京：法律出版社，2010年版，第11页.

② 张康之、张乾友. 论等级关系以及等级社会中的"官" [J]. 南京师范大学学报（社会科学版），2011(1)：6.

二是政治结构等级化。所谓政治结构的等级化，经济基础决定上层建筑，从根本上来说，政治结构是经济结构的集体反映，在农业社会中，由于经济结构的等级化，它反映到政治结构上同样呈现出等级化的特点。在农业社会中，存在着统治阶级和被统治阶级，其中，领主或地主是统治阶级，农民或农奴是被统治阶级，从生产资源的占有来看，统治阶级几乎占有了社会所有的生产资料，被统治阶级为了获得生存和发展的资源，不得不依附于统治阶级，接受统治阶级的剥削与压迫，这就是所谓的统治型社会治理模式，它的目标是建立自上而下的、稳定的政治秩序。为了实现这一目标，社会治理的过程就表现为根据社会等级关系的要求，不断地强化权力支配方式，并在这种对权力的强化过程中生成了权力制度。从一定意义上来说，农业社会自上而下的权力制度是对政治上的等级关系的确认和固化。所谓的统治型社会治理，从本质上来说，是一种以权力等级化为中心的治理，诸如皇室、贵族、地主、商人、农民、农奴等阶级等级的划分，实际上是权力等级化的表征。由此观之，在农业社会中，权力是统治阶级私有的产物，被统治阶级则处于无权的状态。所谓的‘国家’，实质上就是‘王朝’或‘天下’，人类的社会治理属于统治型的模式，社会治理主体就是所谓的‘王朝’，社会治理其实就是所谓的"王朝治理"或"天下治理"，主要是通过一种强权的政治统治来达致‘统治有序’的目标，本质上是一种以权力为中心的治理，所形成的主导性关系就是一种‘权力关系’。[①] 质言之，农业社会的统治型社会治理，是一种"家天下"的状态，政治权力的分配和流转更多的是在皇室、贵族、地主等统治阶级主体之间进行内部的流转与博弈。

三是文化结构的等级化。在农业社会，为了用于表现、解释和评价现实世界中的经济结构和政治结构，自然就需要建构占主导地位的观念上层建筑或思想上层建筑，这就是作为文化塑造的一种意识形态结构。在漫长的中国农业社会发展过程中，儒家思想长期成为官方意识形态的主要组成部分，"不读诗书，就意味着排除于仕途之外，同时儒家思想是不容动摇和怀疑的。""中国传统教是养士教育""政府无非养成忠君心尊古法的人才"。[②] 它一方面形塑了社会不同阶级之间等级化的关系，以思想浸淫的方式将等级化的社会关系

---

① 郑家昊. 论引导型政府职能模式的兴起 [D]. 南京：南京农业大学博士学位论文，2012年，第7页.

② 杜成宪、崔运武、王伦信. 中国教育史学九十年 [M]. 华东师范大学出版社，1998年版，24–25页

稳定下来。以孔子的仁礼思想为例，他试图以仁礼思想为根本，自上而下建立起各个等级充满人情味的伦理关系，使得每一个等级的行为与其在专制国家中的等级结构的位置相符，确切地说也就是建立"君君、臣臣、父父、子子"的社会关系结构，实现社会秩序的稳定①。另一方面形塑了国家与社会之间的等级关系。在儒家思想的影响下，各级官员都要受到"忠君保民"观念的影响，他们自上而下地分处在从中央到地方的各级政府机构上，执行统一的中央政府号令；与此同时，士绅作为自觉遵守儒家规范的知识分子，他们能够与国家官僚机器实现有机的协调，因而充当国家与社会之间连接纽带的作用，他们通过与官方合作或独立办理基层行政事务，如征收赋税、调解民事纠纷、承办公共工程、管理家族事务等，充当地方领袖的角色。②通过儒家统一思想的指导，各级官员和士绅从中央到地方、从国家到社会，将农业社会组织成一个统一的、符合君王意志的系统，在这个过程中，社会从属于国家、地方听从于中央，从而形成了自上而下的国家与社会等级关系。

3. 统治型社会治理模式的封闭型治理过程

从经济形态来看，农业社会的生产属于自然经济，它是在生产力水平低下、社会分工不发达情况下而诞生的一种自给自足的经济模式，在自然经济模式下，通常一定地域的人们经济活动局限于该地域狭小的空间，很少与其他地域的人们发生经济联系，人与人之间、地域与地域之间处于分散、孤立、封闭的状态。正如马克思所指出的："在农业社会中，小农人数众多，他们生活条件基本相同，但是彼此间并没有发生多种多样的关系，在此意义上，他们的生产方式不是使他们互相交往，而是使他们互相隔离，由于各个小农彼此间只局限于本地域狭小空间之间的联系，所以小农之间不可能形成任何的全国性联系，更不可能形成任何一种政治组织。③ 正是基于农业社会自然经济的封闭性，统治型社会治理作为适应此种经济形态的治理模式，从治理过程来看，表现出封闭型治理的特点，具体来说，体现在如下三个方面：一是

---

① 曹德本. 中国政治思想史 [M]. 北京：高等教育出版社，2012年版，第47—50页.

② 金观涛、刘青峰. 兴盛与危机：论中国社会超稳定结构 [M]. 北京：法律出版社，2010年版，第32—33页.

③ 中共中央马克思恩格斯列宁斯大林著作编译局. 马克思恩格斯文集（第2卷）. 北京：人民出版社，2009年版，第566—567页.

从主体输入来看，统治型社会治理从根本上体现为统治阶级自上而下的治理，占人口大多数的农民或农奴被排除在统治型社会治理主体结构之外。正是在这个意义上，张乾友指出"在较为宽泛的意义上，农业社会的社会治理还是存在着比较明显的阶级统治的特征"①，在相似意义上，罗兹曼教授在描述中国古代农业社会时，深刻地指出，虽然社会精英参与统治型治理体系之中，但是"在光谱的一端是血亲基础关系，另一端是中央政府，在这二者之间我们看不到有什么中介组织具有重要的政治输入功能"②，从这个意义上来说，农业社会统治型社会治理，代表着统治阶级的意志与利益，表现出封闭型治理的特征。

4. 统治型社会治理模式的统治型主仆关系

从主体间关系看，统治型社会治理模式下的公民与政府的关系就典型的表现为一种自上而下的依附型支配型关系或统治型的主仆关系。正如马克思所指出的，"在这里，我们看到的，不再是一个独立的人了……物质生产的社会关系以及建立在这种生产的基础上的生活领域，都是以人身依附为特征的。"③在农业社会中，一方面由于统治阶级内部以及统治阶级与被统治阶级之间身份和等级的不平等性、非对称性，另一方面由于家族内部的生存依赖于农业生产经验丰富的长者，这两个方面因素综合决定了农业社会中行为者之间的支配型关系。具体来说，农业社会统治型社会治理模式视野下自上而下的支配型关系展现为三个主要方面：

一是统治阶级内部自上而下的支配型关系。在德国学者里夏德·范迪尔门（Richard·Van .Dulmen）看来，"等级制度是一个严格划分身份级别的等级制度，它的原则就是不对等关系，人类社会从来不存在单一等级且拥有同样权力的现象，每个等级都有自己的权力、权限和价值。"④在农业社会统治阶级内部，皇室、贵族、地主之间等级结构表现得异常明显，他们虽然都属于特权阶层，但是享有的特权更多地是基于等级身份体系下的自上而下的再分配，最高统治

---

① 张乾友. 公共行政的非正典化 [M]. 北京：中国社会科学出版社，2014年版，第3页.

② 罗兹曼. 中国的现代化 [C]. 国家社会科学基金"比较现代化"课题组译. 南京：：江苏人民出版社，1995年版，第272页.

③ 中共中央马克思恩格斯列宁斯大林著作编译局. 马克思恩格斯文集（第5卷）[M]. 北京：人民出版社，2001年版，第94~95页.

④ [德] 里夏德·范迪尔门. 欧洲近代生活：村庄与城市 [M]. 王亚军译. 北京：东方出版社，2004年版，第199页.

者往往左右着最大的权力，具有能力支配其他特权阶层的行为方式。

二是统治阶级与被统治阶级之间自上而下的支配型关系。在农业社会中，由于身份和等级的不平等性、非对称性，统治阶级垄断着权力，以政治高压的方式自上而下地支配着被统治阶级，被统治阶级不得不接受统治阶级的剥削和压迫。正如莫斯卡指出，"虽然统治阶级人数较少，但能够行使所有社会职能，垄断权力并且享受权力带来的利益；被统治阶级虽然人数众多，但为统治阶级以专断、高压的方式所领导和控制。"①

三是被统治阶级内部自上而下的支配型关系。在农业社会中，人们为了生存，以血缘关系为基础组成家庭，在家庭中，年长者往往成为事实上的权威，对家庭其他成员拥有支配权。这是因为，从生产方式来看，农业社会属于以个体农民生产为主的自然经济，通常来说，自然经济的生产更多地依赖于生产经验与技术传承，年长者在长期的农业生产过程中积累了丰富的生产经验和技术积累，在家庭的生产、生活中起着关键的作用，因而很自然地成为家庭成员中事实上的权威，"父为子纲"这种宗法制度，从某种意义上来说，就是对农业社会被统治阶级内部自上而下的支配型关系的一种权力关系表达。

尽管它们的产生条件、形成机制及表现形式不尽相同，但本质上都是将普通公众视为君主或管理者的臣民与下人或仆人，强调君主或管理者对于公众的绝对权力和全面控制。用咱们中国式的语言来表达，公民与政府的主仆关系其实就是"官本位"，它强调官员的"主子"地位，鼓吹"下人"的服从义务。在这种关系中，一方面，公众总是被动的置于不受限制的君主、领袖或国家公共权力之下，根本没有发出个人声音、表达个人意见、传达个人主张、维护个人利益的空间；另一方面，公众也少有主动地参与公共生活的意识与想法，更不具备参与公共生活的资源与能力，甚至还幻想着有朝一日能成为别人的"主子"。换言之，一方是处于绝对权力之上的君主或管理者的"牧民"行为非常普遍，而另一方却是公民权力与权利严重匮乏的"顺民"也随处可见。

（二）统治型教育行政的主要特点

古代农业社会的统治型社会治理模式，是在国家与社会还没有分离、政

---

① [意]莫斯卡.统治阶级[M].贾鹤鹏译.南京：译林出版社，2002年版，第97页.

治与行政混沌一体、公共领域与私人领域尚未分化的情景下的一种带有典型阶级统治特征的、自上而下的等级化治理模式。此种社会治理模式下教育行政，也就是夹杂混合在以统治阶级的利益偏好与秩序需要为旨归的统治行政当中并与之融为一体，也因此具有独特的治理特点与模式表征。

一是国家与社会尚未分离，国家垄断教育事务。国家是从社会中产生，并日益同社会相分离，是人类社会发展到一定阶段的历史产物。恩格斯在《家庭、私有制和国家的起源》中总结国家诞生时，明确指出"这种从社会中产生但又自居于社会之上并且日益同社会相异化的力量，就是国家。"①从而从理论上描述了国家与社会之间的相互关系。然而，在农业社会中，实际上国家与社会并未真正意义上分离，正如李泽厚先生所描述的宗法社会中的"家国同构"，亦如张康之教授之谓"家元共同体"，它不仅反映了古代农业社会国家与社会之间的同一性与同质性，而且体现了在农业社会中，特别是在国家权力一权独大的情况下，社会极度萎缩，在国家集权的强大控制下，几乎不存在真正意义上的独立社会。正是这个意义上，张乾友指出"农业社会又是一个社会界限尚未分明的社会，这个社会既没有国家与社会的分离，也没有公共领域与私人领域的分化"②。从国家到社会，在农业社会的每一层级以及每一个单元都有一个主事的"家长"，社会高度依附于国家，权力通过层级自上而下运行，教育则是完全从属于政治领域的统治阶级的私事。一句"学在官府"就一针见血地指出了奴隶制社会中"学术和教育为官方所把持，国家有文字记录的法规、典籍文献以及祭祀典礼的礼器全部掌握在官府，普通百姓无法接触得到"③这一现实。封建社会时期虽然产生了私学、私塾等名办教育机构，但从其入学门槛、教育内容、教育目标等都让处于被统治地位的社会民众处于教育边缘地位。也就是说，统治型社会治理模式下教育事务的组织与管理目标是服从和服务于国家阶级统治这一政治目的。从根本上来说，农业社会统治型社会治理模式，反映了国家对社会的高度支配以及社会自主性的缺失，在一定意义上体现了国家与社会尚未分离的状态。

---

① 中共中央马克思恩格斯列宁斯大林著作编译局. 马克思恩格斯文集（第4卷）[M]. 北京：人民出版社，2009年版，第189页.

② 张乾友. 公共行政的非正典化 [M]. 北京：中国社会科学出版社，2014年版，第3页.

③ 刘海峰. 鉴古知今的教育史研究 [M]. 厦门：厦门大学出版社，2014年版，第15页.

　　二是政治与行政混沌一体，教育从属政治统治。在农业社会统治型社会治理模式中，由于现代意义上的文官制度和民主制度还没有诞生，行政还不具备独立性的特征，所以，行政与政治处于混沌一体的状态。正如张康之所言，在农业社会统治型社会治理模式下"经济水平是农业生产力；政治与行政不分，权力来源于君主；实行世卿世禄的行政制度，行政官吏在政治和经济上自成特殊的阶级；政府与民众较少沟通；土地的分配和管理是政府的重要事务；官僚的职位重于行政政策；行政风范带有严重的亲族主义色彩；行政活动以地域或土地为基础，行政的主要问题是维持行政的一致和统一。也就是说，此时，行政的属性完全从属于政治，是政治借以实现的工具"[①]；此外，如法西斯或集权制国家，也呈现出国家控制社会、"全能型政府"的统治状态。由此观之，统治型社会治理中的行政，它更多的是从属于、服务于统治阶级政治统治的目的，就政府来说，当它的行为属于统治阶级政治统治的范畴时，它对社会（教育）事务的管理，都是服务于统治阶级政治统治的目的，是为了增加其统治的合法性，而不是服务于社会大众的期望和要求。总体来说，农业社会统治型社会治理模式表现为政治和行政的一体化，包括教育行政在内的整个行政系统都是与国家的政治统治紧密地联系在一起的，尤其是教育更是成为统治阶级驾驭被统治阶级，提高统治能力与社会治理绩效，服务于本阶级和集团利益的一种行之有效的意识形态工具。可想而知，统治型社会治理模式下的教育行政与教育治理是没有独立性可言的，它在更多意义上是作为从属于政治统治的工具与附庸而存在。

　　三是社会治理公共性缺失，教育私人性质明显。社会治理公共性的获得，通常是建立国家与社会分离、公共领域与私人领域分化、政治与行政分开的基础之上。有鉴于，农业社会这三者关系的同构一体化，在此背景下的统治型社会治理模式，不可能超然于政治的等级性而获得整体上的公共性，因而表现出明显的阶级统治和公共性缺失的特征。严格地说，农业社会统治型社会治理模式下的某些公共性内容其实并不是真正意义上的公共性，准确地应该称之为共同性。正如张康之指出"对政府的历史进行考察，我们无法对农业社会的政府做出公共性或自利性的判断。因为，在整个农业社会，共

---

① 张康之、李传军. 公共行政学 [M]. 北京：北京大学出版社，2007年版，第15–16页

同（common）性的因素可能普遍存在，而公共（public）性却尚未生成。"① 也正是因为社会治理公共性的明显缺失，也就导致了教育的私事性、私部门性、私人性的特点十分明显和突出，也从根本决定了教育尤其是学校教育成为统治阶级、政治精英阶层等小部分人的特权与专利。

总而言之，国家与社会尚未分离、政治与行政混沌一体、教育公共性缺失是农业社会统治型社会治理模式的典型特征。在统治型社会治理模式下，统治阶级与被统治阶级之间的那种自上而下的等级关系是一种"奉天承运"的自明性的存在且日益被固化，"不同等级之间在社会的意义上几乎不具有可以通约的内容，他们之间进行通约的任何尝试都受到了身份这一'天赋'的限制，所以这个社会不存在公共性；农业社会又是一个社会界限尚未分明的社会，这个社会既没有国家与社会的分离，也没有公共领域与私人领域的分化，更不会有政治部门和行政部门的分开，而在政治与行政混沌一体的前提下，即使在理论上可以把行政作为一个单独的考察对象剥离出来，它也不可能超然于政治的等级性而获得公共性。"② 就教育领域而言，"教育行政则为选举官吏，督率士子的性质矣。"③

二、管理型社会治理及其教育行政模式

（一）管理型社会治理模式的内涵、结构、过程与关系

1.管理型社会治理模式的基本内涵

管理型治理模式是为了适应工业经济而建构起来的。进入近代社会以后，随着工业文明的发展，工业化和城市化进程快速推进。随着经济和社会的不断进步，社会公共事务相对于奴隶制、封建制国家也有了巨大的飞跃，空前增多和复杂起来。政府作为公共管理的主体，为了适应社会发展的需要，在其体系内迅速分化了其业已确立的稳定的统治地位，管理职能逐渐强化，并获得了脱离政治统治的相对独立性。这种新的社会治理模式，具有这些基本

① 张康之. 公共行政的行动主义 [M]. 南京：江苏人民出版社，2014年版，第119页.

② 张乾友. 公共行政的非正典化 [M]. 北京：中国社会科学出版社，2014年版，第3页.

③ 程湘帆. 中国教育行政 [M]. 福州：福建教育出版社，2008年版，第17页.

特征：（1）政府是公共管理的主体；（2）政府的公共管理无所不在且其迅速分化为许多专门的领域；（3）政府机构膨胀的趋势不可遏止；（4）高成本、低效率。因此，可以称之为"管理行政"模式。②管理型治理模式的主体是政府组织。政府由主要对社会进行统治的机关开始逐步转变为主要是服务于社会的公共权力机构。政府的政治统治职能呈现弱化的趋势，由此形成了以等级制、专门化、规则化、非人格化为主要特点的科层政府组织体制。政府政治职能的垄断地位被打破，管理社会公共事务的职能凸显出来。

一方面，在管理型治理模式下，治理的客体已由当初的人转移到了事上面，即管理社会公共事务是管理型治理模式的重要职能之一。政治部门对政府的控制也主要表现在要求政府提供优质高效的社会公共事务管理。国家的政治部门已经不再单纯是统治意志的代表机构，而主要是社会公共利益的表达和代表机构，它所反映的是公众对政府的期望和要求，是社会公众的代言人。

另一方面，在管理型社会治理模式下，以政府为核心的治理主体奉行着"管理至上主义"的治理理念，管理在某种意义上已经成为政府行政的主题或主要治理方式。但是，在这种政府状态下，整个社会中管理公共事物、提供公共服务的，还是独掌公共权力的政府。一切社会问题都由政府处理，一切资源都由政府负责经营和配置，一切社会事务都由政府予以操办。政府忽视了管理的服务性目的，运用行政手段，以集权、强制、垄断为主，包揽、统管一切社会事务。政府是唯一的管理者和绝对的垄断者，具有无限扩张性和广泛渗透性，甚至衍生出了所谓的"全能型政府"。由此，政府机构的不断膨胀和职能扩大的趋势也就难以避免，实际上也是不可遏制的，从而也就造成了职责不清、各种行政审批环节复杂，带来了管理的高成本、低效率，也导致日趋严重的官僚主义作风、屡禁不止的贪污腐化现象。与此对应的是，社会中的大多数公民却是处于绝对被动地位，很少有机会和动机来参与实际的政治过程与"政府过程"①，自然也就很难形成具有完全独立人格和批判精神的主体，公民社会的自治能力和活力相应地很难得到充分的展现与发挥。

---

① 注：政府过程的提法参考了南开大学朱光磊教授的提法。所谓政府过程，是指政府活动的行为、运转、程序以及各构成要素，特别是各社会利益群体之间以及它们与政府之间的交互关系的创造性的阐述。具体参见：朱光磊. 当代中国政府过程（第三版）[M]. 天津：天津人民出版社，2008年版.

管理型政府与统治型政府一样同属人治型政府,充满着浓厚的"人治"色彩。"统治型和管理型这两种治理模式或治理类型的政府理念有两大共同特征:第一,它们是政府本位主义的政府类型,是以政府自身为中心的权力体制和运行机制。第二,它们是权力本位主义的政府类型,是以集权形式出现的权力本位主义。"①政府为了维护自身的统治权力,有效地管理社会事物,虽然也可能会提供一些服务,只是这一时期的服务是处于整个政治治理价值体系的边缘地位的,"甚至还可能并未成长为一种价值,只是作为一种边缘性的观念或理念而存在。"②他们的不同之处表现在,统治型社会治理模式主要是以"统治权力"和"社会秩序"作为为价值体系的中心,而在近代工业社会的管理型社会治理模式中,则明确建构和表征了"效率与公平"的核心价值,它把通过契约关系的泛化而生成的法律当作整合社会的主要手段,因而这是一个法治的社会,把社会生活的一切层面都纳入依法规范的轨道上来,用法律意志的确定性来取代权力意志和个人情感因素的不确定性。作为"法治"的初创阶段,这个法治毕竟是不完备的法治,事实上也不可能是完备的法治,仍然代表着掌握着统治权力的统治阶级的意志,是一种服务统治阶级意志的"法治"。进而言之,在管理型社会治理模式中,更多的时候,服务是作为意识形态的一项内容而被宣示和教化的。现在,越来越多的人对近代以来社会治理中的效率导向提出了质疑,即对这样一种效率观提出批评,这种效率观的基本精神就反映在弗里德曼的论证中:"至少有三个理由来说明,首先,虽然经济效率,简言之,就是使人类的幸福总量最大化,既然这个目标几乎对于每个人来说都是重要的,所以就有必要考虑实现这一目标的最好规则;其次,有证据表明我们生活中的大部分法律制度能被解释成为产生有效率结果的工具,如果真是这样,经济学的方法可以为法律以其现在的形式存在提供一个正确的描述,因此它提供了一条理解法律的途径;最后一个原因是,找出什么样的规则会导致更有效率或更无效率的结果是经济学家所知道的事情之一,即当你有一只锤子的时候,其他所有的东西看起来都像是钉子。"③但是,效率并不是人类生活的全部,人不应异化为效率的工具,反而,效率只

---

① 张康之. 限制住政府规模的理念 [J]. 行政论坛,2000(4):12.

② 张康之. 社会治理中的价值 [J]. 国家行政学院学报,2003(5):21.

③ [德]大卫.D·弗里德曼. 经济学语境下的法律规则[M]. 北京:法律出版社,2004年版,第201页.

是人的理想生活实现的途径。如果效率不能给人的生活带来应有的幸福的话，那么效率是没有意义的。

2. 管理型社会治理模式下的半流动化社会结构 ①

（1）从经济结构来看，在市场的作用下，生产和交换成为主要的经济组织形式，在此背景下，工业社会表现出某种流动化社会的特征。在工业社会中，普热沃斯基认为"它是以先进的劳动分工为基础而形成的一种体系，其中，生产以他人的需求以及交换为导向" ②，由于劳动分工、生产和交换的作用，在工业社会中"所有不同行业的产量成倍增长，一个治理得很好的社会所出现的普遍的富裕扩展到了最底层的劳苦大众身上。每一个工人自己的劳动产品，除了供应自己的需要之外，还有大量产品可以出售；每一个其他的工人也完全一样，能用自己的大量物品交换他人的大量物品或其等价物品" ③需要指出的是，在工业社会中，这里所谓的大量物品更多的是以工资的形式存在的媒介物，并不是工业社会工人生产的现实物品。在这种趋势的影响下，社会结构趋向流动化，人、财、物等要素按照市场的配置作用，在社会中实现自由流动。与此同时，按照市场的扩张性以及绝对优势原理，当工业革命爆发之后，它很容易形成裂变效应，能够按照分工、贸易合作的方式将全世界连为一体，正如托夫勒指出，当工业革命在欧洲爆发之后，很快在全球范围内掀起了工业变革的浪潮，从而使得新生的工业化方法能够以更快的速度蔓延到全世界 ④。因此，全面地看，工业社会背景下社会结构的流动化，主要从两个方面实现空间上的扩散：一是人、财、物等要素在国内自由地扩散；二是人、财、物等要素在国与国之间自由地扩散，形成全球化社会。

（2）从政治结构来看，民主政治是工业社会背景下社会和国家政治组织形态的内核，它通过改变权力的产生方式及其服务的目的，从而推动了政治结构的流动化。当政府不按照人民的意志而行为时，人民有权通过周期性的

---

① 　注：关于管理型社会治理模式下社会结构的观点参考了陈亮博士的观点。具体参见：陈亮. 走向网络化治理：社会治理的发展金路及困境破解 [D]. 吉林大学博士学位论文，2016年.

② 　[美] 普热沃斯基. 资本主义与社会民主 [M]. 丁韶彬译. 北京：中国人民大学出版社，2012年版，第6页.

③ 　[英] 亚当·斯密. 国民财富的性质与原因分析（上卷）[M]. 郭大力，王亚楠译. 北京：商务印书馆，2005年版，第11页.

④ 　[英] 托夫勒. 第三次浪潮 [M]. 黄明坚译. 北京：中信出版社，2006年版，第6页.

民主政治实现政府的罢免、轮换。熊彼特指出，"在人类社会发展的任何阶段，即使在体现劳动分工和生产交换的工业社会那里，要每个公民为了行使统治或管理的职责，必须在每一个问题上与其他全体公民接触，一定极不方便，这也是真实的。较方便的方法是，只保留最重要的决定由每个公民表态——譬如用公民投票的办法——其余事情让由他们任命的委员会来办理——代表大会或议会将通过普选选出"①。从农业社会到工业社会，为了实现大规模国家治理的现实需要，人们认识到必须放弃直接参与管理的权力，通过民主的方法让有专门才能和技术的人去管理或治理国家，才能符合全社会人民的共同利益。正是认识到权力客观存在的现实，人们尝试改变权力的产生方式及其目的，通过控制权力，抑制权力恶的冲动，促使其良性运转。民主政治作为权力周期性的产生方式，"就是为现实共同福利做出政治决定的制度安排，其方式是使人民通过选举选出一些人，让他们集合在一起来执行它的意志，决定重大问题"②，在这个过程中权力是流动的、周期性轮换的，人民是最终主权者，它改变了过去权力世袭化的模式。

（3）从文化塑造来看，工业社会中意识形态的发展日益地理性化和世俗化，为了指导和调整工业社会中的各种社会关系，它日益渗透到社会的发展过程之中，并随着社会变迁不断地形塑自身体系的建构。汤普森在描述工业社会的意识形态时，指出了此阶段意识形态的理性化、世俗化以及发展性。他认为，工业社会的意识形态是有关工业社会兴起所带来的文化转型的宏大理论叙事的一部分，在这个宏大叙事的背景下，在文化领域内，工业社会的发展通常伴随着信仰与实践的不断世俗化和社会生活的不断理性化。③ 在此意义上，意识形态被视为渗透到社会结构各个部分的东西，它作为一种独特的黏合剂而存在，发挥着调整和整合人们的社会角色、社会功能以及社会关系的作用。为了实现意识形态理性化、世俗化以及黏合作用，在工业社会中，意识形态不断地渗透到社会的发展过程中，随着社会变迁不断地形塑自身结构体系。以世界上绝大多数工业社会为例，在官方意识形态中话语体系中，

---

① [美]Y·熊彼特. 资本主义、社会主义与民主 [M]. 吴良建译. 北京：商务印书馆，1999年版，第370页.

② [美]Y·熊彼特. 资本主义、社会主义与民主 [M]. 吴良建译. 北京：商务印书馆，1999年版，第370页.

③ [美]汤普森 意识形态与现代文化 [M]. 高恬等译. 南京：译林出版社，2005年版，第11–12页.

基本上涵盖了生命权、自由权、追求幸福的权利、言论自由权、宗教自由权、财产权、免受刑讯权利、人身保护权等涉及社会诉求的各个方面，在这个过程中，官方意识形态不断地完成理性化和世俗化的观念体系建构，为了保持与社会发展之间契合性，它的观念体系通常会基于最广泛社会大众接受的价值体系来进行理论抽象，在此意义上，它必须随着社会的发展而发展，从而体现了工业社会中文化塑造的流动性和发展性。

3. 管理型社会治理模式下有限开放的治理过程

从治理过程来看，在工业社会市场经济、政治民主化的推动下，工业社会管理型社会治理模式逐渐趋向开放，表现出有限开放的特点。具体来说，体现在如下三个方面：一是从主体输入来看，随着大量的产业工人逐渐获得了公民身份，在工业社会管理型社会治理模式下，公民直接或间接参与社会治理逐渐成为现实。有鉴于公民身份的逐渐开放性，工业社会管理型社会治理模式也呈现出有限开放的特点。在工业社会中，随着工人以及妇女逐渐获得投票权，公民身份逐渐将人民主权转化为所有成年人的投票权，随着投票权的获取，公民能够在一定程度上通过创制秩序以控制权力运行和改变权力服务目的，逐渐获得间接治理能力；与此同时，在一些基层社会公共事务治理上，公民在一定范围内的自治权利得到保障和落实，如本杰明·巴伯在分析美国社会治理时，指出"政府特许状越来越依赖于社区委员会、邻里会议、小镇会议、地方分区制和学校委员会以及其他类似的街区或邻里层面的公民参与手段。各种政府管辖之外的实体已经在城市中产阶级邻里中产生了；这些街区和邻里组织，虽然经常伴随着某种错误行为的产生，但是却迅速成长为羽翼丰满的社区组织。"[①]这些社区组织的大量建立，使得公民直接参与社会治理的理想逐渐走向现实。二是从互动过程来看，在工业社会管理型社会治理模式下，一方面，公民授权民意代表制定法律，让它们代表自己的利益行事，监督公共管理者遵守和执行立法机关通过的法律，在这个过程中，公共管理者必须定期、及时地反馈民意代表机关提出的问题；另一方面，利益集团在影响政府政策制定和执行方面也发挥着重要作用，在一定程度上牵制着政府的权力，正如彼得斯所说："政府已经不可能再凭借法定方式和必要时的

---

① [美]本杰明·巴伯. 强势民主[M]. 彭斌译. 长春：吉林人民出版社，2001年版，第304页.

强制手段来将其意志强加于民；它们现在必须与许多对政策具有影响力的自利性团体达成共识，之后才能够进行制定并执行政策……在大部分工业化民主国家，治理已经变成了讨价还价和仲裁调解的过程，而不再只是施行统治的过程"[①]。三是从输出结果来看，在工业社会管理型社会治理模式下，政府职能逐渐向公共行政、公共管理的要求发展，其中输出结果的公共性是它的实质，维护全社会的公共利益是它的目标。正如学者张康之援引罗尔斯的"重叠共识"[②] 理论所阐明的那样，工业社会管理型社会治理模式的基本任务就是处理好个人与集体、不同的社会团体、不同的利益阶层之间的关系，以求在多元的利益冲突中发现利益的重叠共识，这个共识的发现和落实既是管理型社会治理模式担负的社会治理责任，也是它得以存在的合法性基础。[③]

4. 管理型社会治理模式下的行为者关系

管理型社会治理模式是伴随着世界范围内兴起的近代革命而出现的，是指在政治——行政二分原则下，尤其是接受了韦伯的官僚制理想模型与泰勒的科学管理理论之后，进行科学化、技术化以及形式合理化的思维路径所建构起来的一种社会治理模式。[④] 此种社会治理模式从理念和制度上打击公民与政府间"主仆关系"，以法律的名义确立了社会成员的公民权利与公民身份，并积极倡导和支持公民参与公共生活，在政制设计上普遍流行所谓"代议制民主"与"代议制政府"。"与此相适应的是，近代以来的政府大多采用了间接民主的教育管理模式，即由公众授权国会、州立法机构、教育行政部门、学校董事会等，让其代表自己的利益并为自己的利益而行事。"[⑤] 如此也就形成了公民与政府的委托——代理关系，即公众根据自己的需求和利益决定由谁来代理其管理公共事务的工作，充当和扮演投票者与委托人的角色；而政府及政府工作人员则充当和扮演着代表者与受托人的角色，他们要依法行使代理者的角色，满足委托人的要求，维护受托者的利益。

---

① [美]G·彼得斯. 政府未来的治理模式[M]. 吴爱明等译. 北京：中国人民大学出版社，2001年版，第9页.

② [美]约翰·罗尔斯. 政治自由主义[M]. 万俊人译. 南京：译林出版社，2002年.

③ 张康之. 论社会治理的"返魅"路径[J]. 南京社会科学，2006（3）：34

④ 陈学军. 公民与政府：走向合作型教育行政[J]. 教育研究与实验，2008年第1期，第42页.

⑤ [美]弗雷德里克森. 公共行政的精神[M]. 张成福译. 北京：中国人民大学出版社，2003年版，第34页.

　　较主仆关系而言，公民与政府间的委托关系无疑是一种更为平等、开放与公正的关系，体现和反映了社会的发展与进步。然而，这种关系也暗含了某些不足，即委托关系未必能体现和保障教育行政的公共属性。首先，正如巴伯（B. Barber）所言，"代议制转嫁了责任，也疏远了人民的政治意愿，它是以牺牲自我管理和自治为代价的，会造成公众对公共事务的冷漠与疏远"[①]；其次，公共选择理论告诉我们，"政府行政人"也具有"经济人"的属性，政府机关及其工作人员自身会存在盗用公共利益的名义自谋私利与腐败的可能性，从而侵蚀教育行政的公共性；其三，作为委托者的公民与作为代理人的政府间存在"信息不对称"可能性，政府及其工作人员具有的信息优势使得教育行政管理工作无法充分体现出对委托者的责任性与回应性。

　　从行为者关系来看，工业社会管理型社会治理模式体现了行为者之间从依附关系走向自主关系。在农业社会中，社会行为者之间的关系更多的是基于权力等级的自上而下的依附性关系。无论是物质生产的社会关系还是建立在这种生产基础上的生活领域，都表现出以人对人之间的人身依附。随着工业社会的到来，以效率为标准，社会化大生产要求打破等级化权力对人的束缚，解放束缚的劳动者使其成为能够自由出卖劳动力和进行协作的产业工人，完成人与物在市场中的自由流通就成为工业社会背景下发展市场经济的现实要求，在这一要求的冲击下，农业社会基于权力等级自上而下的人身依附关系被逐渐瓦解，取而代之的是在工业社会中，"私人空间将大大扩展，个体拥有较大的自主性，拥有独立的利益，并作为个性化的主体与外部环境进行直接的互动，个人获得比以往更多的社会资源和更广的自由活动空间"[②]。尽管在这个过程中，资本家可能对个体产生一定程度地支配，但是这种支配并不是人身依附关系而是雇佣关系。随着政治民主的发展，选举政治，实际上在一定程度上成为每一个公民表达对于商品和服务拥有权利的一种机制，在生产领域，公民作为直接的生产者，尽管对于产品没有制度性权利，但是在政治领域，作为公民的权利得到制度化的落实，他们可以通过政治体系主张这种

① ［美］本杰明·巴伯. 强势民主 [M]. 彭斌译. 长春：吉林人民出版社，2001年版，第304页.

② 杨艳. 论行政人格的历史类型 [D]. 北京：中国人民大学博士学位论文，2006年，第215页.

权利。① 通过对这些权利的制度化，资本家在经济领域中对工人的支配被作为公民的工人在政治领域的权利制度化以及对权力的控制和监督的反支配所消解。在工业社会发展过程中，随着行为者之间人身依附关系的解除，社会成员需要在保持自主性的同时维持稳定的社会秩序。从一定意义上来说，稳定的社会秩序恰恰是保证社会成员自主性的必要条件。从深层次来看，法治在维护稳定的社会秩序和保证社会成员自主性方面扮演着十分关键的角色。法治包括法律的创制和法律的执行两个方面，在它形式化的客观性和统一性、普遍性和稳定性的发展过程中，社会成员的目标追求和行为选择有了可以知觉的法律空间，在这个法律空间内，"整个社会逐渐被引导进入理性化的发展阶段，在此过程中，每一个社会成员根据理性的判断来做出行为选择和评估行为后果，进而使整个社会获得理性化的社会秩序"②。从表层次来看，在工业社会管理型社会治理下，权力在维护稳定的社会秩序方面发挥着必要的作用。工业社会管理型社会治理模式，并不是剔除权力的存在，而是改变权力的运行方式和服务目标，使其在维护社会秩序和提供公共服务方面发挥建设性作用。在此意义上，权力虽然保持着支配行为，但是它严格限制在政府系统内部，"当政府作用于社会时，权力必须在法治设定的规则、规范框架内发挥作用或者是作为规则、规范背后的建设性力量而存在。"③一言以蔽之，在管理型社会治理模式下，人对人的依附开始走向了人对制度的依附、人对资本的依附，在资本主义制度的建立与发展的过程中，社会成员实现了基于制度规范下的合理的、相对的自主性，正是由于"每一个个人和其他最微贱的人都平等地受制于那些他自己作为立法机关的一部分所订定的法律"④，最终能防止人类的恶并避免了"一切人反对一切人之间的战争"⑤状态与局面。

① ［美］普热沃斯基. 资本主义与社会民主 [M]. 丁韶彬译. 北京：中国人民大学出版社，2012年版，第6页.

② 杨艳. 论行政人格的历史类型 [D]. 北京：中国人民大学博士学位论文，2006年，第182页.

③ 张康之. 论社会治理的"返魅"路径 [J]. 南京社会科学，2006（3）：34.

④ ［英］洛克. 政府论（下篇）[M]. 叶启芳等译. 北京：商务印书馆，1964年版，第59页.

⑤ 王立柱，张伟. 资本来到人间：一切人反对一切人的战争 [M]. 天津：天津人民出版社，2012年版，第1页.

（二）管理型教育行政的主要特点

工业革命开启了人类社会进入资本主义工业社会的序幕，也推进了人类社会治理由统治型社会治理模式向管理型社会治理模式的急剧转型。随着社会分工的不断细化、商品交易的全球发展、先进技术的广泛应用以及社会生产力水平的极大提高，资产阶级工业社会一方面推动了社会与国家的逐渐分离，在这个过程中，社会的组织化、体系化程度不断提升，社会日益成为区别于国家、具有自主性诉求的主体。在这个意义上，"社会呈现出了逆国家而动，进而成为一个独立和自主的领域的趋向，提出了为统治松绑的要求"①，而诞生于古代农业社会的统治型社会治理模式越来越难以适应社会自主运行的发展要求；另一方面促进了政治与行政的开始剥离，在某种意义上说，政治与行政分离正是管理型社会治理模式取代统治型社会治理模式的重要标志，在资本主义工业社会初期，新兴资产阶级为了防止封建旧势力的复辟和工人阶级对新生政权的挑战，政府主要以阶级斗争和政治统治职能为主，但随着资产阶级国家政权的逐渐巩固，政府的社会管理职能所占的比重越来越大，政府行为的公共性也越来越得以凸显。与此同时，近代资产阶级已充分认识到，教育是确立政权，进行国家建设的强有力的工具，国民教育运动也随之兴起。进而言之，一方面，为了进一步适应政府社会管理的职能诉求，必须打破政党分肥制对政府行政管理"公共性"的俘获。"由于'政党分肥'等政治操作上的原因，阻碍了行政公共化的进程，但行政管理化的历史趋势必将要求结束'政党分肥制'"②于是乎，一个现代意义的文官制度逐步建立，也使得包括教育事务管理职能在内的行政部门能得以部分地独立于党派机构，从而为不断凸显和提高社会治理的公共性奠定了坚实基础。另一方面，随着国民教育思想的产生，欧美各主要国家充分酝酿并纷纷兴起了国民教育运动。如"美国的杰斐逊在传承孟德斯鸠的政体教育思想的同时，还把教育视为防止政府暴政的重要手段。"③而随着国民教育思想的实践以及国民教育制度的确立，意味着教育的普及化与教育的世俗化。概言之，管理型社会治理模式是

---

① 张乾友. 公共行政的非正典化 [M]. 北京：中国社会科学出版社，2014年版，第3页.

② 张康之. 论公共性及其在公共行政中的实现 [J]. 东南学术，2005（1）：49.

③ 朱旭东. 欧美国民教育理论探源：教育制度意识形态论 [M]. 北京：北京师范大学出版社，1997年版，第2页.

立足于"威尔逊——韦伯范式"①基础上建立起来的公共行政体系及其运行机制，都定位在强化政府维护公共利益和提供公共物品的能力上。它要求"政府行政人员不能结党营私，必须确立官僚成员维护公共利益的诚实形象，并且致力于提供各种公共物品，诸如改善教育及卫生保健等方面的工作，以求凸显政府追求'效率'的天职"②，将政府自身的运行管理和社会公共事务管理予以明确地区分开来，因而获得了更多的公共性意蕴。内置于管理型社会治理模式下教育行政也因此具有不同于统治型教育行政的许多特点：

1. 国家与社会逐渐分离，教育行政的法制化倾向十分明显。以"工厂手工业向机器大工业的跃迁"为标志的工业社会的发展过程，就是一个社会自主性不断增强的历史过程，也就是国家与社会之间的界限得以明显区分的形成过程。一般而言，"15 世纪开始的市民社会兴起过程是以它自身与国家的分离而造就了社会的分化，它为我们提供的最大成果就是使人类社会进入一个无处不分化的工业社会"③。学者张康之进一步指出，"工业社会的大生产使人的生活也就具有了社会化的特征，从而使人们之间的关系失去了自然意义上的直接性和对等性，……这样一来，不仅人作为'社会化动物'的特征日益突现了出来，而且，生活世界也开始了分化。与此同时，不仅生活世界被分化为符号世界和意义世界，而且，整个社会也被分成公共领域、私人领域和日常生活领域。"④相较以往的管理型社会治理模式下国家习惯将国家自身诉求强制性视为社会的诉求相比，社会自主性的增强以及社会力量的成长，无疑打破了国家与社会混沌不分的局面，尽管国家与社会虽有重叠，但差异化的存在确实改变了社会治理模式的发展以及国家职能的转型。这种转型体现到教育行政立法与教育行政组织机构的产生与设置上。一方面，"如果没有具有强制作用的法律的保障，教育权的这种社会化和国家化几一乎是不可能的。"⑤另一方面，"人类进入了一个组织化的历史阶段，无论是在国家方面，还是在市场方面，都需要通过组织而开展活动，组织已经成为一个不可或缺的社会

---

① 高卫星. 公共行政的范式转换与价值嬗变 [J]. 郑州大学学报（哲学社会科学版），2006（3）：41.

② 张康之. 社会治理的历史叙事 [M]. 北京：北京大学出版社，2006年版，第97页.

③ 张康之. 共同体的进化 [M]. 北京：中国社会科学出版社，2012年版，第66页.

④ 张康之. 共同体的进化 [M]. 北京：中国社会科学出版社，2012年版，第59页.

⑤ 潘世钦、刘小干、颜三忠. 教育法学（第2版）[M]. 武汉：武汉大学出版社，2010年版，第1页.

构成部分。"①为了维护资产阶级的根本利益，这一时期西方各个国家无一例外地都动用了教育立法的强制性手段，来规定国家对于学校教育的领导权问题；同时，为了有效地行使国家的教育领导权，这一时期的教育立法，还特别规定了要建立专门的教育行政组织机构，来担负教育管理任务，从确保教育的世俗化和义务教育的组织实施等问题。

2. 政治与行政开始分野，教育行政的公共性特质日渐凸显。在工业社会国家与社会逐渐出现界限的情况下，政治与行政的关系也逐渐出现分离的趋势，"在社会分化的总体历史趋势中，行政自身也发生了分化，不仅国家的部门、权力和职能发生了分化，而且，国家原有的政治与行政的混沌状态开始被打破，出现了政治与行政的分化"②。在美国著名行政学家乔治·弗雷德里克森看来，所谓政治与行政的分化是指"民选的代表通过政治程序决定政府应采取何种方案，而行政官员则负责具体执行这些方案。一旦一个机构的使命得到确立，立法机关通过了行政机关的预算，那么政治的过程便结束了，而行政的过程也就开始了。人们不希望政党政治介入日常的行政事务，也不希望行政人员介入政党政治。"③在政治与行政分离的情景下，管理型社会治理模式将民主政治与民主行政有机地结合起来，具体表现为政治是国家意志的表达；行政则是国家意志的执行。当然，也必须明确一点，那就是在工业社会管理型社会治理模式下的政治与行政分离，并非是完全意义上分离事实上也不可能完全分离，在很多情况下，政治与行政还存在交错影响的情况，这是因为，"尽管文官制度已经理论上能够确保行政具有独立性，但由于政府活动的中政治与行政的交错不清，要对政治与行政做出理论上的抽象区分还存在着较大困难。"④所以，弗雷德里克森一针见血地指出，政治与行政分离"是一种'理想的模式'，是一种理论构思或是一种抽象概括，它试图把政治性的政府过程与行政性的政府过程加以区分。然而，和人们出于描述的目的而进行

---

① 张康之、张乾友. 共同生活与公共生活的兴衰史 [J]. 学术研究，2009（10）：60.

② 张康之、李传军. 公共行政学 [M]. 北京：北京大学出版社，2007年版，第16页.

③ [美] 乔治·弗雷德里克森. 公共行政的精神 [M]. 张成福译. 北京：中国人民大学出版社，2003年版，第40页.

④ 张乾友. 公共行政的非正典化 [M]. 北京：中国社会科学出版社，2014年版，第40页.

的任何抽象一样，实践与理论之间通常存在着很大的差异。"①政府行政管理及教育行政，归根到底是服从和服务于资产阶级的阶级利益，尽管教育的大众化、世俗化和义务教育的普及，让教育的公共性有了进一步的显现。一般来说，管理型教育行政之所以获得了一定的公共性，是与政府教育行政部门开始作为一个公共职能部门的存在直接相关。正如学者张康之等人所指出的那样，"随着工业社会的发展，国家与社会、国家与政府逐渐分离，在此过程中，政府（教育行政部门）获得了相对于社会以及国家其他部门的独立性，其中，政府（教育行政部门）相对于国家其他部门独立性的获得，使得政府组织的内部职能和外部职能之间的划分日益明确化。②在这一趋势的影响下，"出现了公共领域、公共部门并提供公共物品，从而也就有了关于公共性的概括和研究，也就会使用公共性这样一个标准来判断政府等公共部门是否健全。"③理所当然的是，教育的政府生产及提供不正是教育行政公共性的体现么？

　　总体来说，管理型社会治理模式的产生与发展就是一个相对复杂、具有一定确定性的社会治理类型或图景。相对应而言，管理型教育行政也就是在一定程度上适应了资本主义工业社会发展过程中公共教育事务治理的客观趋势与现实需要。当然，需要特别注意的是，从治理方式上来看，管理型社会治理模式及其教育行政属于一种"以不变应万变"的治理模式，是基于科学性和普遍性的原则而设计出的一种普适性的治理工具与治理手段，以便应对那十分复杂的和不确定的社会事务与教育事务。尽管相对封建农业社会及其以前的统治型社会，资本主义工业社会的确充满了一定程度的复杂性与不确定性，但就当时情况来说，这一社会发展样态和类型里的复杂性和不确定性仍是低度性的，这种管理型治理模式及其教育行政基本能够满足当时社会与教育治理的现实要求，因而也就具有了十分巨大的历史进步意义。

---

① [美]乔治·弗雷德里克森. 公共行政的精神[M]. 张成福译. 北京：中国人民大学出版社，2003，第40页.

② 张康之、张乾友. 论复杂社会的秩序[J]. 学海，2010（1）：126.

③ 张康之、李传军. 公共行政学[M]. 北京：北京大学出版社，2007年版，第11页.

三、服务型社会治理及其教育行政模式

（一）服务型社会治理模式的内涵、结构、过程与关系

1. 服务型社会治理模式的基本内涵

自20世纪70年代以来，尤其是以1973年"欧派克石油危机"为肇始的资本主义经济危机发生以来，西方各国为了应对世界范围内经济领域的滞胀危机、政治领域的治理困局，以及"福利国家"的财政负担等，纷纷开始了大规模的政府行政改革。1979年，玛格丽特·撒切尔上台执政后，率先在英国开展了政府行政改革，大力实行市场经济，着重削减政府的权力及官僚主义影响，更大地发挥个人的积极性和通过控制货币供应量解决通货膨胀。此后的十多年间，其他各国也纷纷仿效英国推行了改革，如奥地利的行政管理计划、法国的革新公共行政计划、希腊的1983—1995年行政现代化计划、澳大利亚的财政管理改进计划、美国的政府重塑运动等等。从理论层面来看，这股此起彼伏的改革实践浪潮的一个普遍共同点：那就是政府管理的运作方式发生了根本性的变化，即都由传统的、官僚的、层级节制的、缺乏弹性的政府，转向市场导向的、因应变化的、深具弹性的公共管理。从现实情况来看，这股改革浪潮在许多国家被赋予了不同的称谓，如新右派、新治理、管理主义、企业型政府、以市场为基础的公共行政、后官僚制典范等，但都统称为"新公共管理"①到20世纪90年代，一种奠基于西方行政改革实践基础上的新型管理理论——新公共管理诞生了，可以说，新公共管理不仅瓦解了传统官僚制，革新了人们的管理理念，而且预示着新公共管理时代的到来。因此，这场此起彼伏、声势浩大、持续数十年之久的改革运动也因此被冠之为新公共管理运动。进而言之，究竟何谓"新公共管理"？其主要内容和特征又是什么？对此，西方公共管理学者及实践者们作了不同的概括和描述：按照波立特（C. Pollitt）在《管理主义和公共服务：盎格鲁和美国的经验》一书中的说法，"新公共管理"主义主要由20世纪初发展起来的古典泰勒主义的管

---

① 注：根据张成福的说法，发生于20世纪70年代以来的西方各国的政府改革运动，本质上都是应对传统偏狭的理性主义之下的公共行政的合法性危机而出现的，都可称为"新公共管理"。具体参见：张成福、党秀云. 公共管理学 [M]. 北京：中国人民大学出版社，2003年版，第1页.

理原则所构成，即强调商业管理的理论、方法、技术及模式在公共管理中的应用。胡德（C. C.Hood）在其担任伦敦政治经济学院院长的就职演说中将"新公共管理"的内涵及特征刻画为如下七个方面：（1）向职业化管理的转变；（2）标准与绩效测量；（3）产出控制；（4）单位的分散化；（5）竞争；（6）私人部门管理的风格；（7）纪律与节约。英国学者文森特·怀特（V. White）认为，"管理主义"（新公共管理）强调职业化的管理、明确的绩效标准和绩效评估；以结果而不是以程序的正确性来评估管理水平；看重金钱的价值；对消费者而非公民的需要保持敏感，强调公共服务的针对性而非普遍性。罗德斯（W. Rhodes）指出，"新公共管理"有如下几个特点：以管理而非政策为焦点，以业绩评估和效率为焦点；将公共官僚机构分解成各种建立在使用者付费基础上的处理事务的机构；准市场的使用和合同承包以培育竞争；一种强调产出目标、限制性项目合同、金钱诱因和自由裁员的新管理风格。经济合作与发展组织（OECD）1999年度公共管理发展报告《转变中的治理》就将其概括为三个方面：第一，企业管理技术的运用；第二，服务及顾客导向的强化；第三，公共行政体系内部市场机制及竞争功能的引介。

根据上述学者的概括以及其他新公共管理文献资料，国内有学者将"新公共管理"或"管理主义"的研究纲领或范式特征归纳为以下八个方面：（1）强调职业化管理；（2）明确的绩效标准与绩效评估；（3）项目预算与战略管理；（4）提供回应性服务；（5）公共服务机构的分散化和小型化；（6）竞争机制的引入；（7）采用私人部门管理方式；（8）管理者与政治家、公众关系的改变。[①]无疑，陷入财政危机、管理危机、信任危机泥淖的英、美等西方国家开始对传统公共行政进行反思和改革，建立自治机构并放松预算和财政控制，实施各种形式的公共服务内部分散化管理，越来越多地引入市场机制，以寻求塑造"花钱更少、办事更好"的政府的救治良方。正是基于这种理论方向，以新公共管理（主义）作为改革大旗所指引下的席卷整个西方世界，甚至包括体制转轨国家、新兴工业国家和大部分发展中国家在内的这股声势浩大的公共行政改革浪潮，其目标都共同指向一种不同于传统管理型社会治理模式的一种新型社会治理模式，也预示着服务型社会治理模式逐渐走进公众的视野。

---

① 陈振明. 评西方的"新公共管理"范式 [J]. 中国社会科学，2000（6）：73..

澳大利亚著名行政学家欧文·休斯（Owen ．Hughes）更是一针见血地指出，"传统的行政模式衰落的主要原因很简单，那就是它不再运作良好了""这种变化并不仅仅是一种改革或管理形态的变化，而是政府角色与公民关系产生了本质变化，一个公共部门管理的新典范，即所谓的服务型社会治理模式由此呈现。"①

作为一种新型的社会治理模式，服务型社会治理模式是把服务确立为社会价值体系的中心位置，从而使其他一切价值都从属于和服务于这种最基本、最核心的价值，在这一基础上去自觉建构其价值体系及其价值结构，并进一步按照以服务价值为核心的整个价值体系所提供的原则去进行制度设计和制度安排。因此，服务型社会治理模式与以往社会治理模式的实质性差别就在于，它把原先作为边缘性存在的服务放置到中心去了。也就是说，国家治理结构中所谓"善"的价值以服务的形式出现的，服务是一种理念，一种精神，一种目标，一种原则和一种行为模式。在更为根本的意义上，服务是制度体系，在组织结构、运行程序中，都突出服务的价值特征。在这种服务价值普及化的社会，是人类社会向伦理社会、和谐社会的复归。

2. 服务型社会治理模式下渐趋复杂的社会治理结构

自20世纪70年来以来，随着新公共管理运动的强势推进，服务型社会治理模式逐渐成行。也可以说，服务型社会治理模式是伴随着渐趋复杂的社会治理结构而产生和发展起来的，同时也是一种与之相对应社会治理结构的模式应对。在服务型社会治理模式框架中，开始面临着经济全球化、政治民主化、文化多元化的时代境遇与社会结构特征。

（1）从经济结构来看，全球一体化趋势逐步加速

一般认为，"全球化"这个词最早是由美国著名的学者提奥多尔·莱维（Theodre·Levitt）于1985年在题为《市场全球化》的文章中提出的，主要用来形容和描述此前20年间国际经济的巨大变化，即商品、服务、资本和技术在世界性生产、消费和投资领域中的扩散。尽管全球化已成为人们的普遍共识，但在近些年里，还出现了所谓的"反全球化"现象与运动。然而究竟什么是经济全球化，至今为止，当代国内外学术界对此仍是聚讼纷纭，人言

---

① [澳] 欧文·休斯著．公共管理导论（第2版）[M]．彭和平译．北京：中国人民大学出版社，2001年版，第2页．

人殊。大致可将其归纳为：一是要素优化配置论和相互依赖关系论。例如认为"经济全球化主要包括世界统一大市场的形成和扩大、跨国公司投资的增加、全球金融市场的一体化、信息交流日趋快速和方便、生产活动的全球化和生产要素的全球配置等等。"换言之，经济全球化实际上是全球范围的市场经济。国际货币基金组织在1997年发表的《世界经济展望》中，曾对经济全球化下过这样的定义："全球化是指跨国商品与服务交易及国际资本流动规模和形式的增加，以及技术的广泛迅速传播使世界各国经济的相互依赖性增强。"二是资本主义化和美国化。加拿大政治学学者埃伦·米克辛斯·伍德（Ellen·Meiksins·Wood）认为，目前人们之所以如此关注全球化这个问题，其原因就在于资本主义正在成为真正的全球性制度，全球化的本质是全球范围的资本主义化。在我国学者当中也有类似的看法，例如，"美国等西方大国，正是运用世界经济的全球化、一体化的机会，来推动它们的价值观念、政治模式和行为标准，即推行所谓的'全盘美国化'的一个过程。"[①] 三是无国界论和国家管理取消论，持这种观念的人认为，全球化意味着公司将不再以国别区分，而只有成功与否之别。如德国贝塔斯曼股份公司董事长托马斯·米德尔霍夫（Thomas·Middlehoff）认为：随着经济趋于全球化，在像贝塔斯曼股份公司和戴姆勒——奔驰汽车股份公司这样的公司里，管理网络同国际通用机器公司和可口可乐公司的风格是一样的，不存在什么德国公司或美国公司，只有成功的公司和不成功的公司之分。还有人认为，经济全球化就是取消国家对经济的管理权。丹尼尔·耶金（Daniel·Yergin）就是这样分析全球化现象的。他认为，所谓全球化，"这就是24小时相互联系，极度活跃的、剥夺睡眠机会的、并受电子邮件推动的世界，在这个世界上，各国政府对本国经济的影响力将减少……人们对市场发挥公平作用和提供产品的能力增强，因而不再指望政府管理经济。这种做法变成取消政府管理和使企业私有化。"[②] 四是概念混淆论和概念质疑论。有人认为经济全球化与世界经济一体化本质都是一回事。"经济全球化也就是全球经济一体化，不是一体化比全球化的层次高，全球化倒是一体化发展的较高阶段"。也有些人认为经济全球化并不是什

---

① 方燕. 经济全球化背景下中国对外开放对策研究 [J]. 南昌教育学院学报，2010（3）：4-5.

② [美]D·耶金，J·斯坦尼斯罗. 制高点：重建现代世界的政府与市场之争 [M]. 段宏、邢玉春等译. 北京：外文出版社，1999年版，第42页.

么新现象。例如，美国经济学家保罗·斯威齐（Paul·Marlor·Sweezy）指出："全球化不是某种条件或某种现象，而是一种已经持续了很长时间的进程。自四五百年前资本主义作为一种活生生的社会形态在世界上出现以来，这一过程就开始了。"①

需要予以承认的是，资本自从诞生的第一天起，就在寻求不受限制地最大限度地获取利润的路径，即资本主义一直在寻求利润最大化的过程中推动经济的全球化。国际货币基金组织（IMF）在1997年5月发表的一份报告中称，"全球化是指跨国商品与服务贸易及国际资本流动规模和形式的增加，以及技术的广泛迅速传播使世界各国经济的相互依赖性增强。"概括起来说，所谓经济全球化是指商品、服务、生产要素等跨国界流动的规模与形式不断增加，技术与信息在各国间的广泛迅速传播，以及通过深化国际分工，在世界范围提高生产经营资源的配置效率，从而使各国经济相互倚赖程度日益增强的经济发展趋势。因此，经济全球化并不是一种新现象，就其本质来说是由于生产力的迅猛发展，使国际分工达到前所未有的新阶段，人类经济活动开始大规模地突破国家、民族界限，各国经济逐渐融为一体的历史过程。

（2）从政治结构来看，"师法企业"或"企业家政府"是其主要特征

作为一种管理型社会治理模式的替代模式，服务型社会治理模式更为强调给政府瘦身、给政治松绑。在管理社会治理模式中，政治的触角就是因为伸得太长以致极大地压制社会的生存空间，同时也逐渐导致政府机构庞大以致财政负担十分沉重且政治效能与政府效率十分低下。在这种背景下，"师法企业"或"企业家政府"呼之欲出。正如美国的奥斯本与盖布勒所概括的十大原则：1.政府应集中精力"掌好舵"而非"划好桨"，以便居高临下，用政策吸引竞争者，保持很大的灵活性来应对变化着的环境，出色的扮演好自己的角色。从词源上说，"政府"这个词的词根来自希腊文，意思就是"操舵"。所以，政府的职责是掌舵而不是划桨，直接提供服务就是划桨，而政府并不擅长于划桨；2.政府的行政专家们不必事必躬亲，而要善于授权，鼓励公众参与管理。即社区拥有的政府，通过参与式民主的方式，授权于公民，让他们自己解决自己的问题；3.政府应通过各种形式引入竞争机制，增强成本意

---

① 袁珠盈. 关于经济全球化几个问题的思考[J]. 昆明大学学报，2002（1）：12-14.

识，提供优质服务，改善行政管理；4. 政府应摆脱繁文缛节的束缚，只做指导，做必要的规章和预算，而不需事无巨细。通过这样的方式，就可以放手让其成员以他们所能找到的最有效的方法实现该组织的使命，从而更有效率、革命精神、灵活性；5. 政府应讲究效果，对各个部门业绩的衡量重在成果而不是投入项目的多少。即政府应设法用三种方法来有效地进行行业绩测量：按业绩付酬、按业绩进行管理、按效果做预算；6. 政府是受顾客驱使的，其宗旨是满足顾客的需求，不是官僚政治的需要，故政府应像企业一样具备"顾客意识"，建立"顾客驱使"的制度；7. 政府应具有一种投资观点，应把利润动机引进为公共服务的活动中，变管理者为企业家。即以市场为导向，通过市场力量来进行变革；8. 政府应着眼于预防为主，而不是通过事后服务来挽回损失，他们在做出决定时，应尽一切考虑到未来，以防患于未然；9. 政府应善于下放权力，实行参与式管理，通过参与及合作，分散公共行政机构的权利，简化其内部结构上的等级；10. 政府在行政管理工作中应采取市场取向的思维，应引进市场机制，改善公共服务，政府的管理政策应以市场为依托，组织市场，规范市场，通过市场的力量推进变革。[①]

（3）从文化结构来看，市场文化的重新抬头与公共引入

新公共管理将企业管理的理念和方法引入公共行政改革的实践中，广泛引进企业的管理方法诸如目标管理、绩效评估、全面质量管理等，并希望用企业管理理念来重构公共部门的组织文化。也就是说，在以新公共管理理论为理论指南的服务型社会治理模式下，由于社会治理改革的最大初衷就是给政府松绑，为政府"瘦身"，不仅要求政府退出很多原本不属于政府行政的领域，甚至在很大程度还需要广泛引入市场化理念与方法，来改造政府行政领域。在整个文化与教育领域，无不贯穿着"市场"的影子，作为一种特殊公共事业，公共服务市场化成为主流现象。市场经济思维的大行其道，已经弥漫渗透到整个社会，也影响和延伸到社会交往与文化教育领域。对我国的影响就是，21世纪初的教育产业化思维与理念大行其道，国家层面也在对此进行深刻反思并叫停了各地方政府的教育产业化政策或举措。此外，就整个社会的文化结构而言，由于市场化与全球化的影响，以市场经济与市场文化为

---

① [美]奥斯本、盖布勒等著. 改革政府：企业精神如何改革着公营部门 [M]. 周敦仁译. 上海：上海译文出版社，1996年版，第2-5页。

主导的文化格局，还存在一个不容忽视的文化现象。那就是文化的无国界化与开放化，相应带来了全球范围内思想与文化交流、交融、交锋及价值观较量的新态势。

3. 服务型社会治理模式下有限双向流动的社会治理过程

所谓有限双向流动，是指围绕着社会公共事务处理中心的政府与公民，理论上的确应该是一种双向良性互动的关系，现实中却时时处处受到影响，导致这种双向互动过程要么不存在、要么是双向互动关系及其过程不明显，此即所谓有限的流动性。在服务型社会治理模式下，一方面政府的单一主体地位逐渐改变，特别是管理型社会治理模式下的政府大包大揽、政府触角延伸至社会每一个角落的单一治理结构已经难以为继，给予市场活力，尊重市场主体地位，政府主要定位于为市场服务、为顾客服务。所谓顾客，就是从事市场活动的公民主体。在以前的管制型社会治理模式下，政府是统治者或主人，而公民是被统治者或仆人。服务型社会治理模式下，政府将自己定位服务的供给方，公民是服务的接受者、购买者与顾客。正所谓"顾客是上帝"，这种顾客导向的服务型社会治理模式明显带来了两个层面的问题。第一，如果政府只是为了取悦顾客，就会放弃责任，同时也就将自己置身于比公民地位低的管理者角色；第二，这种高扬的顾客思维，容易将主体公民的无知理性发挥到极致，最终背离合作共治的善治目标与方向。

4. 服务型社会治理模式的服务型主顾关系

自20世纪70年代以来开始产生到90年代中期最终成形的、基于新公共管理理论基础上的服务型社会治理模式，主要是针对传统管理型社会治理模式下的公共行政存在公民参与性不足、行政成本居高不下、政府办事效率低、政策回应型性差的批评而出现的。新公共管理的一个突出主题是对市场机制和市场术语的运用，照此逻辑，"政府与公民的关系就被理解为包含着与市场发生的事情相类似的交易行为"[①]，是一种主顾关系。延伸至教育领域，公众就是有着特定教育需求的顾客或消费者，而国家及其行政系统则是教育市场中的一个超大型私营组织和协调机构，它的主要目标就是满足公民的教育需要

或需求，提高对公民的服务质量和回应性，以此获得公众的投票支持。显而易见，这种主观关系就是买卖关系，是典型的市场交易关系。

（二）服务型教育行政的主要特点

不可否认，同前述的主仆关系、委托关系进行比较，主顾关系不仅在理念上提升了教育行政服务质量的愿望，而且在实践上提升了教育行政的回应能力。然这种将市场作为思维和行动基础的关系模式，究竟是对现代行政危机的最佳解答，还只是对于复杂问题的一种简单处理。① 登哈特夫妇也重点批评到，政府应该服务于公民，而不是顾客；政府在急于掌舵的同时，切不可忘记谁拥有这条船。② 另外，关于"主顾关系"的经济化思维也使其难以为公共责任的担当留下空间。一方面，将教育供需等同于市场行为，将迫使教育行政人员过分追求绩效，而不是忠诚与责任；另一方面，把政治行为转化为经济行为，也为公众推卸公共教育责任提供了极佳的理由与托词。如果，政府不负责，公民也不负责，那么责任就没有了践履主体，其最终结果就是教育不再是教育，教育行政管理名存实亡。

四、合作型社会治理及其教育行政模式

（一）合作型社会治理模式的内涵、结构、过程及关系

1. 合作型社会治理模式的基本内涵

如前所述，当人类社会逐渐步入高度复杂性和高度不确定性发展阶段时，工业社会的管理型社会治理模式在社会治理的很多方面都陷入了困境。哪怕是强调服务价值的服务型社会治理模式也同样难以有效应对。事实上，在风靡全球30余年以后，曾作为主导范式的"新公共管理"理论及其指引下的服务型社会治理模式并未兑现其承诺的改革成果，没有真正实现其预期的效率提高和成本节省，甚至在实践和理论上面临着认同危机，正在或者即将取而

---

① 陈学军. 公民与政府：走向合作型教育行政 [J]. 教育研究与实验，2008（1）：43.

② [美] J. 登哈特、R. 登哈特著. 新公共服务–服务而不是掌舵 [M]. 丁煌译. 北京：中国人民大学出版社，2004年版，第42页.

代之的是一种新的范式——"后新公共管理"。^①也就是说，随着21世纪信息时代与网络化社会的来临，社会治理过程中的公共事务日益呈现高度的复杂化、动态化以及不确定性的态势，为适应网络化社会背景下复杂性公共事务治理的现实需要，合作型社会治理作为一种新的社会治理模式应运而生。具体而言，合作型社会治理模式的产生北京及其根源如下：

一是对人性所做的片面假设导致对公共精神的消解。"新公共管理"主要以公共选择理论、管理主义、委托代理理论、交易成本理论以及新制度经济学为理论基础，建立在"经济人"的人性假设之上，将公共部门雇员看作是理性的个体效用最大化者。追求经济、效率、效能（Economy，Efficiency，Effectiveness，即3E）的新泰勒主义取向对工具理性的推崇导致对公平、正义、民主、公民权、个人美德、公共利益、公共责任等公共价值的侵蚀、破坏，忽略了对人自身的终极关怀。

二是对市场的过度崇拜混淆了公共部门与私人部门的宗旨。"新公共管理"认为公共部门与私营部门在管理上并无本质差别，主张利用基于市场的、灵活的、具有回应性的企业家政府取代旧的、僵化的官僚制政府。"市场化的取向不仅贬低了政府的作用，而且成为滋生腐败的温床，甚至也成为政府放弃公共服务职能的冠冕堂皇的说辞。"^②

三是对传统官僚制的批判导致新的组织结构限度问题。作为对官僚制组织的摒弃，西方国家广泛地建立起形式多样的分权化执行机构或半自治的分散性独立机构，虽然在一定程度上解决了传统官僚制组织的结构问题，但同样带来了政府流程破碎化和机构高度裂化的问题。一项公共服务被人为地切割成诸多环节，政府各职能机构之间缺乏有效的协调和整合，加剧了公共服务的碎片化。与此同时，政府机构裂化导致"政府空心化"，从而使政府职能"悬浮"，政府权力碎片化大大削弱了政府控制力。

四是不恰当的"顾客"隐喻导致公民角色错位。"新公共管理"受竞争意识、效率和客户满意的市场原则启发，将私人部门的管理技术引入到公共部门，并预设"顾客就是上帝"，把政府与公众的关系简单化为服务提供者与服

---

① 李维宇，杨基燕. 西方公共管理的理论转向及其对中国的启示[J]. 云南社会科学，2015（4）：17.

② 李维宇，杨基燕. 西方公共管理的理论转向及其对中国的启示[J]. 云南社会科学，2015（4）:18—19.

务接受者的关系。政府在驾驭公共服务"这艘大船"之时却忘记了"船的主人是谁"。其结果是公众被边缘化，难以参与到公共服务过程中来，不但使公众的民主公民权被"善意地"剥夺，而且使公共服务与需求脱节，提供了大量无效的公共服务。

无疑，自20世纪90年代中后期开始，英、美、澳大利亚、新西兰等国家先后推行了不同于"新公共管理"改革的新一轮政府改革，公共管理理论与实践的发展进入"第六波"浪潮。这一改革趋势不仅在英国、澳大利亚和新西兰这些被称为"新公共管理改革先锋"的国家非常明显，而且在其他并没有推行"新公共管理"改革的同家也日益显现。换言之，这种全新的一种不同于传统管制型与服务型的社会治理模式在某种程度上就是要加强公民及与非政府社会组织在社会治理中的主体与主动性作用及协调作用，形成良序互动的合作关系。传统上，政府在社会的治理中作为唯一的权威主体，独享社会治理的公共权力。政府与公民社会之间要么被认为是管理与被管理的关系，要么被认为是服务与被服务的关系。而合作型社会治理模式打破了政府作为社会治理主体的绝对地位，由单一政府社会治理主体职能地发挥作用，转变为由多元社会治理主体共同发挥作用，公共权力的执行更为多元化。政府与其他社会组织间建立起一种互动对话的伙伴关系，倡导多元主体间的协商合作治理，避免政府决策的盲目性和理性选民的无知性。

2. 合作型社会治理模式下纵横交错的网状治理结构

（1）经济结构：全球化让世界融为一体

20世纪90年代以来，以信息技术革命为中心的高新技术迅猛发展，不仅冲破了国界，而且缩小了各国和各地的距离，使世界经济越来越融为一个整体，时空高度压缩的地球村已经形成。经济全球化是指资本、信息、技术、劳动力、资源在全球范围内进行流动、配置、重组的过程，是生产、投资、金融、贸易使世界各国、各地区经济相互融合、相互依赖、相互竞争和制约的趋势。它是世界经济规律的体现，使企业生产的内部分工不断朝横向和纵向扩展为全球性分工，使生产要素在全球范围内优化组合和资源优化配置，从而促进了各国和全球经济的共同发展，但经济全球化是一把"双刃剑"。它在推动全球生产力大发展，加速了世界经济增长的同时，也带来了各国和全球共同面临的社会经济问题，加剧了国际竞争，增多了国际投机，增加了国际风险，并对国家主权和发展中国家的民族工业造成了严重冲击。"社会治理模式正在从单向管理转向多维互动，从线下转向线上线下融合，从单纯的政府监管向更加注重社会协同治理转变。"①

（2）政治结构：多元合作的网络治理结构开始形成

合作型社会治理将打破主客二元的社会治理架构，向多元协作的网络架构转型。随着经济的全球化发展和信息时代的到来，人类踏入了后工业化时代。人类交往变得更加复杂，突发事件的发生概率急剧增大，世界的不可预测性增强。在送样一个"全球风险社会"中，政府成为"无能的侏儒"。换言之，政府为社会治理主体的主客二元治理架构濒临破产，而多主体合作的网络治理架构成为社会发展的必然选择。相较以前的三种传统型社会治理模式而言，合作型社会治理模式是以国家和社会的二元分离为基本特征的，国家与社会之间存在着此消彼长的力量博弈与均衡状态。而随着后工业化的到来，在对社会资源的调节分配当中，国家与市场都出现了失效的危机。国内学者俞可平认为，正是为了解决国家和市场失效的危机，西方学者才提出了治理的理念。治理将打破国家与社会二元分离的基本架构，向多元治理主体的网络治理结构转型。特别是飞速发展的非政府社会组织及其对于社会治理的广泛参与，多元治理主体协作的网状结构治理模式的优势也初步显现。政府、社会与市场共同分享公共的社会治理权力，政府与社会之间保持一种开放、对话的良性互动关系。治理成为一种基于共同的价值目标和公共利益的集体活动，政府与公民的关系不再是作为二元分离的主客体关系，而是处于平等地位的伙伴式的网络协作关系。②

（3）文化结构：共生型文化与网络治理文化的兴起

随着人类社会发展由工业社会向后工业社会的转型，社会结构也更加的多样化和复杂化。任何单一的社会治理主体，都无法面对复杂多变而又流动性极强的社会做出及时有效的反应，以维护社会的有序运行。由此，合作型社会治理模式的出现也是适应于人类社会向后工业化的转型，这种适应与转变也符合人类社会发展的历史趋势，也加速了合作共生型文化与网络治理文化的形成。马克思曾指出，国家的产生起初是作为一种"社会相分离的虚幻

---

① 龚维斌. 新时代中国社会治理新趋势 [J]. 中国特色社会主义研究，2018（2）：5-11.

② 俞可平. 治理与善治 [M]. 北京：社会科学文献出版社，2000年版，第7-8页.

的共同利益"凌驾于人类社会之上的，而随着人类社会的发展，国家的职能终将回归于社会自身，失去其相对于往常的虚幻性。纵观人类社会治理由统治型社会治理模式，向管理型、服务型、合作型的转变过程，也正是国家职能由与社会的分离向社会的回归过程。基于共生型文化和网络治理文化及其意识形态表征，又开始耦合为一种"人类命运共同体"文化及其教育形态。

3. 合作型社会治理模式下多维互动的社会治理过程

合作型社会治理，政府的职能将发生根本性的改变。在合作型社会治理模式中，政府的作用不再是从主体或客体的角度理解的控制、管理或服务的功能，政府职能作为全社会治理职能的组成部分，起着维护社会的公平和正义，使整个社会朝着实现公共利益最大化的方向发展。政府与其他社会治理主体的地位也不再是主次之分，而是处于平等地位的不同职能的区别。合作型社会治理模式中，政府的行政行为将更具有公共性和伦理价值，代表着公共利益和公共的价值取向。政府作为公共意志的执行者、公共利益的保护人，以维护社会的公平正义为基本价值目标，以为民众谋福利并促进公共利益的最大化为行动旨归。总之，合作型社会治理模式在法律的监督和保障下，在各社会治理主体的有序互动与和谐博弈中，不断促进社会的公平正义，进而实现公共之善的政府理想愿景。

20世纪80年代兴起的新公共管理运动，更多的是为了化解政府的"财政危机""负担过重""效率低下"等行政难题，目的只是希望重塑政府。但从改革的成效来看，却为一种新型社会治理模式的诞生开辟了途径。人类社会由政府作为绝对治理主体地位的社会治理模式，日益走向多中心、多元主体合作的合作型社会治理模式。合作型社会治理模式与服务型社会治理模式的本质区别在于，服务型社会治理模式虽然更加突出政府的公共服务职能，但仍然是把政府作为社会治理的绝对主体，社会治理的公共权力仍主要由政府所掌控。而合作型社会治理的模式则强调社会治理的职能由全社会来承担，政府职能仅仅被看作是整个社会治理职能的一个组成部分，与其他社会治理主体处于平等的地位，共同分享公共权力。

与以往的社会治理模式相比，合作型社会治理模式更加突出社会治理主体的多元化、社会治理的去中心化、社会治理的网络化等特征。这是因为，随着公民社会的日益成熟，人类社会生活呈现出更加多元化的格局，各种非政府的社会组织在社会发展中越来越具有独立性，并且由于其自身的公益性、非营利性、志愿性等特征，在社会公共治理中的作用越来越突出。与社会的多元化格局发展相伴随的则是西方国家政府的合法性危机，政府的合法性危机是与社会发展更加多元化不相适应的表现。国家与社会的合作，成为克服危机，适应新的社会形式发展的有效途径。合法性危机的克服，国家政府职能的有效发挥，必须处理好政府与市场的关系、政府与公民的关系，强调多元治理主体的多维互动。

4. 合作型社会治理模式下的合作伙伴关系

总体来看，合作型社会治理的主体之间之所以需要相互依赖，主要取决于两个因素：一方面，受外在环境的影响。如前所述，由于"风险社会"中社会公共事务的治理具有实质、战略以及制度不确定性的特点，使得任何主体都难以独立运用自身的力量来实现不确定性公共事务的有效治理。正是主体之间认识到他们在"风险社会"不确定环境下的目标一致性，所以不同的行为者也相应认识到了他们之间在公共事务治理上的相互依赖性，并在治理网络中采取合作的方式参与公共事务的治理。正如陈振明援引迈因茨（Mayntz）指出的那样，"具有不同偏好、资源以及行为准则的主体之所以参与合作，是因为相互依赖的在场。"[①] 同样，就组织之间的合作来说，在解释组织行为时，外在环境因素，特别是涉及关系到一个组织必须拥有才能生存和发展的某些关键资源方面，主体之间资源上的相互依赖同样能够为解释组织间合作提供合理的视角。为了克服外在环境带来单一组织资源不足的限制，组织之间只有通过组织间网络的合作，才能实现资源上的相互补缺，实现利益的最大化，这样，一个由相互依赖主体构成的治理网络就成为合作型社会治理模式的题中应有之义。另一方面，是内在合作的要求。除主体之间资源上的相互依赖关系外，主体之间还存在能力上的相互依赖，即使单个主体拥有充分的资源，也可能在其他主体不参与的情况下，导致自身治理能力的失灵。正是在这个意义上，在相互依赖理论看来，治理网络作为一个利益协调机制而存在，在协调（知识、创新意识、资金、正式权威等方面）资源相互依赖的自主的、战略的主体的利益方面发挥着重要的作用；与此同时，在面

---

① 陈振明. 公共管理学：一种不同于传统行政学的研究途径（第2版）[M]. 北京：中国人民大学出版社，2003年版，第58页.

对资源和能力的不足时，乃至其他主体可能采取阻止他们选择偏好的方案等情况时，为了实现在特定政策领域的治理，战略政策主体不能独立解决当前的问题，在此过程中，战略主体不得不采取同其他主体协商互动的方式，实现资源交换、能力互补以及找到共同接受的政策路径。所以，抛开资源上相互依赖，主体之间基于能力上的互补以及防止其他主体的干扰性破坏等方面，也具有内在合作的需要。

合作型社会治理模式是对传统社会管理方式的一次重大变革，即由行政集权式向民主式、参与型转变，它主要是以新近兴起的公共治理理论和新公共服务理论为基础，强调国家权力向社会的回归、向公民的回归，强调多元治理主体对社会公共生活进行共同管理，其中特别强调了政府与公民的合作伙伴关系，共同为推进公共利益最大化的一种社会治理模式。与以上三种关系相比，它们或是主张单方面的给予与付出，或是关注双方的兑换与交易，其都隐含着一种共同的逻辑，即公民与政府间存在相当的距离。查尔斯·泰勒（C. Taylor）就认为，现今政府表现出来的许多弊端是由于国家与公民之间的距离所产生的。在他看来，距离所象征的意义，是表示政府机关已经与公民脱节了。[1] 金和斯蒂弗斯（King and Stivers）在其新著中《政府属于我们》（1998）一书中提醒我们不要忘记政府是属于它的公民而不是属于政府行政人员的。[2] 鉴于此，建构于"政府属于我们"基础上的合作型社会治理模式所诉求的是公民与政府作为平等的主体协同处理公共事务的新型合作伙伴关系，与新公共管理所强调的市场性质的顾客回应关系不同，伙伴关系关注公民与政府开展积极有效的合作，它不是单向度地满足或回馈人们的需求，而是强调积极的、双向的参与与行动的重要性。

（二）合作型社会治理模式下教育行政的主要特点

从本义上说，公共行政就是以政府为核心的公共权威部门，为保障和维护公共利益，提供公共产品与公共服务的活动及过程。作为公共行政的教育行政也就因此具备明显的公共性并以生产或提供公共服务为内在的职能要求。

---

[1] 谢一风. 论服务性教育行政管理 [J]. 山西财经大学学报（高教版），2007（2）:76-79.

[2] [美] J. 登哈特、L. 登哈特著. 新公共服务：服务而不是掌舵 [M]. 丁煌译. 北京：中国人民大学出版社，2004年版，第21页.

也就是说，政府及其教育行政部门的天然属性就是公共性，为社会与公民提供优质的公共教育服务是题中应有之义。这一共识就告诉我们，合作型教育行政模式的一个重要特点就是不仅不能否定服务性特征，更应该旗帜鲜明。与管理型社会治理模式对统治型社会治理模式的批判与取代，以及与服务型社会治理模式对管理型社会治理模式的替代与扬弃所不同的是，我们所讲的合作型社会治理模式不是要全盘否定或排斥服务型社会治理模式的存在合理性，而恰恰相反的是，合作型教育新政模式是一个以合作行政为基本构成要件，以社会自治系统为实现途径的广泛的社会合作体系。在这种社会治理模式中，首先，以制度道德化为起点；然后，通过治理者及其行为的道德化影响整个治理体系中的全部成员，实现一切人的道德化。在这里，作为起点的制度道德化是关键，是整个社会治理体系道德化能够稳定地持续地发展的前提。同时，把这一道德化的过程进一步地向前推进，使其延展到个体的层面，实现这种社会治理体系中的社会成员道德意识的普遍生成，使他们的行为合乎道德标准，满足于伦理关系健全的要求。可以预见的是，这将是一个在制度设计与安排中注入以合作主义精神为内核的社会共同体，而且这是一种具有充分同质性的共同体。尽管时至今日，服务行政与服务型政府的理念及其改革实践仍牢牢统治着人们的知识领域与价值领域，但"社会治理模式正在从单向管理转向多维互动，从线下转向线上线下融合，从单纯的政府监管向更加注重社会协同治理转变"[①]，这是一种历史必然性演变过程及其特质凸显。概言之，合作型教育行政模式的最突出的特点，在于它并不排斥以往传统的管制型教育行政模式和服务型教育行政模式的诸多优秀特质与有益成分，而在于它是对它们进行的一种积极地扬弃基础上，更为凸显"信任——合作"的共同体理念及其实践的教育行政模式。

---

① 龚维斌. 新时代中国社会治理新趋势 [J]. 中国特色社会主义研究，2018（2）：5–11.

第四章

我国构建合作型教育行政的现实基础

任何社会会科学的研究对象都是处在特定的宏观环境、历史情境与现实土壤中。公共行政中合作行政或合作式治理的思想及其发展与其时代境遇与社会背景密切相关。作为公共行政的教育行政，其理论探索与改革实践同样是离不开中国的现实环境与土壤。系统考察和认真对待当代中国的宏观环境、现实样态是构建合作型教育行政的重要前提和根本基础。

一、构建当代中国合作型教育行政的宏观环境

公共行政研究的每一次理论探索与理论革新都来源于现实世界的推动，受制于"宏观环境"①的制约，依赖于现实条件的满足。中国教育行政改革与合作型教育行政的构建是我国政治、经济、社会和文化深刻变迁的产物。

（一）合作型教育行政构建的政治环境

1.合作型教育行政的建构在我国具有坚实的宪法和法律基础

"就终极根源而言，政府及其公共权力源于人民的授权，这是任何一个现代民主国家所确定的一项根本宪政原则。虽然人民授权的具体方与过程在政府体制不同的国家会有所不同，但这并不影响它们本质上的一致性。"②人民对政府直接或间接的授权，是现代政府和公共行政合法性的唯一来源，也是现代民主的一种典型形式。这一宪政原决定了公共行政必须遵循和践行民主原

---

① 关于合作型教育行政的宏观环境的部分内容，参考和借鉴了公维有博士的部分观点与研究成果。具体参见：公维有. 我国民主行政的社会建构研究：一个治理共同体的视角［D］. 济南：山东大学博士学位论文，2014.

② 金太军. 公共行政的民主与责任取向 [J]. 天津社会科学，2000（5）：9.

则和民主精神。公共行政只有以民主的方式进行，行政权力的合法性才会得以实现。在我国，作为公共行政的部门行政，以"建构合作型教育行政"为目标的教育行政改革，不仅不存在价值上与制度上的障碍，而且其宪法和法律基础也更为坚实。我国的民主政治是党的领导、人民当家作主和依法治国三者的有机统一。我国宪法第二条规定："中华人民共和国的一切权力属于人民""人民依照法律规定，通过各种途径和形式，管理国家事务，管理经济和文化事业，管理社会事务。"这一规定赋予公民民主治理的权力，彰显公民参与公共行政的合法性基础，也提供了合作型教育行政建构的正当性理由，这是我国推进"以人民为中心"的合作型教育行政的制度基础和宪法保障。从党和国家的工作路线来看，"一切为了群众，一切依靠群众，从群众中来，到群众中去"的党的群众路线理论也蕴涵着深刻的合作型教育行政思想，也为我们合作型教育行政建设提供了政治上的保障与思想上的指导。

2. 中国特色社会主义民主发展轨迹为合作型教育行政构建指明了方向

在西方经典民主化理论看来，民主化的演化进程是具有某种内在逻辑的，它体现为发展的不可超越的前后阶段性。美国著名行政学家罗伯特·达尔（Robert·Dahl）在其著作《多头政体》一书中，概括了西方世界民主发展的三次浪潮：一是由霸权政治和竞争性寡头政治向近似多头政治的演变；二是由近似多头政治向完全多头政治的演变；三是完全多头政治的进一步民主化。根据达尔的理论主张，在民主化发展序列问题上，具有前后阶段的不可超越性。[1] 当代美国著名学者塞缪尔·亨廷顿（Huntington）在其著作《第三波：20世纪后期的民主化浪潮》中也提出了类似的观点。他通过系统总结19世纪以来三波世界民主化浪潮的主要进程，重点分析了20世纪后期（即1970年代以来）那场重要的、或许也是最为重要的全球性的政治发展：大约有30个国家从非民主政治体制向民主政治体制发生的转型，并试图对他所谓的第三波民主化浪潮发生的原因、方式及其所带来的直接后果进行剖析与阐述。[2]（如图4.1所示）

---

① [美]罗伯特·达尔. 多头政体 [M]. 刘慧荣，谭君久译. 北京：商务印书馆。2003年版，第11页.

② [美]塞缪尔·亨廷顿等. 第三波：20世纪后期的民主化浪潮 [M]. 刘军宁译. 上海：三联书店出版社，1998年版，第380页.

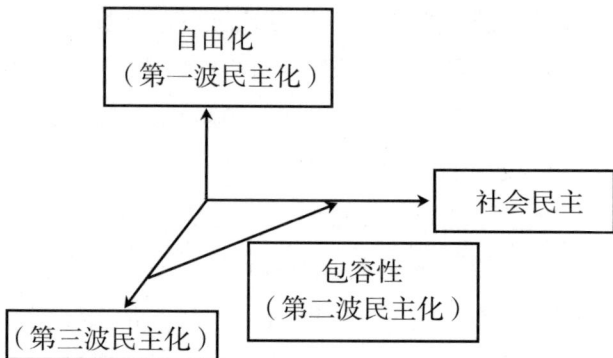

图 4.1：西方国家民主化的三次浪潮

资料来源：参见景跃进. 民主化理论的中国阐释：关于一种新的可能性之探索 [A]. 民主、民主与治理绩效 [M]. 杭州：浙江大学出版社，2011年版，第85页

然而"民主的概念逻辑不等于民主化的过程逻辑""西方民主化的经验逻辑未必是民主化过程的一般逻辑"[①]。景跃进教授用图示揭示出了中国民主化的发展路径。（如图4.2. 图4.3所示）

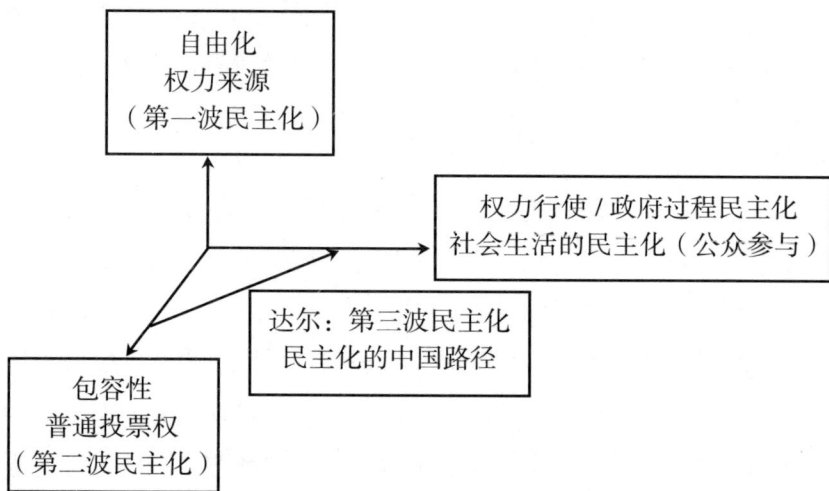

图 4.2：西方国家民主化的三次浪潮

资料来源：参见景跃进. 民主化理论的中国阐释：关于一种新的可能性之探索 [A]. 民主、民主与治理绩效 [M]. 杭州：浙江大学出版社，2011年版，第86页

---

① 景跃进. 关于民主发展的多元维度与民主化序列问题：民主化理论的中国阐释之二 [J]. 新视野，2011（2）：31-34.

　　景跃进教授认为，西方社会的这样一种民主化发展过程（即发展次序或发展序列）是根植于西方政治土壤中所结出来的发展果实，它未必就是甚至根本就不是非西方国家民主化发展的所要必然经历的一般性和普遍性过程。在新的图式中，在尚未完成自由化的前提下，直接从"开放性霸权政体"切入达尔和亨廷顿所谓的上述第三波民主化是可能的。

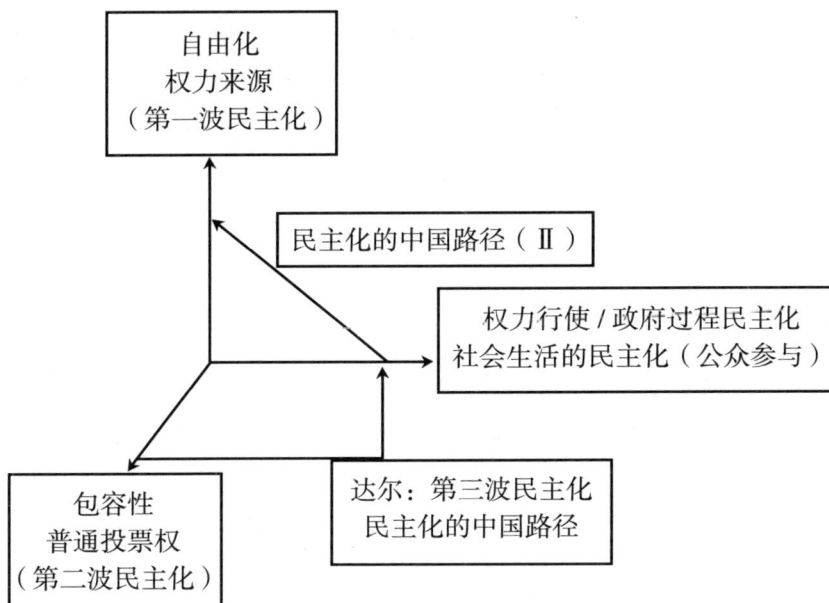

图 4.3：西方国家民主化第三次浪潮

　　资料来源：参见景跃进. 民主化理论的中国阐释：关于一种新的可能性之探索 [A]. 民主、民主与治理绩效 [M]. 杭州：浙江大学出版社，2011年版，第89页

　　正如图4.2和图4.3所示，在中国民主化的路径设计中，景教授除了保留达尔强调的社会组织的民主之外，还特别突出了行政民主的维度。他认为，形式多样的行政民主是公民参与的重要内容和形式。在权力来源问题相对搁置的条件下，行政民主的实施具有相对的自立性。事实上，在公民权利具有广泛包容性的国家，权力来源问题上的搁置会导致更大的压力（动力），促使政府过程的民主化，通过公共政策的合法性和施政绩效来回应民众。[①]

① 景跃进. 关于民主发展的多元维度与民主化序列问题：民主化理论的中国阐释之二 [J]. 新视野，2011（2）：31–34.

的确，经过多年的探索和实践，中国的民主发展已逐渐探索出一条具有自身特色的演化轨迹和显著特征。中国特色社会主义民主建设具有民主性质的双重性和民主形态的多样性特征。从民主性质上来看，中国的民主建设具有双重性：一是指国家政权层面的民主，实行"人民民主专政""国家一切权力属于人民"，正所谓"人民当家作主是社会主义的生命"，其强调的是国家层面的民主；二是非选举领域的民主，强调相关群体或公民直接参与相关事务的管理活动。从民主形态来看，中国民主的实践形态呈现出多样化的民主形式，有党内民主、基层民主、社会民主、协商民主、预算民主等。不难理解，我国的民主建设已经从西方经典民主化理论的束缚中解脱出来，探索了一条不同于西方民主化序列的中国特色社会主义的民主化道路。

我国的民主化有自己的发展序列，人民民主是社会主义的生命，是国家层面的民主，为我国民主建设指明了正确方向。党内民主、基层民主等和人民民主属于不同层次、不同范围的民主，与人民民主共同构成社会主义民主的基本内涵。我国民主建设呈现出独有的特点：一是以党内民主引领和促进人民民主，推进中国民主发展；二是以基层民主推进人民民主，基层民主是中国现阶段民主政治的重点和突破口，基层民主愈发展，国家民主愈牢固；三是选举民主与非选举民主相结合，不同形式的民主共同绘就了中国特色社会主义的民主图景。按照这一逻辑，考虑到中国政治体系的结构特征以及政治运行特点，在中国推进合作型教育行政所具有的重要意义不言而喻。民主在行政过程中的实现既反映出了民主发展的逻辑顺序，也为民主的进一步发展开拓了新的领域，合作型教育行政是对中国民主化建设发展道路的创新。在公共行政过程中，构建政府、社会与公民合作共治的社会治理模式是合作型教育行政构建的核心，也是民主发展的内在要求与现实逻辑。

3. 中国公共行政担当的特殊角色客观上呼唤合作型教育行政及其建构

细观中国的政治与行政实践，我们不难发现，中国基本不存在传统意义上政治与行政二分，中国的政治行政实践基本上处于行政从属于政治阶段，我国特殊的政治国情和政府行政的实践也决定了政治与行政二分在我国的不可行性。我国实行的议行合一的政治体制，这与西方的三权分立体制有着根本的区别，政府内部不存在根本利益的冲突，政府的利益与国家利益和党的利益与具有高度的一致性。因此，在当代中国语境下理解行政必须要首先基于政治的高度，绝不能离开政治视域单独讨论，但这并不意味中国的行政与政治混沌不分，而是说要把当代中国的行政改革与发展放在政治改革、政治现代化的历史进程中来把握。也就是说，从我国政治体系的稳定和行政系统功能的完整性思考来看，政治和行政的关系不能简单地一分为二，甚至行政与政治具有不可分性。

在我国特殊的历史条件下，在政治改革相对滞后而市场进程有待完善的情况下，公共行政以其特殊的角色弥补政治改革滞后和市场发育不足的权力空间，而且显示出日益膨胀的内在张力，扩张性的行政权及其运作在一定程度上成为政治短板与市场缺陷的替代品，从而在中国社会演进过程中扮演重要角色。公共行政在我国特殊角色和地位决定了政府在我国政治生活中的重要性，加强公共行政民主化改革、推进合作型教育行政构建直接关系到中国政治建设，关系到人民民主建设和党的执政地位，有利于有效化解政府认同危机，提升政府的治理能力。

4. 构建和谐社会的现实需要是当代中国合作型教育行政价值观建构的现实基础

在中国，构建"和谐社会"这一战略目标的提出，是历史发展和改革开放的必然结果，也成为当代中国社会发展的重要价值理念。这一基本价值理念的确立是一个逐步演进的过程，"实现了从单项战略设计到整体性现实操作、从以非均衡发展为手段到以均衡发展为目标、从静态的布局协调思维到动态的立体建构思维的转变。"①就这一演进的具体内容来说，实现了从只顾眼前的发展到转向追求可持续发展，也就是说，实现了从简约的经济发展到协调的社会发展、从"以物为中心"到"以人为本"的"全面发展观"的转变，以浓缩的形式完成了近代社会工业化的全部进程。如果说和谐社会是一个社会目标的话，那么，建立与和谐社会相适应的社会治理体系就是政治文明的目标。加尔布雷思认为，和谐社会首先应当是这样一个"好社会"。"在好社会里，所有的公民必须享有个人自由、基本的生活水准、种族和民族平等以及过有价值生活的机会。"②最起码，这个社会应当是"人人有工作并有改善自己

---

① 江欢、李军凯. 维护社会公正、构建和谐社会 [J]. 和田师范高等专科学校学报（汉文版），2007（2）：10–11.

② [美]加尔布雷思. 好社会：人道的记事本 [M]. 南京：译林出版社，1999年版，第3–24页.

生活的机会。有可靠的经济增长以维持这种就业水平……人人都有根据自己的能力和抱负取得成功的机会。损人利己的致富手段受到禁止"①。由此政府在引导整个社会实现构建"和谐社会"的目标时，应把引导社会自治作为着力点的，把构建"和谐社会"的路径具体地落实在培育社会自治精神和促进社会自治体系的建立、健全的行动之中，并以此推动着合作型政治文明的向前发展。

从政治文明的进程看，当代中国构建"和谐社会"的目标是在公共服务型政府建设的过程中提出的。②一方面，（合作型）公共行政与"和谐社会"分属于当前中国两个领域，是两个不同领域中的目标，在政府中，是要构建为公众提供优质公共服务的服务型政府，而在社会这个层面上，则是要构建"和谐社会"；另一方面，这两个目标又是紧密地联系在一起的，（合作型）公共行政的建设是"和谐社会"建构的前提，只有当我们拥有了（合作型）公共行政，才能同时走向"和谐社会"，反过来看，（合作型）公共行政又是"和谐社会"的组成部分，"和谐社会"作为社会总体化实现了的形态，是一种包括政府在内的一切社会构成因素的和谐共生，因为"和谐社会"也要求政府通过自身的改造而转变成服务型政府之后，才予以接纳。

因此从行政价值的角度分析，合作是和谐社会中（合作型）公共行政和服务型政府的终极价值，在和谐社会这种社会治理体系中，虽然社会治理中的制度、体制、过程等也会包含着合作价值所派生出来的次生价值，并构成以合作为核心的价值体系，但合作价值为整个社会治理体系提供了具有普遍意义的原则和标准。合作价值和合作精神的泛化，将会通过制度设计和制度安排的途径为社会成员的社会行为提供正确的引导，支持和鼓励那些有益于社会生活健全和社会合作体系确立的道德行为，进而确立起一种不同于以往工具理性主导的、"以德行政"的公共行政模式，最终实现社会普遍合作的社会治理。一个普遍合作的社会治理体系，给我们带来的和为我们提供的必然是一个和谐的社会。所以，对于和谐社会建设中合作型教育行政的理解，不再仅仅限于政府教育行政部门组织机构的精简、权力关系的调整和政府职能的转换，而是包含着对整体信念、人道关怀、公正合理等制度道德的价值追

① [美]加尔布雷思. 好社会：人道的记事本 [M]. 南京：译林出版社，1999年版，第3-24页.

② 张治忠. 新公共服务理论视野下当代中国行政价值观建构 [J]. 伦理学研究，2009（2）：26.

求与体现。合作型教育行政以服务价值为导向，表明的是人类在社会治理的问题上向伦理生活的回归。构建和谐社会作为我党和国家在新的历史时期确立具有深远意义的发展战略是一项系统工程，需要物质文明、政治文明和精神文明、社会文明和生态文明的协调发展，其中作为政治文明和精神文明重要组成部分的行政伦理建设在构建和谐社会的历史进程中具有特殊的作用。因此，重塑合作型行政伦理理念和行政价值观便成为构建和谐社会的题中应有之意和重要的切入点。

（二）合作型教育行政构建的经济环境

政府作为社会上层建筑的核心组成部分，其变革和发展必然受到社会经济发展水平及状况的影响。毕竟，经济发展是政府发展的根本动力。"只有那些对经济发展提出的要求具有敏锐捕捉能力和迅速行动能力的政府，才能够以更大勇气、步伐和速度推动政府发展，进而发挥高水平政府的能动作用。"[①] 而高水平的政府能动作用的发挥，相应也就能够更进一步地促进经济发展、政治发展、民主化水平与教育文化发展。

1. 构建合作型教育行政必须澄清经济与民主的关系

行政与政治参与密切相关，而政治参与则离不开民主问题的探讨。此外，作为政治上层建筑的行政管理受到经济基础的决定性制约作用，作为公共事业的教育行政，必然离不开经济与民主关系问题的探讨。马克思主义提出了"经济基础决定上层建筑"的经典论述，它告诉我们，在一个国家或地区的民主化发展进程中，与该国或地区的经济发展水平与其政治发展程度呈强相关性。

与此相关的是，很多现代西方政治学家也对经济与民主之间的关系有过经典论述。20世纪50年代，美国政治社会学家李普塞特在其著作《政治人：政治社会基础》（1960）中阐述现代民主制度的社会基础问题即所谓的稳定民主的必要条件的问题时，就重点考察并探讨了民主与经济发展的关系问题。他赞同"国家越富裕，出现民主的可能性就越大。从亚里士多德迄今，一般的观点是，只有在没有什么真正穷人的富裕社会中，广大公众才可能有效地

---

① 方盛举. 论政府发展 [J]. 云南行政学院学报，2005（6）：9.

参与政治，不受不负责任的宣传鼓动的盖惑。"[1]为此，他以欧洲、拉丁美洲的民主国家与非民主国家为样本，运用比较性的调查研究和数据分析方法，以平均财富、工业化、都市化、教育水准作为显示经济发展的指数，深入探讨了经济发展和民主的关系。他认为经济发展是民主发展的一个必要的、关键的条件，经济发展与民主之间具有高度的正相关关系。美国政治学家亨廷顿也运用比较历史的方法，通过各国大量的历史与现实事例探讨了经济发展与民主和政治的关系，他指出，在亚洲、非洲和拉丁美洲许多进行现代化的国家里，存在着一种政治不稳定现象，即经济上的不发达常常伴随着政治上的不发达。虽然亨廷顿认识到经济发展与民主发展之间的关系，但是他还看到了经济发展与民主之间关系的不确定性，他认为经济发展与民主和民主化的关系是复杂的，经济的发展不一定导致政治现代化和民主的产生。但对于经济发展对于民主发展的意义，亨廷顿还是乐观的，他认为经济因素对民主化有着重大的影响，他指出，从19世纪起，在民主与财富之间出现了一种正相关，即多数富裕的国家是民主国家。所以他说，"从长远的观点看，经济发展将为民主政权创造基础。……在第三波中，经济发展的实质程度与短期的经济危机或失败相结合是最有利于威权向民主政府过渡的经济公式。"[2]美国当代著名政治学家亚当·普沃斯基围绕着民主和民主持续问题用经济学和统计学的观点与方法分析了民主转型过程中政治和经济的相互作用问题，探讨了民主和经济的关系。普沃斯基通过比较研究证明，经济发展并不必然带来民主，民主与经济发展不是正相关关系，即经济不发达可以导致民主的出现，但是同时他又强调，民主更容易在经济发达的国家中存活。[3]美国政治学家科恩在《论民主》中论证民主政治需要具备的5个条件时，第一个就论述了民主政治发展的物质条件。这些物质条件包括民主的地理条件、民主的设施条件、民主的经济条件、平等和福利等。[4]科恩还认为："如果社会中一部分人贫困，

---

① [美]李普塞特. 政治人：政治的社会基础 [M]. 张绍宗译. 上海：上海人民出版社，2011年版，第10页.

② [美]塞缪尔·亨廷顿等. 第三波：20世纪后期的民主化浪潮 [M]. 刘军宁译. 上海：三联书店出版社，1998年版，第380页.

③ [美]普沃斯基. 国家与市场：政治经济学入门 [M]. 郦青，张燕译. 上海：格致出版社、上海人民出版社，2009年版，第52页.

④ [美]科恩. 论民主 [M]. 聂崇信，朱秀贤译. 北京：商务印书馆，1988年版，第59页.

民主还是可行的，即使是不完美的，如果这一部分人增加，这个社会中的民主是不可能成功的。"[1]综上所述，随着经济的发展和人民生活的富足，社会公众的要求就会从经济层面上升到政治层面，形成对政治参与的强烈欲求，从而推进民主的发展。

2. 我国社会主义市场经济的发展与合作型教育行政的构建

社会主义市场经济体制的建立和完善是我国民主政治建设的经济因素，也是我国教育行政改革与合作型教育行政构建的经济条件与基础。美国政治学家查尔斯·林德布洛姆说过："市场与民主具有密切的历史联系，如果我们不能解释它，我们就既无法理解市场，也无法理解民主"……"只有在市场取向的制度中才会出现政治民主。虽然不是所有的市场取向的制度都是民主制度，但每一个民主的制度都必须是市场取向的制度"。[2]1992年，党的十四大提出社会主义经济体制改革的目标是建立社会主义市场经济体制。历经二十余年的发展和完善，中国的社会主义市场经济体制已经变成自由、开放、平等竞争和强调规则的完全的市场经济体制，这为我国民主政治的发展提供广阔的经济空间。在这样的经济背景下，中国民主政治和合作型教育行政的发展是经济发展的必然要求。

首先，社会主义市场经济培育了公民独立、自由、平等的主体意识。市场经济以自愿交换为原则，这一交换原则的实现离不开交换双方独立的、平等的市场主体身份和交换自由。由市场经济塑造的一个个具有独立经济人格、平等交换身份和鲜明个性自由的市场主体是构成民主社会存在与发展的不可或缺的社会基础，是民主发展的深厚的文化基因和价值基础。

其次，社会主义市场经济促进了民主基本原则的形成。自由、平等和法制是民主的基本原则，这些基本原则的产生都与市场经济的发展有着不可分割的联系。市场经济以平等、竞争、自主、自由、守法、秩序为基本特征，这在客观上推进了社会主义民主政治建设基本原则的生成。

再次，社会主义市场经济推动了政府治理方式的革命性变革。市场经济的发展要求正确处理好政府与市场的关系，转变政府职能，要求政府职能从

---

① [美]科恩. 论民主 [M]. 聂崇信，朱秀贤译. 北京：商务印书馆，1988年版，第111页.

② [美]查尔斯. 林德布罗姆. 政治与市场：世界的政治经济制度 [M]. 上海人民出版社，1991年版，第8–9页

微观经济干预向宏观调控转变，由经济管理向社会管理和公共服务转变。宏观调控和公共服务已成为现代市场经济的内在要求。在计划经济的体制下，用单一的计划和控制办法就可以解决管理国家和社会事务的问题，但在市场经济体制下，治道变革成为政府的必然选择，治道变革就是政府如何适应市场有效运行的需要来界定自己的角色，进行市场化变革，并把市场制度的基本观念引进公共领域，建设开放而有效的公共管理体系，主要包括政府职能的市场化、政府行为的法治化、政府决策的民主化、政府权力的多中心化，这一治道变革的进程，无疑会推动政府行政的民主化建设。

（三）合作型教育行政构建的社会环境

中国公民社会的成长、公民意识的增强、社会主义和谐社会的建设以及社会管理创新实践为合作型教育行政构建奠定了坚实的社会基础。

1. 公民社会的成长壮大

改革开放打开了中国公民社会的成长空间。按照俞可平教授的观点，中国公民社会已经形成。一方面，它具有公民社会的一般特征：相对独立于国家和政府；它的主体是非政府和非营利的民间组织；它是市场经济的必然产物，也是民主政治的必然要求；它有自己既不同于政府系统又不同于市场系统的运行规律，也具有自己的明显特征：第一，中国的公民社会是典型的政府主导型的公民社会，具有明显的官民双重性。第二，中国公民社会具有特殊的制度环境。第三，正在形成之中的中国民间组织具有某些过渡性特征。第四，中国的民间组织还极不规范。第五，中国的民间组织发展很不平衡，在社会政治经济中的地位和影响方面差距也很大。[①]30余年来，中国公民社会不断完善和发展，值得一提的是，深圳市十二五规划中明确提出率先建立现代公民社会，从而成为全国第一个将公民社会建设写进"十二五"规划的城市。公民社会的成长首先表现为社会组织的蓬勃发展。自改革开放以来，受市场经济驱动和社会转型的推动，我国各类社会组织逐步恢复生机并蓬勃发展起来，截至2011年底，全国共有社会组织46.2万个，其中，社会团体25.5万个、民办非企业单位20.4万个、全国共有基金会2614个，社会组织的发展

---

① 俞可平. 中国公民社会的兴起与治理的变迁 [M]. 社会科学文献出版社，2002年版，第583页.

成为我国社会进步的重要表征，也成为民主建设的重要载体。公民社会的成长其次表现为公民参与意识、民主意识、权利意识的增强。随着改革开放的深化和社会主义市场经济体制的完善与发展，我国的社会经济运行方式和人们的生活方式发生了巨大变化，社会价值观念也处在急剧的变革之中。利益诉求的多样化、观念的多元化、价值判断的独立化以及行动的自主化潜移默化地孕育着公民的参与意识、民主意识和权利意识。公民意识的增强是合作型教育行政发展的动力源泉，培育完善公民意识，对于推进合作型教育行政具有非常重大而深远的意义。

2. 社会主义和谐社会建设与社会管理创新

2004年9月召开的中共十六届四中全会，深入分析了党治国理政面临的新形势新要求，从全面建设小康社会、开创中国特色社会主义事业新局面出发，明确提出了构建社会主义和谐社会的重大战略任务。社会主义和谐社会的提出是我党以科学发展观为指导，适应全面建设小康社会的要求，科学总结改革开放和现代化建设的经验，立足中国社会主义初级阶段基本国情、特别是中国经济社会发展进入关键时期所呈现的一系列新的阶段性特征，是为了解决全面建设小康社会实践中出现的新情况新问题而提出来的。

社会主义和谐社会建设目标的实现离不社会管理创新。随着经济体制改革和政府管理体制改革的深化，转型期的中国正逐渐进入一个社会利益和社会结构深刻变化、社会矛盾凸显的关键时期，加强社会管理创新成为社会转型的客观要求。党和国家高度重视社会管理，围绕着如何建立适应我国国情的社会管理体制进行了长期的探索和实践。2004年9月，党的十六届四中全会提出，要"提高构建社会主义和谐社会的能力，不断增强全社会的创造活力，妥善协调各方面的利益关系，推进社会管理体制创新"。"社会管理创新"被正式载入党的文件，拉开了我国社会管理创新的大幕。2007年10月，党的十七大报告明确提出要"要健全党委领导、政府负责、社会协同、公众参与的社会管理格局，健全基层社会管理体制。最大限度激发社会创造活力，最大限度增加和谐因素，最大限度减少不和谐因素"。2011年3月，《政府工作报告》指出，要"强化政府社会管理职能，广泛动员和组织群众依法参与社会管理，发挥社会组织的积极作用，完善社会管理格局。""创新社会管理"首次被写入政府文件。2011年7月，中共中央国务院出台《关于加强社会创新管理的意见》，标志着我国社会管理创新工作不断深入和发展。2015年，《中共中央关于制定国民经济和社会发展第十三个五年规划的建议》提出包括创新在内的五大发展理念，加强和创新社会管理，是党和政府适应社会新形势提出的重大战略举措，是社会管理领域的一场深刻变革。党的十九大对中国社会主义现代化建设进行了全面部署，提出建设平安中国，加强和长信社会治理，维护社会和谐稳定，确保国家长治久安，人民安居乐业。①

加强和创新社会管理是合作型教育行政的题中应有之义，也为合作型教育行政构建提供总体设计层面的政策支持。社会管理创新问题的实质是正确处理政府与社会的关系问题，是"权力配置"和"权力运行"体制机制的结构性改革，意味着是政府与社会之间权力的重新配置和划分，意味着将有更多的公民参与到国家的政治管理活动中来。随着社会管理复杂性的增加，社会由"政府治理"向"社会共同治理"的转变成为社会建设的必然要求。

（四）合作型教育行政构建的文化环境

1. 行政文化及其作用

文化是人类社会特有的现象，是人类在社会历史发展中不断创造、总结、积累下来的物质财富与精神财富的总和，揭示了人类在社会历史发展中对外在物质世界和自身精神世界的相互作用和关系。作为一种精神力量，文化能够在人们认识世界、改造世界的过程中转化为物质力量，对社会发展产生深刻的影响。对此，马克思很早就指出："批判的武器，当然不能代替武器的批判，物质力量只能用物质力量来摧毁。但是理论一经掌握群众，也会变成物质力量。"②"文化"，一般被定义为"一套价值观念以及赋予其意义的实践活动"。此定义有利于辨析文化概念的三大误解，这一文化概念作为一种内含文化的"经济—社会理论"而存在。下表列出了对文化理解的三大误区（或认识不够，或理解有误）。

---

① 龚维斌. 新时代中国社会治理新趋势 [J]. 中国特色社会主义研究，2018（2）:5.

② 中共中央马克思恩格斯列宁斯大林著作编译局. 马克思恩格斯文集（第1卷）[M]. 北京：人民出版社，2009年版，第11页.

不足或错误的观点	更全面地观点
1. 文化基于"意识"，例如价值观不同于行为和实践。 2. 文化作为社会中的一个独立的层面，与其他层面截然分开，如认为文化存在于经济社会生活之外的观点。 3. 文化的功能在于将经济活动和政治活动释放的力量保存下来或者整合起来。	1. 文化基于意识和行为，包括实践活动。 2. 文化是社会所有方面的有机组成部分，如认为存在经济文化、政治文化（行政文化）。 3. 文化既是保守势力，同时也是变迁的源泉。

资料来源：Holton. Economy and Society. London and NewYork：Routledge，1992.

　　文化是公共行政研究的重要视角之一，通过作用于人的价值观念和行为模式对行政发展和行政改革产生着持久性的影响。美国著名行政学家、比较行政学和行政生态学创始人弗雷德·W·里格斯认为："行政是文化的产物，有什么样的文化传统便会有与之相对应的行政。"[①] 由此可见，行政体制植根于一定的文化土壤中，与特定的文化相适应。所谓"一种管理理论最终能否取得成功，并不取决于其选择的具体内容和方法是什么，而是取决于这种内容和方法同特定的文化背景与传统的耦合程度。凡是能耦合的就能成功，否则，就会失败。"[②]

　　行政文化是公共行政的灵魂，是行政体系的核心。关于行政文化，不同的学者有不同的认识和看法。"行政文化是政府管理的文化，是行政管理之魂，是行政人员在行政实践活动基础上所形成的，直接反映行政活动与行政关系的各种心理现象、道德现象和精神活动状态，其核心为行政价值取向。"[③]"行政文化是由行政物质文化、行政制度文化和行政精神文化三个层面构成。"[④] 也有学者认为行政文化属于主观意识领域，它由行政意识、行政制度和行政心理三个基本要素构成。还有学者主张："行政文化是指行政意识形态，即在行政实践活动基础上所形成的，直接反映行政活动与行政关系的各种心理现象、道德现象和精神活动状态。"[⑤] 概言之，行政文化是人们关于行政系统的价值观念及其

---

① 彭文贤. 行政生态学 [M]. 台北：三民书局，1988年版，第57页.

② 陈荣耀. 比较文化与管理 [M]. 上海：上海社会科学出版社，1999年版，第5页.

③ 李娟. 建设服务型行政文化 [J]. 中共太原市委党校学报，2015（5）：52-54.

④ 陈庆云，郵益奋. 文化差异：地方行政改革研究的新视角 [J]. 中国行政管理，2008（8）：26-29.

⑤ 夏书章. 行政管理学（第5版）[M]. 广州：高等教育出版社、中山大学出版社，2013年版，第149页.

在此观念影响下的行政组织与成员所普遍具有和遵循的行为模式，核心是长期积淀在行政人员心理结构当中的态度、行为取向、思维模式和价值观念。

任何一个行政体系的结构、制度、程序、决策以及行政人员的行为、态度、价值观等，无不受行政文化的直接影响。行政文化对行政观念、行政风气、行政组织形式、行政改革具有重要作用。从我国政府历次行政体制改革实践看，行政改革绝不仅仅是行政组织结构、机构及管理方式与工具的变革，同时，还受到行政意识、价值观念等行政文化的影响。

2. 当代中国行政文化的变迁与合作型教育行政的建构

在全球政府再造的趋势下，我国的行政体制也处于不断的变革中，历次行政体制改革都在不断重新检讨并厘定政府与市场、政府与社会、政府与公民之间的关系，从机构改革到职能转变再到行政价值和行政方式的变革，中国的行政改革不断得以深化，同时，中国的行政文化也重现出从传统到现代的历史变迁，并反过来深刻地影响着中国（教育）行政改革的进程。

第一，从政府中心主义到多元共治的转变。长期以来，我国行政体系形成了以自我为中心的权力运行体制，在这一体制下，政府机关及其工作人员形成了管理上的自我中心主义，政府视自身为国家治理的唯一合法主体。但是，随着治理时代的来临，多元化的治理主体逐步取代政府的单一治理格局，政府不再是公共事务治理的唯一主体，不再是执掌公共权力的唯一组织和部门。这样一来，社会治理中的政府中心主义逐步为多元治理主体所取代。

第二，从管制主义到服务理念的转变。政府中心主义的治理模式必然会导致"管制"思维形成，一切管理活动以"管理方便"为出发点。政府常以"管理者"自居，把社会成员、企事业单位当作"被管理者"。伴随着全球行政改革的浪潮和服务型政府建设的推进，服务与合作成为政府改革的主题。这在客观上要求政府角色开始由管理者向服务者转变，这一根本性转变客观上要求政府把"被管理者"放在服务的"中心"位置。20世纪七八十年代，西方发达国家掀起了"政府重塑""政府再造"改革浪潮，改革获得最大的成功是治理方式的转变，从传统的"管制""管理"到"善政""善治"，为公民提供方便、快捷、优质、全面的公共服务。从西方国家的改革经验看，"服务"与"合作"是政府施政理念的正确选择。在中国，公共服务概念的提出标志着我国行政改革的进一步深化和政府管理的创新，2003年10月召开的中共十六届三中全会首次明确地把"公共服务"作为政府职能之一。2004年2月，时任总理温家宝在省部级主要领导干部"树立和落实科学发展观专题研究班结业式"的讲话中，对公共服务做了科学的概括和阐述，对构建现代化和后现代化的行政管理模式提出了要求，也为构建新型行政文化范式指明了方向。从统治行政文化、管理行政文化向服务行政文化与合作型行政文化的变迁是人类文明的飞跃。

第三，从个体利益中心主义到公共利益中心主义的转变。按照"经济人"理论假设，政府机关及其公职人员也是典型的经济人，也会谋求部门和个体利益的最大化。正如美国学者布坎南所说："国家不是神造物，它并不具有无所不在和正确无误的天赋。在国家机关做决定的人和其他人没有什么差别，既不更好，也不更坏，这些人一样会犯错误。"[1]由此可见，这种个体利益中心主义会导致政府"与民争利"和官员腐败。但是，伴随着公共行政改革与发展，各国都表现出对政府"公共性"的强调和重视，要求政府以实现公共利益为价值旨归和最终目标。

上述行政文化的历史变迁，反映了中国行政文化由传统的集权型行政文化走向现代的民主型行政文化的转变、由身份社会到契约社会的转变、由人治社会到法治社会的转变、由依附性社会到参与型社会的转变。这一文化变迁是实现合作型教育行政不可或缺的条件。行政体系为达到其行政目标，必须依靠一定的民主手段和方式，需要以文化传播的方式宣传、灌输合作型教育行政的观念，以实现民主的有效性。

二、当前我国教育行政管理的历史回顾及其制度架构

（一）新中国教育行政改革与发展历程的简要回顾

当代中国的教育行政管理是新中国社会主义教育事业重要的实践领域或有机的组成部分，它从一个侧面描述和体现了新中国教育事业辉煌而又曲折的发展历史。新中国教育行政管理所创造的辉煌主要是人民政府根据社会政治经济的发展变化，在继承和发展中国共产党领导下解放区教育的基础上，

---

① [美]詹姆斯·布坎南.自由、市场和国家[M].吴良建等译.北京：经济学院出版社，1998年版，第39页.

成功实现了对国民党统治区教育的接管与改造，对社会主义条件下教育行政体制、学校教育制度进行了全方位的探索和创新，在教育行政机构、行政职能和专项管理等方面进行了持续的改革，在教育法制建设方面进行了不懈的努力，从而为社会主义教育事业的健康发展提供了组织与管理上的保证。可以说，经过60多年来的实践探索，我国目前已初步建成了反映现实时代背景与社会发展特征并能够与社会主义市场经济体制、民主政治体制及科技文化体制相适应的、中国特色社会主义教育行政管理体系，也是面向21世纪振兴中国教育事业的重要条件与保障。

新中国成立伊始，我们面临着建立社会主义教育行政体制的全新任务。根据当时政治经济体制的要求，教育行政体制在总结历史传统和老解放区的经验，参照五十年代苏联的教育行政体制基础上，建立起了"集中统一、以条为主"的权力结构模式。规定教学计划、教学大纲、教材编写、招生分配、教师资格认定都由中央决定，教育经费实行中央统一财政，三级管理。尤其是1953年全国范围内开展反对分散主义和地方主义时，提出的"大权独揽、小权分散、党委决定、各方去办"的领导原则更加剧了教育行政领导权的集中统一。这种模式基本符合了当时生产关系变革和社会发展需要。但它一开始就面临着如何处理中央与地方、政府与学校的关系问题，在实践中容易压制地方政府及个人、集体的办学积极性，容易脱离地方经济及社会发展的实际需要，造成"千人一面，万人一书"的局面。

1956年，毛泽东在中央政治局扩大会议上做了《论十大关系》的重要讲话，指出："应当在巩固中央统一领导的前提下，扩大一点地方的权力。"[①] 根据这一指示精神，中共中央、国务院于1958年8月发布了《关于教育事业管理权力下放问题的规定》，提出了"今年对教育事业的领导，必须改变过去条条为主的管理体制"，"教育部和中央主管部门，应该集中精力研究和贯彻执行中央的教育方针和政策，综合平衡全国的教育事业发展规则。"在教育经费筹措及使用、教材编写、学校设置等方面地方拥有一定的自主权。"各地根据因地制宜、因校制宜的原则，可对教育部颁发的指导性教学计划、教学大纲和通用教材领导学校进行修订、补充，也可自编教材；过去国务院或教育部

---

① 毛泽东.毛泽东文集[M].北京：人民出版社，1996年版，第32页.

颁布的全国通用的教育规章制度，地方可结合当前工作发展情况，因地制宜、因事制宜地决定存废、修订或另行制定。"这是我国教育行政权力下放的第一次尝试，对于调动地方办学的积极性，适应当时经济及社会发展需要起到了积极的作用。但由于权力下放过快过猛，又缺乏必要的法律、法规和行政规章制度约束、规范，中央的宏观调控没落到实处，出现乱定指标、乱下命令、滥用权力的混乱局面，致使教育质量普遍下降。

1963年，中央根据当时教育管理权限下放后出现的问题，颁布了《关于加强高等学校统一领导，分级管理的决定》。《决定》提出高校实行中央统一领导，中央和省、市、自治区两级管理的制度。同时，中小学也颁布了《条例》，收回了地方可以修订教学计划、教学大纲和通用教材的权力，加强了条条的领导作用。这次权力分配的调整，事实证明是有成效的，教育事业得到稳步发展，教育质量不断提高。但也应该看到，这种权力分配形式并未取得实质性进展，基本上又回到了1958年以前的模式，且在某些方面有更加集中统一的趋势。

"文革"期间，教育领域出现无政府状态，教育事业遭受严重摧残，撤销了原教育部，成立了军事管制小组。学校任意被裁减、搬迁、停止招生，学制缩短，课程改变。推行贫下中农管理学校，大搞"开门办学"。

粉碎"四人帮"以后，国家在政治与社会等诸多领域成功地进行了拨乱反正，中央又重申了"统一领导，分级管理"的方针，回到了"文革"前的局面。随着我国经济、政治体制改革，教育行政权限划分问题重新提出，尤其是近年来要求更加迫切。1985年公布的《中共中央关于教育体制改革的决定》中就明确指出：在加强中央宏观调控的同时，要"把发展基础教育的责任交给地方"，要"扩大高等学校的办学自主权"等设想。1986年4月通过的《中华人民共和国义务教育法》也明确规定"义务教育事业，在国务院领导下，实行地方负责，分级管理"的原则。1993年中共中央、国务院发布的《中国教育改革和发展纲要》再一次重申了在教育领域逐步推行简政放权的基本方针。1995年3月颁布的《中华人民共和国教育法》，以法律的形式进一步强调"国务院和地方各级人民政府根据分级管理、分工负责的原则，领导和管理教育工作。""中等及中等以下教育在国务院领导下，由地方人民政府管理。""高等教育由国务院和省、自治区、直辖市人民政府管理"的原则。

纵观六十余年我国教育行政改革与行政权力分配变迁的历程，在处理中央与地主的关系时，时而强调中央集权，时而强调地方分权，一直未能在中央和地方之间实行合理的科学的职权划分，出现"一统就死、一放就乱、一乱就收"①的恶性循环局面，而且六十多年权力分配变迁主要侧重于教育教学管理权，在立法、规划、指导、信息交流等方面的职能未能受到应有的重视。如何科学地划分中央和地方的教育行政权限，优化配置教育行政资源，调动中央和地方双方的积极性已是教育体制改革中亟待解决的两难问题。

毋庸讳言，尽管新中国教育事业发展的成就辉煌，然而新中国教育行政管理也经历过艰难曲折甚至面临着短暂的倒退与空前的灾难。但导致这种艰难曲折的思想根源，主要在于片面理解或是肆意歪曲教育行政的政治性，轻视或否认教育发展的客观规律对教育行政管理的根本制约作用。其结果便是导致教育行政管理背离其原则与宗旨而变为对教育事业发展的破坏性实践，如1952年的学科大调整、十年"文革"浩劫便带给中国教育行政管理发展以空前的灾难，也给后人留下深刻而惨痛的教训。事实上，通过中国教育行政的发展历程的简要回顾，从中可以清楚地看到，新中国教育行政管理60年的轨迹与新中国社会主义教育事业的整体发展息息相关，与新中国社会主义经济与政治的变化密不可分。60年的实践探索是一个连续的历史发展过程。改革开放以来，在毛泽东思想和中国特色社会主义理论体系的指导下，我们开始探索出一条建设中国特色社会主义的正确发展道路。与此相适应，中国特色社会主义教育事业的发展道路也逐渐明确，中国特色的社会主义教育行政管理体系也日益走向完善。60年的实践探索，特别是改革开放以来，取得了举世公认的伟大成就，为今后的继续前进打下了坚实的基础。展望21世纪，中国共产党将领导中国人民继续高举习近平新时代中国特色社会主义伟大旗帜，把中国特色的社会主义建设事业和中华民族复兴伟业全面推向前进。②在这一历史过程中，科教兴国作为基本战略已经成为全党全社会的共识并付诸实践。科教兴国必先兴科教，国民教育事业本身的进一步改革发展是科教兴国战略顺利实施的前提条件。经过近40年的改革积累，中国教育

---

① 李春玲、肖远军. 试论我国教育行政体制中的权力分配 [J]. 江西教育科研，1996（2）：2.

② 中共中央宣传部. 习近平新时代中国特色社会主义思想三十讲 [M]. 北京：学习出版社，2018年版，第34页.

行政管理已进入了制度全面创新的历史阶段，即要根据社会主义民主政治和市场经济的基本要求，遵循教育事业发展的内在规律对教育行政管理的规范、制度、机构设置与职能划分等等问题进行系统设计，从而使我国教育行政管理进一步走向科学化，为新时代我国教育事业的进一步振兴提供组织管理和法律制度上的保证。

（二）现阶段中国教育行政管理的制度安排与现实架构

根据1995年3月18日公布的《中华人民共和国教育法》的十四条规定："国务院和地方各级人民政府根据分级管理、分工负责的原则，领导和管理教育工作"；第十五条规定："国务院教育行政部门主管全国教育工作，统筹规划，协调全国的教育事业。"在此基础上，我国当前的教育行管理体系，分为中央、省（自治区、直辖市）、市（州）、县（区）四个层次，从高层到中层再到基层，实现从宏观到微观的管理，形成教育行政管理的纵向系统。在各级教育行政所属职权范围内还设有直属单位，按其职能管理相应的教育事宜，这样就形成了以教育部为核心的纵向与横向相结合的完善的教育行政管理体系。从总体上看，我国的教育行政管理体制，倾向于中央集权制。倾向中央集权制的教育行政管理体系所导致的直接后果就是不管哪一类教育哪一类学校的管理模式，基本上都是集中统一的管理模式。上升到社会治理的层面，教育领域的社会治理模式还具有某种程度上统治型社会治理模式与绝大部分的管理型社会治理模式。

三、合作型教育行政在当代中国场域的缺失与不足

（一）中国教育行政改革与合作型教育行政构建的问题与障碍

1. 中国教育与教育行政改革正陷入"塔西佗陷阱"[①]

（1）何谓"塔西佗陷阱"

目前，就"塔西佗陷阱"（Tacitus Trap）的最早来源或出处而言，学界尚

---

① 中国教育和教育行政改革的"塔西陀陷阱"的提法参考了学者师玉生和林荣日的部分观点。具体参见：师玉生，林荣日. 中国教育的"塔西陀陷阱"：表现、原因及应对策略[J]. 现代大学教育，2016（1）：88–94.

有较大的争议。有一些学者认为，它是古罗马时代（公元1世纪）著名历史学家、哲学家和政论家塔西陀（Publius．Cornelius．Tacitus）最早提出的。但也有学者认为它的出处另有其人，如李鸿文在《谁的"塔西佗陷阱"》一文中就提出了不同看法，他认为，这个概念也有可能出自上述老塔的后裔皇帝小塔（公元3世纪），但由于欠缺史料支撑，他也不敢妄断。① 虽然准确的出处还有争议，但老塔在其著作《塔西佗历史》一书中评价一位罗马皇帝时候写道："一旦皇帝成了人们憎恶的对象，他做的好事和坏事就同样引起人们对他的厌恶。"② 这一论断，后来逐渐被引申为：当政府失去公信力时，无论颁布的政策是好政策还是坏政策或做了好事还是坏事，都会被认为是坏政策或做坏事。我国一些媒体和学者也将这种当政府不受信任时，政府无论怎么做都会受到质疑和批评的现象称为"塔西佗陷阱"。③

　　"塔西佗陷阱"与政府或公共部门的公信力下降有直接关系。哈佛大学肯尼迪政府管理学院教授约瑟夫·奈（Joseph．Nye）等通过实证研究指出，"政府信任下降的现象是一种国际间的共同现象，不止出现在美国……民众不信任政府的主因是政府无效率等。"④ 也有学者指出，20世纪末以来，西方民主国家中的政府公信力下降已经随着公共事务的复杂性、多元性和动荡性演化为一股国际性的趋势，成为各国政府面临的严峻问题。⑤ "半信半疑"或"不相信"是公众对政府的常用态度或消极评价，如果政府长期处于这样的舆论环境中，就会陷入"塔西佗陷阱"。关于政府公信力的研究，国内学者主要通过两种形式界定其内涵：一种是将公众作为主体，政府作为客体，即政府公信力指公众对政府行为评价或认可的基础上，对政府的一种信任程度；另一种将政府作为主体，公众作为客体，即政府公信力主要指政府赢得公众信任的一种能力和程度，或是政府拥有的一种权威性资源。⑥ 我们将这两种定义合并，政府公信力则可以表述为政府在长期的公共事务活动中

---

① 李鸿文. 谁的"塔西陀陷阱"[N]. 中国青年报，2011年11月2日（第2版）.

② [古罗马]塔西陀. 塔西陀历史[M]. 王以铸，崔妙因译. 北京：商务印书馆，2002年版，第8页.

③ 葛晨虹. 如何走出"塔西陀陷阱"[J]. 决策，2011（11）：66-67.

④ [美]J. 奈. 美国人民在多大程度上信任政府[J]. 杨娜译. 经济社会体制比较，2008（4）：131-136.

⑤ 蔡晶晶、李德国. 当代西方政府信任危机透析[J]. 公共管理学报，2006（10）：100-106.

⑥ 武晓峰. 近年来政府公信力研究综述[J]. 中国行政管理，2008（5）：63-67.

形成或表现出来的行政能力和权威资源符合公众期待的程度，它是公众对政府行政能力的一种主观感受。公众对政府公信力的认知和评价是非常复杂的，他们并不一定按照公信力本身的状况做出评判，而是根据自身的期望做出。^①同样地，政府管理教育的能力、权威及其行为也会在民众心中形成一种是否可以信任的印象和期待，这便形成了教育公信力。人们也是根据个人期望的主观感受对教育公信力做出评价。不论什么原因，一旦教育公信力持续下降，最终就会使教育系统陷入"塔西佗陷阱"。无论各级政府和各类学校如何殚精竭虑、费尽心思地设计教育改革蓝图或精心制定各类教育政策，社会公众却始终对教育现实不太满意，对政府提升教育品质缺乏信心，更是对未来的教育前途忧心忡忡。

（2）中国教育和教育行政改革面临"塔西陀陷阱"的风险

第一，政府制定的教育发展规划、纲要目标、任务举措等无法达到预期目标。政府制定的教育规划与纲要是政府对未来一段时间内教育改革与发展的基本目标、任务和举措的计划和安排，也是政府公共承诺的基本形式。通过教育发展规划和改革纲要，政府对未来教育发展的目标和将要开展的工作向民众公开，并接受民众监督。如果这些政府承诺如期达到，则政府与民众之间的信任关系将会强化，反之就会销蚀彼此的信任度。在国际上，公共教育支出占 GDP 的比重一直成为衡量一国公共教育努力程度的重要指标。1993年2月由中共中央和国务院联合发布的《中国教育改革和发展纲要》中提出："国家财政性教育经费支出占国民生产总值（即 GDP）的比例在20世纪末（即2000年）达到4%。"所谓4%的目标是学者们参照国际标准科学测算出来的，应该能够达到，但事实是这一目标却始终未能达成。2009年我国财政性教育经费支出占 GDP 的比例达到了历年来最高水平（官方数据为3.59%），但这与《纲要》规定的目标仍然相差0.41个百分点。^②为了实现4%的政府承诺，2010年颁布的《国家中长期教育改革和发展规划纲要（2010—2020）》中再一次明确提出："4%的目标在2012年时必须达到。"在各方面的共同努力下，这一目标终于在2012年成功实现了。"

---

① 朱光磊，周望. 在转变政府职能的过程中提高政府公信力 [J]. 中国人民大学学报，2011（3）：120-128.

② 阮成武. 教育投入的政府承诺与信用管理 [J]. 中国教育学刊，2011（6）：5-8.

如果从政府有限治理的角度讲，教育规划目标的实现总是受到政治、经济和文化等社会环境的制约，"政府面临的公共问题的复杂性、动荡性和多元性环境，导致了政府不可治理性的增加，客观上增加了政府的信任危机。"①虽然我们可以从中国社会的复杂性和政府治理有限性来为我们的教育事业发展规划进行自我辩护，但是，民众的质疑也不无道理，毕竟财政性教育经费4%这一目标的完成被整整推迟了12年。对比国外的情况，自21世纪以来，西方发达国家如美、英、法和芬兰等，公共教育支出的平均水平占本国GDP的比例都稳定在5.5%以上。2007年以来，金砖四国（俄罗斯、巴西、印度和南非）的平均比例也是稳定在4.5%以上。②虽然中国政府一直强调教育优先发展战略和科教兴国战略，仅从这一目标实现的情况就可以看出，民众渐渐地会产生对政府的教育发展战略与目标的怀疑。

第二，某些领域的教育改革举措成效低微。一方面，公众对政府的信任程度往往取决于政府对公众期望的满足程度，因此，公众对政府教育改革的信心则来自教育改革成效满足公众期望的程度。20世纪80年代是中国教育改革的关键期，这一时期中央政府先后颁布了一系列具有划时代意义的教育改革政策，其中1984年《中共中央关于教育体制改革的决定》最为重要，《决定》针对中国教育面临的突出问题和根本矛盾提出了改革设想，特别提出大力实施素质教育。但一些行业和用人单位往往招不到合格的人才，而大批毕业生找不到适合的工作岗位；在中小学教育领域，应试教育造成中小学生课业负担沉重，缺乏动手能力和创新精神，唯有减负才能使中小学生有时间参与社会实践、培养兴趣、增长见识，才能提高学生的综合素质，但是减负"越减越负"，学生的综合素质却并没有实质性的提高。客观地讲，我国教育改革与发展是在困境中艰难前行的，其基本特征是复杂性、曲折性和长期性，虽然取得的成绩是巨大的，但这些基本特征本身也容易导致人们对教育改革的过程与效果不时产生疑虑、不满乃至抵触，从而进一步加大了教育

① [美] 乔治·弗雷德里克森. 公共行政的精神 [J]. 张成福等译. 北京：中国人民大学出版社，2003年版，第162页.

② 胡咏梅，唐一鹏. "后4%时代"的教育经费应该投向何处：基于跨国数据的实证研究 [J]. 北京师范大学学报（社会科学版），2014（5）：13-24.

改革的难度。[①] 因此，教育改革的成效很难真实地展现在民众面前。

第三，中国教育质量的长期低水平徘徊。不可否认，改革开放以来中国教育取得了长足进展，但这种进展主要是在量的方面，而在质的方面，却长期处于低水平徘徊。近年来自费出国留学具有"总量增幅较快、留美比例较大、低龄趋势渐盛、平均学历和层次较高、多为优秀学生"[②] 等特点，这种持续不断的留学热以及留学低龄化现象，在某种意义上是否就表现为中国部分民众的"以脚投票"的态度？此外，与国内大学生就业难形成鲜明对比的是大量"海归"大学生的走俏，这一点，虽然近年有所降温，但这难道不就可认定为普通民众对欧美教育的一种向往？

第四，中国教育政策存在一定程度地制定失当与执行偏差。政府对公共（教育）事务的管理一般是通过国家对公共政策的制定和执行来实现的，政府以制定公共政策的方式向民众做出承诺，通过政策的有效执行去兑现承诺。从这个角度讲，教育政策的公信力是政府公信力的集中体现，也是民众对教育的期望和信心的一种反映。如果说，教育政策存在监管不到位或制度监管漏洞，就是政策制定失当和执行偏差走样的一种表现，自然也就难以得到公众的教育政策认同。比如，2015年中央电视台记者李欣蔓报道了杭州一所小学营养午餐供应企业存在严重的饭菜夹生、卫生脏乱、蔬菜和肉类变质的问题，造成的社会影响极其恶劣。[③] 显而易见的是，这些类似新闻事件所暴露出来的绝不仅仅是一个简单的监管问题，更深层次的问题是我国教育政策制定的科学化问题。学者宁国良和罗立认为："政策议程设定中缺乏民众的广泛参与，政策制定过程中缺乏全面的调研，政策措施存在偏差等问题比较突出，特别是一些地方性政策、法规和规章在制定中的问题尤为明显。在政策执行过程中普遍存在着上有政策下有对策、权力寻租、地方保护主义、部门利益化、朝令夕改等现象，使教育政策执行不力。"[④] 最后，政策监督和评估机制不健全，政府和教育行政部门兼具运动员和裁判员的双重甚至多重身份，导致

---

① 吴康宁. 中国教育改革为什么这么难 [J]. 华东师范大学学报（教育科学版），2010（4）：10-19.

② 师玉生，林荣日. 中国教育的"塔西佗陷阱"：表现、原因及应对策略[J]. 现代大学教育，2016(1)：89.

③ 李欣蔓. 杭州一所小学营养午餐被曝：有虫肮脏食品过期 [EB/OL]. http://www.china.com.cn/shehui/2015-10/24/content_36881174.htm

④ 宁国良，罗立. 公共政策公信力：构建政府信任的重要维度 [J]. 政治学研究，2012（6）：108-114.

政策执行效果和政策连续性较差。教育政策的公信力下降所带来的民众对教育政策的非议和厌恶，甚至会将近40年改革开放所取得的教育成果销蚀殆尽。

第五，教育行政部门和学校存在行政违法、行政权力异化、行政腐败等现象。政府行政行为的正当与否是政府公信力的重要衡量指标。从自然法则的理论来讲，政府行为的合法性在于这些行为能与"公众哲学"保持一致；根据民主理论，政府行为的合法性来源于它们对人民意志的体现。在实践中，如果政府行为违背"公共哲学"或"人民意志"，政府职能发生偏移或腐败，教育行政低效率将长期存在，那么，公共权力的合法性必然受到削弱，进而造成政府信任的进一步降低。

在教育领域中，随着社会公众对教育的普遍重视，在涉及子女升学、招生就业等事项时总能看到行政权力异化和寻租行为。近年来不断曝光的大学基建中的集体腐败、招生丑闻、地方教育行政部门贪污腐败等案件越来越多，这些案件经过新闻传媒的聚焦、加工和扩大，使民众对教育这块"最后的净土"也日渐冷漠和信心难再，严重影响到公众对政府行为的信任度与教育的公信力，也让中国教育陷入"塔西佗陷阱"的风险急剧增大，并且，随着各类自媒体不断涌入教育领域，民众自觉意识的崛起，越来越多的民众开始全方位地审视教育，类似的问题可能会被无限放大，甚至会产生类似经济学上的"乘数效应"，如若不加以遏制或采取切实有效的措施，必定会对当代中国教育行政改革和合作型教育行政的构建产生极为不利的负面影响，甚至会影响到中国特色社会主义伟大事业与民族复兴伟业的兴衰成败。

（二）合作型教育行政观在我国教育行政管理中缺失与异化的具体表现

如前所述，我国的教育行政管理模式是在有着两千多年的封建历史的中国土壤上所建立起来的、受到高度集中的计划经济体制影响下而形成的管制型教育行政管理模式，是一种以官本位、权力本位为取向的行政模式，它以命令行政、人情行政、身份行政和经验行政为主要特点，不能很好地为教育发展提供应有的公共服务，从而忽视了对服务对象——公共利益的应有关注，致使政府与公民合作共治的合作型教育行政思想在我国教育行政管理中的缺失和异化。

1. 教育服务与责任观的落后

思想是行动的指南。由于受我国历史上长时段封建统治行政的思想，再加上高度集中的计划经济时期所形成的管制行政的影响，长期以来，我国教育行政部门已经习惯用各种行政命令，监督、检查、批评通报和文件传达的方法来开展教育管理工作。一句话，由于思想观念意识上的陈旧落后导致了合作型教育行政观在我国教育行政实践存在缺失和异化。具体而言之，这些思想观念意识的陈旧落后主要体现在三个方面：第一，封建思想残余的依旧存在，阻碍了教育行政改革走向科学化、民主化、制度化的进程。这些思想余毒包括封建意识中的迷信思想、人治代替法治的思想、专制思想以及封闭锁国思想等。这致使人们长期认为教育是政府行为，是国办教育，带有明显的计划经济体制的色彩。由于是政府包办教育，因此政府统管教育是天经地义的；第二，民族文化中的悖论造就了国人的双重民族性格，阻碍教育行政改革的深化。这些悖论包括现代民主制度与家长宗法观念的冲突、创造需求和保守心理的冲突、开放与封闭的冲突以及外法内儒、严人宽己的思想矛盾等；第三，改革开放以来，由于商品大潮的冲击，原有价值体系的崩溃及新的统一的价值观念尚未形成，使我国教育行政改革经常陷入误区。这些因素的存在使得我国教育行政改革相对滞后，比如政府对教育的管理，基本上是集中统一的管理模式，政事不分、事权分离、包得过多、统得过死的现象仍然存在。这就造成了学校只能奉命行事，缺乏办学主动性和积极性，缺乏生机和活力。从政府与社会的关系看，政府包得过多，统得过死，也不利于形成多元的管理体制、办学体制和投资体制，影响和制约了社会力量参与发展教育的积极性。有人曾对"校长在办学中最棘手的问题是什么？"进行调查，有134名校长参与了调查，其中有68人认为在具体办学中最棘手的问题是应对上级的各种检查。① 无疑，这些所谓的陈旧落后的传统观念和思想意识从根本上导致了教育行政管理缺乏对公民服务的意识，基本上都是处于传统管制型思维定势中，教育行政人员自己的管理行为往往只是按照对上级部门的指示行事，部门的工作只注重对上级领导负责，而缺乏以公众利益为核心的责任观。这种官本位的思想常常导致官僚主义作风，使得公务员工作保守，

---

① 陈玉云. 政府与学校关系的现状与变革：上海若干行政区教育局与公立中小学职权问题的实证调查 [D] . 上海：华东师范大学硕士学位论文，2004年，第23页 .

以不犯错误和讨好上级为主，从而忽略了公民的利益，当然也违背公共行政的公共性本义。

2. 教育管理服务中心的偏移

从国外来看，西方公共行政的前沿性理论和思想丰富多彩，并不断被译介到中国，而我国的学者们也立足于现实国情不断开展理论研究，提出了服务型政府建设的概念。随着各地政府构建服务型政府的实践日趋升温，有些地方的教育行政部门也提出了构建合作型教育行政的口号。但是在实践中把合作型教育行政的服务观片面狭隘地理解为顾客导向的教育行政服务，常常把教育行政部门的审批服务等日常本职工作当作服务的重心。他们主要针对教育行政部门长期以来形成的"门难进、脸难看、人难找"的官僚主义现象，设立了教育行政服务中心。教育行政服务中心主要是着力于教育行政许可事项，实行"一站式办理，集中式服务"。其通常做法是把教育行政服务项目全部集中在政务服务中心教育窗口办理，由专人按规定程序，代表教育行政部门集中统一受理服务项目申请，答复服务项目咨询，送达服务项目结果。不可否认的是，这种做法对于提高教育行政机关效能的建设确实也是一个有益的尝试，推出一站式服务确实也属服务范畴，而且在未来合作型教育行政的具体行动环节中，还必须予以继续大力强化这些窗口便民服务措施。但也需要予以指出的是，教育行政部门作为学校的管理者，公共教育的安排者，服务的重心应该在于为学校发展提供健康的环境和支持性的服务，为实现公共教育的效率与公平提供服务，为社会和公民参与教育行政管理与公共治理提供服务。只有通过这些服务来达到最终为公众提供优质高效的教育服务的目标。从目前情况来看，大多数教育行政部门对这些问题不够关注，对学校的管理仍以管制为主，不能把学校作为服务对象摆在主体位置；对民营教育机构虽然审批程序简化了，但是在具体管理实践中没有充分提供一些促进它们发展的支持性服务。由此看来，当前教育行政部门的提供的一些公共服务其实是偏离了合作型教育行政的工作重心的。

3. 教育公共服务能力的缺失

虽然自1998年以来我国已经进行了几次政府机构改革，但是由于种种原因对我国教育行政部门没有起到实质性作用。我国当前的教育行政部门依然存在着机构臃肿和人浮于事的问题。由于部门内部机构重叠，职责与权力划分不清，再加上现有教育行政人员队伍缺乏专业化，致使教育行政部门服务能力的缺失。教育行政部门服务能力的缺失，首先表现在缺乏提供某些专门服务的机构以承担相应的服务职能。比如，现在许多中小学在水电维修管理和食堂承包等后勤管理方面都在积极尝试以合同外包的方式来减少成本和减轻学校的管理负担，但是苦于缺乏精力和相关经验，非常需要教育行政部门提供一些支持性的服务。但是目前我国的教育行政部门普遍没有设置相关的专门服务部门，因而无法提供相关的中介服务也不能在合同管理方面为学校提供指导和服务。再比如，在对学校发展规划的咨询服务方面，往往也没有设置专门的机构去承担，因而丧失了这种功能。教育行政部门服务能力的缺失还表现在缺乏提供某些专门服务的专业人才。目前我国教育行政人员专业化的水平普遍很差，大部分行政人员是从地方学校中抽调而来，学历层次普遍偏低，真正教育学专业和教育管理专业的高层次人才很难进入教育行政部门。这样就导致教育行政部门提供的有些服务比如对学校教育科研的指导、对学校管理方面的诊断和咨询等专业性服务。正是由于缺乏专家型的人才，缺少真正的教育服务能力，这容易使指导流于形式甚至演化为一种误导。

4. 教育行政决策的自上而下

教育行政决策是教育行政活动的重要组成部分，能清楚地表现一国或地区的教育行政发展状况。所谓教育行政决策，通常有广义和狭义之分。广义的教育行政决策，是指对教育事业发展过程中战略问题和策略问题所做出的决定。狭义的教育行政决策是政府决策，是政府及其教育行政部门只限于对教育事业发展过程中的策略问题做出决定，也就是为解决教育管理中的问题所做出的决定。追溯当代我国教育行政改革的历史，从中不难发现，自新中国成立以来，教育行政管理经历了多次变革，教育行政改革在某种意义上也同样表现为教育行政决策体制变迁的过程。众所周知，在我国教育行政变迁史中有两次比较大的事件，一是新中国成立伊始的以"院系大调整"为表征的教育行政改革，二是始于1985年的中共中央《关于教育体制改革的决定》的一系列教育行政改革措施。尤其是前一次变革几乎完全受制于高度集中的计划经济体制的影响而得以出台的，属于典型的强制性的自上而下的政策制定模式；而相对于前一次的变革情况而言，后一次是明显受制并落后于经济和社会改革，可以算是整个国家经济——社会体制改革与发展的现实倒逼教育行政改革之所致，是教育行政部门迫于国家改革发展之大势不得已而为之的被动应对之举，但其出台仍然具有自上而下的典型特点。这其实都是历史形成的"全能政府"观念和政治传统对公民社会生存空间的严重挤压所致。概言之，当代我国教育行政决策基本上是一种拒绝或排斥公民参与的自上而下的方式，这种模式明显地与合作型教育行政不相符。

5. 照章办事的教育行政工作思维方式

20世纪60年代，整个世界都充满着动荡和变革的压力。① 原有以科层管理为主的行政体制已变得不仅无法提供高质量的公共服务，也因日渐失去发展活力而对实践活动愈发起到阻碍作用，这使政府管理遭遇到空前危机。基于此，'创新政府行政'以激发办事的效率与活力成为政府改革的重要议题。作为政府行政的重要组成部分和学校发展的首要外部影响力量，教育行政改革为进一步适应社会发展与教育变革的相关要求，也反复提出要打破科层制束缚，建立扁平化行政组织，提高自身工作效能、给予学校更多自主权等。特别是近年来，教育行政领域在不断探索建立服务型、法治型、有限型组织等方面正在做出积极努力。但时至今日，学校对教育行政的诟病始终没有停歇，公众也因教育公平和教育质量的保障与提升问题而对教育行政工作抱有种种质疑与不满，在面对这些改革困境时，人们总是习惯于把教育行政'制度建设''职能调整''价值澄清'等，作为其解决方法进行研究。但在实施中却发现，无论怎样变革，教育行政却依然在原有的体系下不断进行着固定模式的自我重复，甚至是自我强化，而未能使改革取得实质性进展。究其原因，以往的大部分研究常常忽略了最为重要的一点，即任何改革都需要依靠参与者主动接受新的思想观点和行为方式，而这些都会受到人们如何认识工作的职责及如何判别工作的目的与意义等思维方式的影响。对于教育行政而言，也应该突破惯有对于组织表层问题的思考，转而聚焦于对人们背后所秉持的工作思维方式的探索，只有这样，才能真正触及教育行政改革的核心。因为转变工作思维方式不仅是促进教育行政改革取得实效的重要动因，其本身也是教育行政改革需要考虑的关键内容。反观当下，受传统行政

---

① [美]乔治·弗雷德里克森. 公共行政的精神 [M]. 张成福等译. 北京：中国人民大学出版社，2003年版，第8页.

观念的影响，当前教育行政的工作思维方式则呈现出一种"照章办事"^①的思维逻辑。

（三）影响和制约我国构建合作型教育行政的原因分析

1. 精英政治观导致政府中心主义

历史以来，精英主义的政治观曾长期统治着理论界和实务界，这种精英政治观所导致的政府中心主义也长期盘踞在政府官员及普通公民的头脑中。众所周知，这种普遍流行的权力政治所强调的是精英参与和层级节制的等级秩序结构，它信赖专家的观点，强调权力的控制，而贬低公众的意见，诋毁公民参与的价值，甚至将那些缺乏政治功效感的冷漠普通人的不参与当作防御不稳定因素的主要堡垒，这就会使得政府不太可能积极地与社会公民开展合作，更不用说会建构出一套鼓励公民参与的合作伙伴关系的、长期的、稳定的制度安排。具体而言，由于教育行政本质上是一种技术性业务，涉及特殊的知识背景与能力要求。作为一般教育管理人员或技术人员"精英"或"教育专家"，他们具有解决教育公共事务和制定教育公共政策的经验与技能，因此在面对教育问题时一般能够果断从容地深入分析并妥善处理。作为普通民众，一方面对教育的认知与了解只是浮于表面现象，少有对教育规律及发生机制的深究与认识，具体到教育行政管理领域，其所知晓的基本知识、'常识'等相关资讯等更是少之又少。另一方面，教育管理对象的技术化与专业化程度，比如是否涉及大量的专业知识与技术手段等都有可能成为公众参与合作型教育行政的制约因素，使公众参与教育行政带有很大的盲目性与表浅化。这"一正一反"两个维度所共同导致的精英政治观导致了广泛而普遍存在的政府中心主义。

2. 信息不对称导致公民政治冷漠

公众参与教育公共治理意识淡薄，这与我国传统的教育行政管理体制有很大的关系。由于职业分工的不同，政府及其教育行政机关工作人员需要具备特定的专业素质和岗位技能，而普通公众不太可能具备这种特定的

---

① "照章办事"最初是指管理型社会治理模式下所衍生出来的"规矩意识"与"流程意识"，尤其历史进步意义。但后来也如同"官僚制"这个概念一样，更多的是带有贬义的含义。

专业知识与工作能力，于是政府与公民之间明显的存在所谓的信息不对称的现象。久而久之，即为传统，固化观念。教育似乎已在人们心中成为逻辑自明的国家控制事务。进而主动遮蔽了公民对教育发展的合法规制权与追问权，社会公民真正积极参与政府教育规划建议的人并非多数，即便在这些少数参与的普通民众中也并没有形成输入"公民自主建议"与输出"政府正式规划"之间有效联结的心理认同，即认为自我影响力甚微，这种情况下，公民出于对政府的怀疑、失望以及对于自身处理复杂教育问题的能力和权限的低估，从而导致了公民参与公共教育生活和处理公共教育事务的积极性与主动性的缺乏，也谈不上创造性的作用发挥，遑论说公民愿意与政府开展合作并共同治理教育。换言之，这其实也就是政治学理论上所谓的"政治冷漠"现象。

3. 公共行政管理教育的严重滞后

自20世纪20年代美国锡拉丘兹大学麦克斯韦尔学院把公共行政（public administration）引入美国高等教育以来，公共行政管理教育在西方发达国家已有近百年历史。在我国，公共行政管理教育引入高等教育却因历史原因而起步较晚。新中国建立后，虽然有一些高校设立了行政学专业，但在"政治挂帅"的大前提下，它归属于政治学学科范畴，且于"文化大革命"时期被彻底取消。直至20世纪80年代行政学学科的恢复与重建，才有了公共行政和教育行政的学科研究。又经过30余年的发展，该领域的专业化程度已经取得长足进步，例如专业和学科的不断壮大、MPA教育的广泛开展等，全国现有400余所高校设置了这一学科，加上其他公共管理教育培训机构（包括党政系列的行政学院和其他科研院所），现已形成了一个较为庞大的公共管理教育体系。在这个庞大的教育体系内，虽已产出数量众多的研究成果，培养了一大批的优秀公共管理人才，为中国的社会治理和经济发展做出了一定的贡献，但是也应把有效性、效率和经济性指标作为评估的指标。纵观现有的研究成果，大多还停留于西方理论或模式的介绍上，与中国国情相结合的研究成果较少，与地方本土实情相结合的研究成果更为罕见；所培养的公共管理人才，因公共管理教育本身的内在缺陷而缺乏现代公共管理理念、现代公共管理技能和在该领域的创新能力。教育行政作为公共行政的分支，也严重受到了影响。

总之，上述种种现象与问题的客观存在，严重制约了教育行政改革发展，对合作型教育行政的构建与生成也是产生阻碍性的作用。换言之，教育行政的改革发展，必须要直面和解决当前中国教育行政的现象与问题，这就需要走向一种有使命感的教育行政，即合作型教育行政。① 而当今社会及教育领域存在诸多与合作型教育行政不相符及不相匹配的障碍与问题，则是全国上下与社会各界必须予以高度重视并加以克服的关键环节与核心目标之所在。

---

① 冯晓敏. 转变工作思维方式：走向有使命感的教育行政 [J]. 教育发展研究，2015（12）：6–10.

第五章

合作型教育行政构建的域外经验

自20世纪70年代以来，这一场盛行于西方国家的声势浩大的公共行政改革浪潮对它们的公共教育管理体制产生了深刻而广泛的影响，且这些重要影响至今没有结束。这期间，以美国、德国、韩国等为代表的发达国家，在这场运动中掀起了对教育行政管理的重大体制变革与路径创新。如美国教育治理的公共性转型、德国的为公民服务的合作型文化教育联邦制、公共治理理念的教育引入，以竞争方式提高服务质量的做法以及政府的"服务者而非掌舵者"角色的确立等公共性理念与合作行政思想对西方国家的教育行政管理都产生了深刻的影响，并以不同的方式体现出来。这对于当代中国以凸显公共性为表征的教育行政改革及合作型教育行政的构建提供了重要的借鉴依据好参考经验。

一、美国：教育行政改革与合作型教育行政构建的公共性转型 [①]

20世纪80年代中期以来，美国中小学教育进行了一场重大的教育公共治理改革活动。它在公立学校内部尝试突破官僚制结构，实现多元中心治理，并采取凭单制形式在公立学校内外推进择校制，整顿"失败"学校，挽救"失败"的学生，其根本目的只有一个，那就是主动世界公共行政改革浪潮与合作型教育行政的公共性转型的趋势。

---

① 关于美国的教育行政改革与教育公共治理模式的内容主要参考了潘希武的部分研究成果。具体参见：潘希武. 美国教育公共治理的公共性转型 [J]. 比较教育研究，2012（3）：13–18.

（一）多中心治理与择校制：美国合作型教育行政构建之两维

相对于传统教育公共管理而言的，美国合作型教育行政包括两个维度：从治理结构上看，其主要改革框架是要在公立学校系统内突破教育官僚制结构，实现多元中心的治理；从机制上看，它在公共教育系统内注入市场因素，引入竞争机制，比如采取凭单制的形式为学生择校提供自由。教育官僚制包括学校内部官僚制与外部官僚制。学校内部官僚制虽然也侵入了学校日常教学生活，但学校教育还是在科学训练与艺术性之间求得相对自治的空间，因为学校毕竟在教学上具有自己独有的专业领域。外部官僚制主要是指学校外部力量对学校治理形成的官僚制结构形态，它具有垄断性经营与生产的特点。教育外部官僚制结构的缺点在于，学校一旦"失败"，官僚系统内的治理力量很难实行自救；而且这样一种垄断性特点使得公立教育系统过于笨重，缺乏灵活性，不能回应学生的教育需求。

在公立学校系统内引入社会与市场的力量，突破教育外部官僚制，改进教育的公共治理，最核心的问题在于政府、市场与公民社会各自在公共教育管理中的权力限度问题，实际上就是如何在相互合作与相互监督的关系中，加强政府的主导、控制与监管的问题。特许学校就涉及教育服务的提供者与生产者相互分离的问题，政府如何与学校经营者处理好关系是特许学校要重点研究的问题。此外，政府与企业共同投资兴建职业技术类或特色实用类的学校，关键也是要处理好各自的权限与职责，在此基础上谋求相互合作的伙伴关系。

公共教育多元中心治理的结果存在两种可能性，它既可能导致公共性的衰退，也可能保障教育公共性，拥护与反对的声音都有。从公共行政理论看，越来越多的学者倾向于拓展"公共"和"治理"的内涵，认为"公共"不是政府的同义词。[①]它既不属于公共权力领域也不是市民社会领域，而属于一个超越私人领域之外的空间；治理是各种公共的或私人的机构管理其共同事务的诸多方式的总和。同时，学者们认为，公共行政的范式也需要转换。澳大利亚著名行政学家欧文·休斯认为，公共行政是与官僚范式"技术路线"，服从"政治与行政二分"过程等范畴紧密相关，公共管理是与非正规组织"市

---

① 陈学军. 公民与政府：走向合作型教育行政 [J]. 教育研究与实验，2008（1）：43.

场范式""技艺""责任""政治与行政相分离"结果等范畴紧密相关。[①]治理理论想要突破的正是官僚制结构，寻求公共事务的多元治理，治理主体不限于政府，还包括社会公共组织，市民社会承担越来越多的责任；在公共事务管理中各组织形成相互协作机制，最终形成一个有别于官僚系统的自组织网络。教育公共治理也需要形成政府、市场与市民社会三种力量之间的合作治理，它强调的是三种力量的互动关系及其形成的框架或模式。倡导者认为，引入市场机制实行学校间竞争，可以改善效率；反对者认为，市场的力量会损害教育的公共性，后者包括，个人利益超越公共利益之上；个体价值超越于教育的公共目的之上；公共教育对培养公民精神与德性的公共责任的放弃；强化种族分离。

　　同样，对于公立教育系统内部的凭单制式的择校改革也有不同的声音，倡导者的出发点是在公立学校之间实行竞争，可以提高学校质量，也为学生提供择校自由，特别是为那些"失败"的学生或得不到公平的受教育机会的学生提供择校机会。反对者认为，自由择校的结果必然是低收入家庭子女的利益受损：普遍的凭单制方案只会加剧美国教育中存在的不平等，隐蔽与阻碍对平等的追求；学校教育中的择校制，包括凭单制、特许学校和磁石学校使富裕的白人家长和学生享有更大的特权。显然，改革教育外部官僚制，并非是要在公立学校系统内完全推行多元中心治理，以查布和莫伊为代表的教育市场化改革倡导者认为，公共教育可以由政府供给，但不一定由政府生产；市场化的教育生产更能提高学校的学术成就。这样的说辞有它的道理，但不完全正确，如果市场化的教育生产完全被证明更能提高学校的学术成就，那么，多元中心治理就完全有理由在公立学校系统内外全部推行，它就获得了政治上的正确性。事实上，教育多元中心治理的合理性在于：官僚制系统内的学校失败使得外部力量治理的尝试可以推行，所以它主要是充当传统公共教育的外围竞争物，改善了一些"失败"的学校，也满足了"失败"学生的教育选择需求。同样，择校也并非是完全的择校，个体择校虽然来自个人自由的理念，但这样的改革首先还是政治上的考虑，全面地推行凭单制必定因损害低收入者的教育公平而造成公共性的衰退，这是哲学上的考虑而不是政

---

① [澳]欧文·休斯. 公共管理导论（第2版）[M]. 彭和平译. 北京：中国人民大学出版社，2001年版，第28页.

治上的考虑。

（二）政治考量与家长需求：美国合作型教育行政的公共型转型之可能

合作型教育行政是近些年才出现的新鲜事物，它在20世纪60.70年代还仅仅处于萌芽阶段，还没有成为一种理论话语，在实践上也还不成为一个重要的社会问题。换句话说，当教育行政成为重大的社会与政治问题时，改革随之开始进行。20世90年代以后，教育行政面临重要的政治与社会的问题，即"失败"的学生和学校，直接影响到国家的竞争力，无疑，这一种政治上的考虑。

通常认为，美国教育行政改革与合作型教育行政构建是和福利国家的失败有直接联系的。应当说，20世纪80年代后的美国教育行政改革是在新自由主义经济政策失势和新保守主义学说抬头的背景下进行的，或者说是在福利国家的失败和新公共管理运动的兴起这样的背景下进行的。[①] 把教育行政改革放到公共服务改革的大背景下进行考察，总体上说是对的，但是，它与其他公共服务改革的原因与动机还是有重大差别，虽然采取的形式基本类同。通过比较两者的差异，可以看出教育行政改革关涉到公共教育利益和个体教育利益。公共服务改革主要是从经济效率上考虑的，着眼于缩减公共开支，教育公共治理改革则不同。其一，国家希望提高公共教育质量，增强劳动力的国际竞争力，以满足经济竞争的需要。1983年《国家在危机中》的报告把美国经济竞争力的下降归结为公立学校的平庸和失败，一些公司也把注意力引向学校失败和经济衰退。于是，教育市场化取得了政治因素的支持。其二，个人对优质教育资源的需求出现了。20世纪80年代，由于财富的向上转移，大公司对中层管理人员的大量解雇，信贷市场化加深出现了大量的个人债务，制造业转向工作时间长而报酬低的零售业和服务业，导致美国中产阶级的急剧萎缩。身份危机中的中产阶级放弃了对教育公平政策的支持，优质的公共教育成为首要资源。

一般公共服务的改革主要着眼于缩减公共开支，提高公共服务的生产效率，理顺政府与市场之间的关系，实现政府的"善治"。教育服务改革不同的

---

① 潘希武. 美国教育公共治理的公共性转型 [J]. 比较教育研究，2012（3）：15.

地方在于，它被期望是国家提高经济竞争力的手段，同时也与个体的教育需求密切相关，不过这种需求并非完全基于学业考虑。作为教育市场化的主要形式——公共投资凭单制，最初目标是瞄准低收入者，特别是黑人低收入者，其后扩展到在公立学校失败的学生和有特殊教育需求的学生，最后扩展为所有家长都有权选择适合自己孩子的凭单计划。从凭单制的参与学校来说，起初是在公立学校内进行，其后扩展到私营学校，后甚至扩展到宗教学校。凭单制的推行从所有人到所有学校，表明教育行政改革除了一般意义上的政治考虑外，即实现教育的公共性，解决教育公平，提升劳动力的经济竞争力，它还表明教育服务改革与个体的教育需求密切相关。研究表明，择校制，尤其是跨学区的择校，对学校管理者并没有产生预定的影响，即学校教育模式并没有产生改变，学校的行为表现也没有得到改进，对部分学校而言倒是减少了问题学生，降低了入学率。择校制的存在与家长的需求密切相关，然而，家长的择校需求并非完全基于学生的学业失败，学校的安全和种族歧视问题对家长的择校有很重要的影响。拉波斯基（T. Rabosky）认为，家长的择校在低年级阶段主要基于学校的安全与种族歧视的考虑，而在高年级阶段才是基于学生学业失败的考虑。所以，就择校制而言，政治的考虑与学校和家长的考虑是不相吻合的：政治上的考虑是基于学校与学生"失败"对经济竞争力的影响，但学校没有改进教育效率的愿望，家长则是基于学校安全、种族因素与学业因素的多种考虑[①]。应当说，政治的考虑与家长的需求共同推进了教育公共治理公共性的转型

（三）教育政策与制度失败背景下个体择校需求凸显公共性的内涵

教育外部官僚制比较好地保障了教育公共性，较好地实现了教育公平，但是公平永远是动态的。教育外部官僚制的问题就在于，它可能存在学校教育的失败问题，其自身系统内难以迅速调整，缺乏回应性和灵活性。其在系统内的可能解救办法就是寻求外部力量，改革教育官僚制型态，实现多元中心治理。同样，公共教育发展到一定阶段后，即教育均衡和相对优质的问题得到基本解决后，按学区就近入学政策如何应对学生"失败"就成为一个问

---

① Rabovsky. Deconstructing school:Problemschool or Problem students[J]. Public Administration Review,2011(1):87-95.

题。可能的解救办法是在公立学校系统内外推行择校制。这两个问题归根结蒂是一个问题，即教育官僚制系统如何应对学校"失败"与学生"失败"的问题，这个问题因为它的政治性使美国教育步入一个新的发展阶段，对这个问题的解决使美国教育公共治理改革进入一个新的阶段。但是，教育市场化或私营化会冲击政府垄断性生产教育下的公共性问题，因为市场作为一种资源配置的工具在形式上是中性的，而教育市场机制的运作过程也是中性的，缺乏对"公共性"的价值追求。因此，教育公共治理改革在教育的政治性与哲学性之间存在冲突。公共教育关切公共利益，而教育哲学则关切个体幸福。教育公共治理改革一方面要保卫公共性，但同时也需要避免呆板的教育均衡政策与公共性对个体教育需求的忽略。均衡化的教育政策与"失败"学生的择校需求之间总是存在矛盾。这就是美国教育行政与合作型教育行政构建在现代性社会中的境遇。这种境遇实际上是现代性自身矛盾的体现。集体与个体之间的矛盾始终跟随着现代性自身。社群主义与新自由主义对此有过激烈的争议，除了各持自身的理论观点之外，至今没有也不会有同一化。现代政治哲学就是这样，"诸善共舞"，既要公平，又要自由。但正如托克维尔（A. Tocqueville）《论美国的民主》的深刻洞察，自由与平等往往是矛盾的。事实上，集体与个体的矛盾问题在卢梭那里就有了最为深刻的探讨。在卢梭看来，"自然状态下的人是最为自由的，而人的社会化因为使人活在他人的认同中，从而使人失去了内心的快乐和真正的自由。"[①]当然，卢梭知道，人是无法逃避政治社会的，也不可能重返自然状态；卢梭的政治哲学也不是主张回到自然状态，而是要为政治社会的联结的正当性找到合适的方式，为在人道的范围内朝向自然状态寻求最大可能性。对择校制的探索实际上在一个层面上保持了这种卢梭式的追问。从终极上看，教育公共性与择校自由之间一定是矛盾的。作为问题的实际解决，教育政策必定是调和的产物，必定是在两种政治哲学"以国家利益为中心"和"以家庭选择为中心"之内寻求平衡。有些学者试图调和这种冲突，还有一些学者，如帕奎特（J. Paquette）、库克森（P. Cookson）、库恩斯（J. Coons）等从治理结构上对择校制、凭单制、特许学校等提出了很多改进策略。比如，帕奎特主张在某些领域实施政府管制，为公

---

① ［法］卢梭. 社会契约论［M］. 何兆武译. 北京：商务印书馆，2003年版，第4页.

立学校择校制提供平等框架；库恩斯主张实行有目标的凭单制（针对穷人和有特殊需求的学生）与普遍的凭单制。这些策略都希望找到一种新的治理结构以解决公共性与私人性的矛盾，解决公共教育系统的低效率状况，既想保持学校教育的公共性功能，又想有限地满足个体的择校自由。[①]

正是在这种价值冲突中、哲学的追问中实现了的教育行政公共性的转型并呼唤合作型教育行政的构建。这种转型不仅仅表现为治理结构上的转型，更重要的是表现为公共性内涵的转型：既持守教育均衡，又尝试满足个体择校自由。在转型中对教育公共性丧失的担忧是对的。但是，从终极上看，多元中心治理与有限的择校是方向性的策略，也是必然的趋势，这是由教育官僚制的缺点所限定的。只要操作方法得当，它不但不或造成教育公共性的衰退或丧失，反而能促进教育公共性的提升。当然，多元中心治理与择校，只可能是某种限度内的突破，或者说它是教育官僚制的外围存在物，旨在给传统的教育官僚制解放出某些活力，弥补均衡教育政策下对个体教育需求的反应迟钝。从根本上说，它并不想突破教育官僚制系统，也不会以个体的教育需求作为最高的指向。它的基本的政治逻辑是，始终要体现教育的公共性。作为教育公共治理改革的主要政策成果，特许学校通过实现多元中心治理，为学校教育的成功奠定了外部力量的保障，弥补了教育官僚制的缺陷，既保卫了教育公共性，又在均衡教育政策下通过择校制回应了个体教育需求。可以说，它其实就是对教育公共性内涵的重要拓展和提升，这种公共性内涵的拓展与提升，可以解除我们对义务教育治理与政策的保守的认识：即认为教育的公共性意味着教育的政府生产与治理，意味着统一的就近入学，当然也意味着政府与公民共治教育的合作型教育行政的呼之欲出。

二、德国：合作型文化教育联邦制的教育行政模式[②]

德国的教育行政管理由第二次世界大战前的高度中央集权制，迅速转变为战后的极端地方分权制，之后经过多年的改革与探索，逐步形成了今天的

---

① 潘希武. 美国教育公共治理的公共性转型 [J]. 比较教育研究，2012（3）：16.

② 德国的教育行政改革与教育公共治理模式主要参考了李帅军和有轶的部分研究成果。具体参见：李帅军，有轶. 德国教育行政体制的考察与分析 [J]. 河南师范大学学报（哲学社会科学版），2009（1）：260—262.

合作型文化教育联邦制模式，建立了既适合本国国情又独具特色的教育行政管理体制。

（一）德国教育行政管理制度概况

1. 德国的联邦教育行政管理体制

德国在第二次世界大战以前属于高度中央集权的国家，战后转变为极端的地方分权化，实行各州文化教育自治，联邦政府对教育的权限仅限于一般的监督和协调。《德国联邦基本法》规定，德意志联邦共和国是"一个民主的和社会化的联邦制国家"。依照联邦基本法和1957年联邦宪法法院的裁决，文化教育由各州自治。除联邦范围内某些共同的教育基本问题，如国家对学校的监督、宗教课在公立学校作为正规学科课程的开设等，而一般文化教育事务均属各州的主权范围，由各州制定的宪法、学校法和其他教育法令加以具体规定。

《德国联邦基本法》之所以没有赋予联邦政府教育行政管理权力，一是因为联邦制国家的基本特征决定了各州享有教育上的主权，以各州的宪法和学校法调节本州的教育事业。二是因为德国原来实行的高度中央集权化的教育行政体制，使纳粹统治者在教育领域实行意识形态方面的"划一革新"，扼杀了不同的声音，导致了日耳曼民族在纳粹时代失去个人的灵魂和思考能力，走上了全民族的疯狂与毁灭。[①] 实行各州文化教育自治，就是接受历史教训而采取的有力措施，它可以有效避免文化教育领域高度的中央集权制的再度出现，避免德国再次出现所谓狂热的、单一的意识形态教育。

联邦制的教育行政模式使得各州在教育发展过程中能够充分考虑本州的具体特点和需要，鼓励各州提出适合各自需要的改革设想并进行各种改革尝试，从而形成了德国教育行政图景的多样性和灵活性。但是，这种体制也给整个联邦教育事业的发展带来明显的不利影响，如各州在教育政策方面各自为政，州与州之间的协调变得极为困难。不仅如此，在教育发展和科学研究方面，缺乏州与联邦、州与州之间的相互合作与协调，导致教育发展的不平衡。

---

① 张可创，李其龙. 德国基础教育 [M]. 广州：广东教育出版社，2005年版，第72–73页.

2. 德国的地方教育行政管理体制

从德国的教育行政管理现状安排看，也是地方为主。教育行政权力主要分布在各州，属于地方各州司职负责为主，并在此基础上形成了州、地区、县三级教育行政管理体系。

（1）德国各州的教育行政管理体制

德国各州均设有教育部，其内部机构的设置由职能机构、研究机构、咨询机构等组成。在职能机构设置方面，各州教育部下设不同的教育行政管理处。在研究机构设置方面，各州教育部均设有专门的教育教学研究机构，对州教育教学的发展状况进行研究，参与州文化教育事业的决策与管理。在咨询机构设置方面，各州设有各级各类家长委员会、教师委员会、学生委员会、青少年教育委员会等。此外，各州还设有妇女代表处，专门负责妇女教育事务。作为州的最高教育行政机关和最高教育检查及监督机关的州教育部，代表国家行使对教育的管理和检查职能，全面负责一个州的教育规划、组织、管理、督导工作。

（2）德国各地区的教育行政管理体制

地区教育局是地区一级的教育行政管理机关，一般下设3-4个负责不同教育部门和事务的工作处，并设有专门的考试部门和教育心理指导咨询部门。此外，有的地区教育局还设有学校事务教育管理处，负责管理其他处管辖范围以外的所有教育事务。地区教育局直接接受州教育部的领导，并直接对本地区教育事业的发展负责。地区教育局的主要职责是管理、指导和监督各县教育机构的工作，协调各方面的关系，为各学校提供教育政策咨询服务，组织落实州教育部的各项方针政策，促进本地区的教育发展。

（3）德国各县的教育行政管理体制

县教育局是德国最低一级的教育管理机关，一般下设人事、财务管理科，小学教育咨询管理科，主体中学咨询管理科，实科中学咨询管理科，特殊学校和学校幼儿园咨询管理科等机构，负责处理与学校有关的事务。值得一提的是，教育系统的人事决策是由教育系统的人事评议会与教育局的领导共同研究做出的，而人事评议会的成员来自各基层学校，他们代表教师和校长的利益，对教育局在人事安排、人员配备、教师进修、工资待遇等方面都有一定的参与决策权和监督权，这就在很大程度上代表了广大教师的利益，有效防止了教育行政管理部门在人事安排上的任人唯亲现象的发生。

县教育局在业务上接受地区教育局的领导，负责县内除完全中学以外的各级各类普通学校的管理工作，为学校教师、学生和家长提供教育政策方面的咨询服务，并负责教师的招聘和培训进修、校长的招聘、教师和校长的督导。

（二）德国合作型文化教育联邦制的基本特色

1. 实行央地合作的合作型文化教育联邦制模式

德国的合作型文化教育联邦制模式的基本特点主要体现在两个方面：一方面，学校教育仍以各州自治为主，另一方面，联邦政府可以通过一定的权限和建立一些协调机构参与有关教育的决策。这种合作不仅指联邦与州的合作，还包括州与州的合作。这种合作型文化教育联邦制模式是经过长期的摸索而逐渐形成的。德国由战前的中央集权制国家变为战后极端的地方分权化国家，过度的地方分权有碍于全国各地教育的均衡发展。为改变这种过度分权的弊端，联邦德国于1969年修改《德国联邦基本法》，规定联邦和州可以在制定教育计划、促进各地区的科学研究设施和项目等方面合作，同时增加联邦政府"制定教育训练补助金规则与促进学术"的共有立法权以及制定高等教育基本原则的立法权，并授予联邦政府若干教育行政权力，如设立联邦教育和科学部，对有关奖学金的立法、有关大学制度的立法和大学的学术研究的援助等拥有一定的权限。此后，联邦政府又采用与各州合作及补助等方式，健全联邦和州之间的教育行政关系，加强与地方的"合作"，不断强化联邦政府的"干预"程度。1994年，德国修改《德国联邦基本法》，承认联邦政府对高等教育的干预。1998年修改《高等教育大纲法》，进一步确认联邦政府对全国教育事业发展的作用与职责。所有这些，均表明联邦政府对教育的干预在不断加强。[①] 但是，德国的这种"联邦主义"是以尊重各州教育主权为前提的，联邦政府只对具有共性的问题进行协调、立法和管理。这种合作型文化教育联邦制模式在教育发展中具有突出的优势：一方面，这种体制没有削弱各州的教育管理权限，没有削弱各州发展教育的积极性和主动性；另一方面，

---

① 李帅军，有轶. 德国教育行政体制的考察与分析 [J]. 河南师范大学学报（哲学社会科学版），2009（1）：261.

这种体制赋予联邦政府高等教育和科学发展方面的一定的管理权限，也扩大了联邦政府在职业教育方面的权限，使联邦政府能够根据联邦科学发展的整体水平制定科学发展计划，有利于调动联邦政府在科学技术和职业教育发展方面的积极性。不仅如此，这种体制也在一定程度上加强了州与州之间的联系，使州与州之间在教育方面的协调更加顺利，使州与州之间的相互学习、相互协作更加密切。

2. 融合教育管理与教育督导于一体的机构设置

德国教育行政管理体制不同别国的一个突出特点就是教育行政与教育督导合二为一，教育督导贯穿于教育行政整体工作之中。在这种一体化的教育行政机构中，教育督导的事务与行政事务明确分开。除联邦外，在州、地区和县等三级的教育行政机构中，均设有督导人员，这些督导人员均经过严格选拔，由上级教育机构任命，他们同时又兼任教育行政官员，形成了与教育行政机构一体化的三级教育督导体系。在日常工作中，教育督导人员以对教育质量的视察、指导为主，同时又涉及学校的人事管理。

德国督学对地区和学校实行的是区域管理负责制：一方面，督学要对所负责的区域和学校的教育、教学工作是否与教育法规相符，教学工作是否遵照教育部颁布的课程标准，教师的教学方法和学校的教学组织是否适当等进行督查督导；另一方面，督学本身又是教育行政官员，是校长和教师的上级，对教师的任用、分配、晋升和解聘，以至校长的任用等，都负有参与考核和建议的职责。所有这些均以教育教学业务上的督导为基础，以平时在教育督导中加深对校长、教师的了解为基础。此外，督学还要对学校、教师、社会团体、家长委员会等各方面所反映的学校教育问题、教师问题、学生升学分流中的问题等进行认真了解，予以处理或提出处理的建议。

3. 强化教育事业发展的国家监督作用

作为一个高度民主和高度法治化的国家，德国的教育行政管理特别强调国家对教育发展的监督作用。在德国，国家对学校的监督，一方面是指州议会和州教育部对包括私立学校在内的教学目标的制定、教学过程的实施和教材的确定等整个教育的监督，另一方面又指督学对学校和教师的教学工作的监督和指导。其中，州议会主要是通过立法和财政预算参与对学校的监督，而州教育部则是通过发布指示、制定学校发展规划等对学校实施指导管理。

国家对学校的监督主要通过业务监督、职务监督、法律监督三种形式得以实现。①。业务监督即政府从课程设置、人事安排、组织教学等方面对教师的教学工作进行监督，主要由督学从教育科学的角度关心和促进教学工作，督促教师遵守一般的规范和秩序，按照专业的要求把教学和教育工作纳入正常的轨道。职务监督即对教师和其他人员的工作态度进行考察，对教师遵守纪律和规范的情况进行监督。

法律监督即对学校和教师一般行为的合法性进行监督。为确保教师的合法权益不受侵害，近年来，德国一些地方出现了扩大学校自治权和教师教育自由的倾向，如有的州在《学校基本法》中明确规定，除非教师有明显的违反法律的行为，教育当局不得随便介入教师的教学和教育工作，这就把对教师的监督严格控制在法律监督的范围之内，有效地防止了教育当局滥用职权现象的发生。

总而言之，德国的教育管理经历了独特的发展历程，形成了独具特色的教育行政管理体制，其合作型文化教育联邦制模式的教育行政管理体制对我国的教育行政管理体制改革及合作型教育行政构建具有一定的学习和参考价值。

三、韩国：强调"分权"与"合作"的教育公共治理的现代化 ②

在现代"追赶"型发展的国家中，韩国是少数成功跨越中等收入阶段、翻过高收入之墙的经济体之一，创造了与西德"莱茵河奇迹"和日本"隅田河奇迹"相媲美的韩国"汉江奇迹"。然而，在20世纪60年代之前的韩国，一度被国际社会认为是没有希望的国家，因为韩国在历史上长期处于封建时期，1910–1945年沦为日本殖民地，即使韩国建国初期的李承晚政府也是腐败无能的，并遭受了战争的破坏和国家的分裂。但就是这样一个贫穷落后、资源匮乏的农业国，在只有近10万平方公里国土面积，在只有不到5000万人口的情况下，从20世纪60年代开始了快速的追赶型发展，1996年加入世界"发达国家俱乐部"——OECD,2007年人均GDP达到2万美元，当今韩国的电子、

---

① 张可创，李其龙. 德国基础教育 [M]. 广州：广东教育出版社，2005年版，第89页.

② 关于韩国的教育行政改革与教育公共治理模式的内容主要参考了孙芳与李根珍的研究成果。具体参见：孙芳，李根珍. 地方教育行政分权：韩国教育公共治理现代化的基石 [J]. 现代教育管理，2015（5）：32–37.

汽车等产品行销世界，成为新兴国家的榜样。那么，韩国在增速换挡期（20世纪80年代到21世纪初）到底做了什么呢？无疑，对韩国的改革发展尤其是教育行政改革与发展问题的科学认识是具有非常珍贵的案例价值和重大借鉴意义的。

　　在现代政府改革和国家行政体制变革浪潮的影响下，韩国政府也积极回应这一风靡全球的公共行政改革运动。在20世纪90年代初，韩国开始实行以地方自治制度为核心的国家行政体制改革。就韩国教育行政管理而言，地方教育行政体制也积极参照地方自治制度的政治体系与制度框架，韩国地方教育行政与地方一般行政相分离，不再接受同级政府的直接领导，从而在制度上确立了"分权"与"合作"的新型教育行政模式。该模式不能简单地等同组织结构及规章制度等内在结构的重构，因为它还考虑到了与整体社会环境的"嵌入度"[①]及与本土现实的"耦合"问题，从而使得"分权"与"合作"成为教育行政的核心价值和行动规则。

（一）韩国地方教育行政分权化改革的理论依据与现实成效

1. 以公共治理理论为理论依据

　　从本质上说，公共治理理论是一种多元主体的合作机制。该理论立足于多元参与的原则，主张公共协商对话、公共利益维护和合法性认同，通过统筹规划性的制度安排，使政府从繁重的事务性工作中解放出来，并为公民（社会）等相关利益主体的有效参与创造良好的条件、平台与制度环境。在公共治理的框架下，地方各级各类教育（行政）机构、学校、学生及家长等主体可以利用自身占有的资源，平等地开展合作，与政府形成互补的治理主体关系，充分体现了价值理性，兼顾了质量、效率和公平。因此，这一理论成为现代公共行政改革与教育行政现代化的必然性选择。正是基于此，韩国地方教育行政改革从维度、理念和关注点三个方面进行了分权的重大调整（见表1）。

---

① 庄西真. 地方政府教育治理模式改革分析：嵌入性理论的视角 [J]. 教育发展研究，2008（21）：13–16.

表 1　韩国地方教育行政分权维度、理念与关注点

分权维度	核心理念	关注点
组织结构层面	依存和独立	部门独立性保障程度
部门职能层面	管理型和支援型	部门之间职能设置
权力主体层面	控制性和自律性	部门之间分权化、自律化程度

改革后，韩国教育公共治理呈现如下特点：第一，教育行政机构与社会集团的直接或间接联系加强，教育系统更具开放性；第二，教育行政机构更富于公益性，影响面不断扩大；第三，教育结果的个性化程度明显提升。

2. 韩国教育事业的发展成就

韩国经过三十余年的地方教育行政分权改革，取得了一系列令人瞩目的成就。特别是在进入21世纪后，韩国教育的法制化进程不断加快，例如，中央政府修订了《地方教育财政交付金法》（2007），颁布了第20464号大总统令《地方自治团体对地方教育经费辅助的规定》（2007）等，这些法令明确规定了地方教育行政机构以及各级学校教育经费的来源以及用途，为进一步推进和保障地方分权治理模式提供了有力依据。在一系列分权改革措施之下，韩国地方教育质量明显提高，办学特色显著。据2011年国际教育成就协会（IEA）统计，韩国学生的学业成就度（IMSS）、数学成绩位居世界第一，科学成绩位居世界第三。[①]2009 年，在国际学生评价项目（PISA）中，韩国学生在阅读领域居世界第二位，数学领域居世界三位，科学领域居世界第四位[②]；在国际教育机构 Pearson 发表的2014年全球教育制度排名报告中，韩国位居榜首。毋庸置疑，韩国近几十年来所得的这些教育发展成就是在以教育行政分权化改革和合作型教育行政构建为基础而取得的。反过来，它们又坚定了韩国继续走这一条强调"分权"与"合作"的合作型教育行政道路的信心与决心。

[①]　韩国教育部统计资料 [EB/OL].http://www.moe.go.kr/web/100085/site/contents/ko/ko/_0122.jsp?selectId = 1085r,2014-02-23/2014-10-12.

[②]　OECD. "PISA2009" Results[R]. 韩国教育开发院，2013年，第28页 .

（二）韩国央地分工合作的教育行政分权结构

韩国教育行政权力集中在市、道一级的教育行政机构中，它们与下属的市、郡教育行政机构之间形成了"纵向二级机构设置、横向二元主体并行"的教育公共治理网络，而中央政府只通过立法和制定教育规则、政策等宏观手段参与治理。

1. 纵向维度的央地两级机构设置

韩国《地方自治法》（1988年）制定了独具特色的广域行政单位（特别市、广域市、道、特别自治道）与下属基础行政单位（下级市、郡、自治区）的二级地方自治体系。相应地，在《地方教育自治法》的规范下，韩国设置了与广域行政单位数量相等的市、道教育厅及下属的与基础行政单位数量不等的教育支援局，用以设置机构、划分隶属关系及权限等教育公共事务治理。市、道教育厅的主要职能包括：掌管所管辖地区初、中等教育和终身教育的相关业务，教育督导，教育人事行政，教育财务行政，学校设施以及其他业务等。根据《地方教育行政机关的机构标准和人员定员标准等规定》（总统令第22231条）和所辖地区人口数、学生数，教育厅由教育监、中央政府任命的副教育监、2–5个室（局）和10–24个科组成（见图1）。副教育监是根据《关于地方教育自治的法律》，由教育监推荐，教育部长官提请，总统任命的公务员，他的主要工作是辅佐教育监，并在特殊情况下代理其业务，负责中央政府和地方教育行政机构间的沟通、协作，也代表中央政府对地方教育行政机构进行监督。

教育厅下属的教育支援局，其名称根据《地域教育厅机能改编方案》（2010年）由地域教育局调整而来。调整后，新的"教育支援局"减少了对所辖地区学校的监督和控制，将自身的工作重点定位为"教育服务"。该局的组织结构、人员安排和职能依照上级市、道的教育条例或教育规则，参考所辖地域的学校数、学生数、人口数来设置（见表2）。按照《关于地方行政机关的机构设置和人员定员基准等的规定》（总统令第22231号）的要求，该局工作人员总数一般不超过100名，其中，教育行政人员和教育专门人员的比率约为2:1。教育长作为机构长官，主管辖区内所有公立、私立幼儿园和初等学校、中等学校的教育教学互动与行政事务。

教育监

代言人

第一部　副教育监

监察官

总务科

计划调整室

教育部

教育支援局

教育政策计划官
行政管理担当官
教育福祉担当官

教育革新科
教育课程支援科
教员人事科
学生家长支援科
体育健康科
学校人权支援科

学校设立科
私学支援科
教育财务科
亲环境学校供餐科
教育设施科

第二部　副教育监

总务科

教育局

计划管理局

教授学习支援科
教员力量开发科
幼儿、特殊教育科
民主市民教育科
终身教育科

教育计划预算科
学校管理科
教育财务科
教育设施科

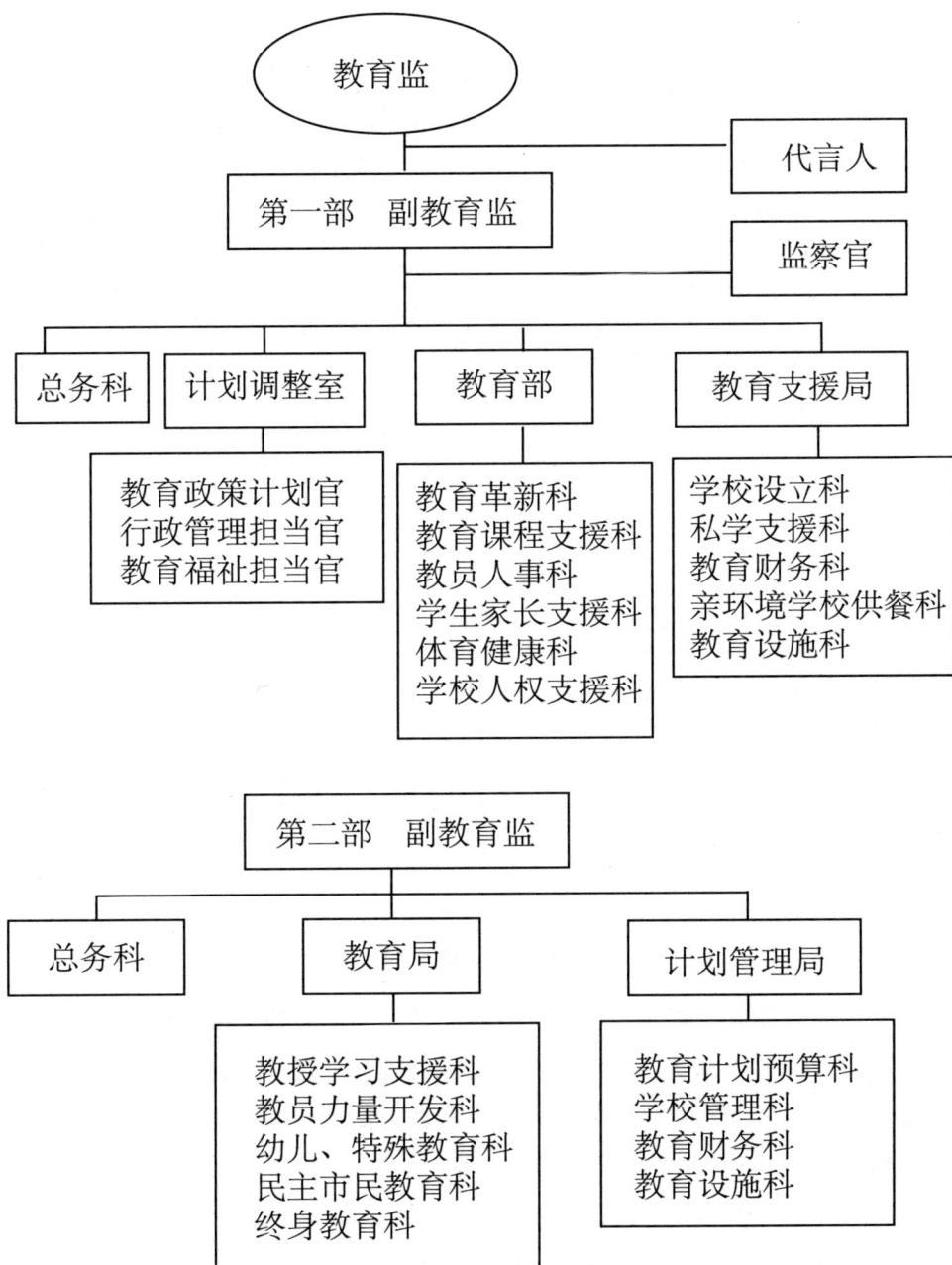

图 1　京畿道教育厅的结构

教育长下设以支援学校教育活动为工作中心的教授学习局和以支援学校行政活动为工作中心的学校经营支援局，根据工作职能的不同2个下属局又划分为7个科（组），详见图2。

表2 教育支援局的法定设置标准

组织结构	局级机构设置	科、担当官设置
人口数50万以上/学生数 7万以上	2个局以内	6个科、担当官以内
首尔特别市 中部教育厅	2个局以内	4个科、担当官以内
其他 教育支援厅	2个局以内	2个科、担当官以内

资料来源：高全等.以学校自律运营支援为中心的地方教育行政体制改革方案[R].韩国教育政策研究所，2010：18

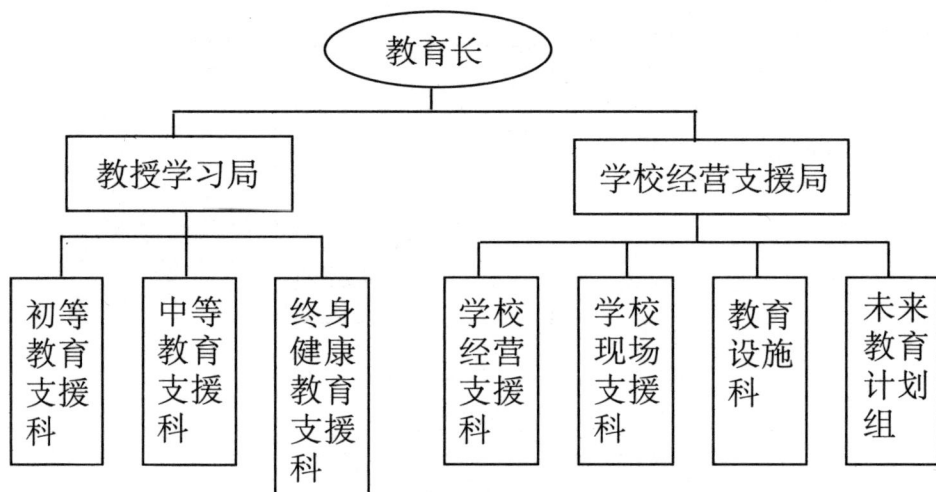

图2 地域教育支援厅的组织结构

从纵向职能分工来看，市、道教育厅是韩国地方教育行政权力的实体部门，致力于地方教育政策制定、教育资源管理与配置及教育评估等工作，而其下属教育支援局则对具体的教育行政和教育活动开展微观管理，这种二级分权体系有助于提高教育行政工作的效率。[①]

2.横向维度的二元权力主体并立

韩国地方教育行政在横向上有两个并行的权力主体，即"教育委员会"和"教育监"，这二者之间是并立关系而不是隶属关系，根据韩国《地方自治

---

① 为学校自律运营地方教育行政体制改善方案[R].韩国教育政策研究所,2010，第9–10页.转引自：崔志鹰，朴昌根.当代韩国经济[M].同济大学出版社，2010年.

法》和《地方教育自治法》分别享有各自独立的组织权力，并相互制衡。教育委员会设在广域单位地方自治团体中，作为教育自治的决策机构，具有审议、监督、干预权，该机构按照市、道的人口数和地域特性设置7—15人不等。自2010年起，教育委员会成为地方议会的常设委员会之一，享有与其他委员会同等的行政权力。根据《地方自治法》第39条第1项的规定，该委员会享有地方条例规定的立法权、财政权和行政监察权；对外拥有在本领域内设置公共设备、处分相关事务的权力，受理居民请愿事项的权力以及其他法令、条例规定的地方议会的议决权；对内拥有议会规则制订权、内部监察权、内部组织权及地方议会议员的资格审查、惩罚、辞职许可等事项的自主处理权，委员会中的成员必须要半数以上须有10年以上教育管理工作或教育行政资历，且在过去2年之内不属于任何政党，教育委员当选后，不能兼职公务员、教员、私立学校的经营者和理事等职位，也不能为营利目的而谋取与该地方自治团体教育机关的任何关系等，委员职务任期4年，其中议长、副议长由委员会成员无记名投票选举产生，任期2年。教育监由当地居民直接选举产生，作为教育厅的主官全面负责该地域的教育自治事务，职务任期4年，可以连任3次，教育监的选任不仅有学识、道德和威望方面的资格要求，还需要有过去2年不具有政党党员身份和5年以上的教育或教育行政经历。教育监当选后，不能兼职国会议员、地方议会议员等其他职位。根据韩国《地方教育自治法》《地方财政法》《初、中等教育法》《行政权限的委任或委托有关规定》等一系列法律法规，教育监具有"教育财政权，国家财产管理与处分权，教育规则制定权，学校等教育机关的设置、移转、废止，所属教员和教育行政公务员的人事管理权"[①]等管理职权；对下级机关及其领导者还可以行使委任权，指挥监督权和事前协议权，当有紧急事件发生时，教育监具有先处分后向教育委员会报批的处分权。为避免权力滥用，对教育监的行政权力也要给予一定地限制，即什么能做？什么不能做？如：当制定与当地居民财政、义务相关的条例时，必须与地方自治团体主官协商后再做决定，当教育监认为或判断地方市、道议会或教育委员会的决议与法令等违反或侵害公共利益时，必须将其案件报告给教育部主官，要求全国教育委员会再予以讨论和议决，等等。

---

① 金泳三．开创二十一世纪的新韩国 [M]. 东方出版社，1993年，第20页．

（三）韩国以地方分权为主的合作型教育行政的特点及发展趋势

1. 地方教育行政分权的特点

在韩国教育行政改革与合作型教育行政的构建过程与发展趋势来看，韩国地方教育行政分权化改革的目的是在于凸显"合作"特性（即中央与地方合作、政府与公民合作），从而实现韩国教育行政和教育公共治理的现代化，在政府与社会的持续推动和改进下，这一变革已经形成了比较鲜明的特点。

第一，以"权威自由主义"为分权的指导思想。韩国教育行政地方分权改革采取的是政府和自由市场相结合的权威自由主义模式。[①]该模式要求在教育公共治理再建构的过程中，不断向地方赋权，但同时也强调国家的责任，即改革要在国家整体规划下有步骤地展开，制定具有指导力的国家教育政策。[②]据此，韩国形成了"国家调控——市、道教育厅主管——下属教育局支援"的层级分权结构，不仅使各级权责明确，也有利于形成符合该地区特点和需求的教育体制与机制。

第二，以经费立法为分权实施的有力保障。只有获得充分的教育经费后，地方教育行政机构才能更好地贯彻分权的各种变革措施。韩国自20世纪90代至今，已经形成了由《韩国宪法》《地方税法》《教育法》《义务教育财政交付金法》《教育税法》《地方教育交付税法》《地方教育财政交付金法》等各级各类法律制度构成的地方教育经费保障体系，并针对偏远地方，特别制定了《偏僻、岛屿地区教育振兴法》以及将加大对地方私立教育的支援力度纳入修订后的法律条文之中。

第三，以增强国家竞争力为分权目标。韩国在地方教育行政分权改革中，通过向上和向下两条路径来确保在知识经济时代的国家竞争力。所谓"向上的路径"，是指韩国政府将教育部提升为副总理级的教育人才资源开发部，拓展业务范畴；在总统咨询机构中增设教育革新委员会，通过收集和采纳地方各种教育需求者的意见和建议来扩大民主参与。所谓"向下的路径"，是指给地方教育行政机构"松绑"，赋予其自主运行的权力，从而激发地方自治团体

---

① ［英］莫家豪. 新自由主义与亚洲高等教育发展：呼唤当代大学'公共意识'的回归 [J]. 教育发展研究，2007（11A）：41–45.

② 梁荣华. 权威主义的变迁与韩国教育政策的制定：以20世纪60年代以来为中心 [J]. 外国教育研究，2011（8）：25.

对教育事务的积极性、主动性和责任感，以期产生"分权——特色——高质量"的连锁反应，使教育成为提升国家竞争力的引擎。

2.韩国地方教育行政分权发展趋势

尽管韩国地方教育行政分权已经取得了一定成就，但由于人事制度限制和经费来源依赖等原因，整个治理模式还需要进一步进行完善。

（1）对"中央强—地方弱"人事制度进行再调整。在地方教育机构人事管理上，中央的控制仍极为严格。教育部长官与教育监共同享有对地方教育行政机构内公务员总数的决定权和人事管理规定的制定权，地方教育公务员的选拔、任用、培训要经过中央教育部审议。初、中等教员的养成、资格认证、任用和培训等方面，总统及教育部享有主要人事权。这种做法虽有助于防止地方教员及教育行政人员规模的随意膨胀，保证全国教员及教育行政公务员的供给质量的一致性，但同时也会导致工作人员的地方组织归属感和职业忠诚度不高等问题。[①] 因此，为更好地保障地方教育质量，就必须进一步加大"人事权"的分权力度。其次，逐渐减少对中央财政的依赖。从表3中可以发现，韩国的教育经费投入仍大部分依靠中央支付。其中，初、中等教育经费由教育部负责70%以上，以地方教育交付金方式移转到教育财政经费中，经费来源的多样化是增强地方教育行政机构自主、自治的有效途径，在地方教育法规、条例中要更加明确地方自治团体对地方教育经费的负担义务。而为增强经费使用的自律性，还应该考虑增加教育监的决策权，改变当前根据《地方自治法》教育监与地方行政长官相比只有经费执行权的情况，以免二者意见不一致时影响教育财政的运转。

（2）确定地方统筹自决事物的范畴。韩国地方教育自治制度实施以来，在全国广域单位地方行政级别，设置了地方教育行政独立机构，教育监的职权得到较大程度的认同。但目前来看，市、道下属基础单位教育行政的自主性仍比较薄弱，基本上不存在人事权、组织权和预算权等。为更好地完成地方教育的事务性工作，应划定明确的地方统筹自决事务的范畴，并由教育厅将一部分权力直接下放到所属的教育支援局。

（3）引入公众考评机制。为弥补当前教育行政模式的不足，韩国政府正

---

① 孙芳，李根珍. 地方教育行政分权：韩国教育公共治理现代化的基石 [J]. 现代教育管理，2015（5）：32–37.

在加强对地方政府及其教育行政部门的考核与评估，通过考察公众对教育和教育行政管理的满意度来确定其绩效，并根据评估结果提供数目不同的资金投入，以激励地方教育行政机构之间展开竞争。同时，韩国政府还在考虑让教师做地方教育官员的可能性，把高层行政管理人员的权力下放给地方教育官员和校长，以便持续推进地方教育行政分权化的进程。一句话，韩国正在通过以"地方教育行政分权"为重点的教育行政改革，以促进合作型教育行政的构建，并通过致力于不断向教育公共治理现代化的目标迈进。

总的来看，美国、德国和韩国是当今世界教育行政管理现代化程度最高的国家之一，分别是各自区域和文化的典型代表。通过系统梳理美国、德国和韩国的教育行政改革与合作型教育行政构建过程的亮点、特色及典型经验，尤其时期成功的改革经验，是值得我们国家及广大发展中国家学习和借鉴的。

第六章

中国合作型教育行政建构的道路选择

"教育行政改革是一种复杂的现象，是理念、政策和体制结构、历史和文化的大杂烩。"[①]合作型教育行政的主要着眼点在于"合作"上。从发生学来看，合作就是个人或群体等主体之间为达到共同目的、彼此相互配合的一种共同体行动。共同体作为人类存在的基本方式，是一种人的共同体，也是一种社会共同体，人类在共同体内如何合作共处就成为关键。合作型教育行政作为一个以政府和公民为核心主体的多元治理主体之间的一种公共教育事务治理机制，如何把多元主体凝聚在教育治理共同体内、在什么规则或环境下开展合作则显得尤为重要。因此，合作型教育行政的建构需要围绕着"理念——主体——规则（配套保障）"的结构逻辑而予以展开和推进。

一、价值理念的构建

（一）人本理念

任何理论或学说的逻辑起点与现实起点都是人本身，现实的人是人类社会生活的前提。[②]教育是培养人的活动，教育行政的根本着眼点是人，只有在充分尊重人并且努力满足具有不同利益诉求的人的各项合理需求的前提下，教育行政管理活动才能取得成效。要真正地做到这一点，必须从根本上树立以人为主的价值理念，形成全新的人本发展观，即人的自由全面的发展。要

---

① 石中英、张夏青. 30年教育改革的中国经验 [J]. 北京师范大学学报（社会科学版），2008（5）：26.

② 王沪宁. 政治的逻辑：马克思主义政治学原理 [M]. 上海：上海人民出版社，1994年版，第44—45页.

明确教育服务与合作共治不是目的而是手段，一切服务、一切发展的终极指向都是为了人的发展。人本精神的内核是追求社会正义。按照罗尔斯的分配正义原则，公共服务应该设立两个基准，一是让所有的公民都享受作为生存与发展所需要的基本资源，二是对社会中的弱势群体要给予更多的关照。这就要求公共教育管理要尽最大努力，向全体社会成员提供公平、优质的教育产品与服务，满足全体社会成员的教育期待与需求，从而促进人和社会的发展与进步。公共教育管理与教育行政的对象是人，管理的事务是人的活动和需要，这些特点决定了人本的价值理念是公共教育管理与合作型教育行政的核心价值理念。

（二）责任理念

责任理念首先是源于企业管理领域的一个重要的法律概念，即责任是相对于权利而存在的。在公共行政领域，责任是行政伦理学的关键概念。当代美国行政伦理学家特里·库珀转引弗雷德里克·莫舍的话说："在公共行政和私人部门行政的所有词汇中，责任一词是最为重要的。"[①] 公共责任不完全隶属于道德或是法律，而是具有多种善恶价值判断。公共责任与行政伦理是紧密联系、内在统一的。责任作为伦理范畴的实践精神规定是对道德主体更高层次的要求，是道德社会本质的内在规定，更是一种价值观的要求。要健全行政伦理责任控制机制，必须强化行政主体的道德责任意识，突出权力主体的地位，力求权责并重。享有权力者同时应尽相应的责任是最起码的道德要求，事实上，没有责任约束的权力一方面容易造成权力的滥用，另一方面也使权力失去它应有的权威，给政府带来合法性危机。我们可以这样理解：公共责任与公共权力是一个问题的两个方面，公共权力是一种权力，同时也是一种责任，权力是手段，责任是目的，责任是第一位的，权力是第二位的。所以行政组织或行政人员作为行政伦理主体的基本前提是他们在行使权力、履行职能的同时应具有为自己的行为承担后果的责任能力。透视民主政治的发展历程，责任行政已是现代民主政治的一种基本理念，也是一种对政府公共行政进行民主控制的制度安排，作为一种基本价值观，它要求政府在行政时必须主动回应并积极采

---

① [美]特里·库珀. 行政伦理学：实现行政责任的途径（第4版）[M]. 张秀琴译. 北京：中国人民大学出版社，2002年版，第62页.

取行动满足公民的基本利益需求,积极履行社会义务和职责,承担道德、政治、行政、法律、侵权赔偿等责任。同时,政府和公共行政人员应摒除对效率的单一责任追求,全面审视行政过程中的多重责任,构筑起根植于心灵和精神世界中的责任防线,从而形成内在的约束机制,使行政价值观及其规范体系尽可能达到广泛的社会认同和可接受性。

建设现代公共服务型政府的进程中,教育行政部门及其管理者的责任意识对教育管理者来讲尤为重要。公共服务中的行政人员主要是对公民负责。公民是服务的对象,同时公民作为纳税人又是公共服务的购买者,政府必须要向公民负责。贯彻责任精神,就要求公共教育管理者积极回应公民要求、倾听公民呼声、方便公民选择、鼓励公民参与、部门绩效评价以公民为主体。现代公共行政理论各个流派都主张政府的服务要围绕公众的切身利益,面向公众,而不是面向权力;政府的职责就是要最大限度地满足公民的一切合理需求。"公共利益是目的而不是副产品,尊重人的价值而不仅仅是生产力的价值。"[①]具体到教育行政管理活动中,就要求政府正确定位教育行政的公共价值取向,在效率和公平之间保持适当平衡。这要求政府在举办和管理公共教育事业时,要面向最广大的人民群众,满足最广大多数人的教育需求,为提高全民族的人口素质负责。要优先发展基础教育,努力保障公民充分享有受教育的宪法权利,真正实现受教育权人人平等。同时,贯彻差别原则,教育利益向弱势群体(穷人)倾斜,努力提高教育管理的社会效益。

(三)服务理念

与以服务顾客为单一目标指向的服务型治理模式不同的是,"合作型教育行政"最为显著的特征就在于其更加凸显政府及其教育行政部门的服务意识,强化政府及其教育行政部门的服务职能。具体而言,区别有二:一是服务对象是指向公民,二是更为强调政府与公民的双向互动。此种服务理念强调的是公共行政或公共管理的权力和合法性来源于公众,公众的满意度是评判公共行政管理及其教育行政活动的最终标准,管理者应抱着服务的信念,坚持以满足公民的教育需求作为施政决策和公共服务理念。我国作为社会主义国

---

① 褚卫中,褚宏启. 新公共服务理论及其对当前公共教育管理改革的启示 [J]. 教育理论与实践, 2007(7):23.

家，维护和实现最广大人民的根本利益，全心全意为人民服务，是我们党和政府的最高宗旨。公共行政管理者提供的服务应是社会和民众所需要的服务，而不是政府"想当然"的服务；必须是与民众的利益需求相符合的服务，而不是打着服务的幌子，而实际上生产和提供却与公共利益背道而驰的服务。任何偏离公益目标的服务，都是与我们创建"公共服务型政府"的初衷相违背的。在教育行政管理领域，这就要求政府在规划教育发展战略、制定教育政策和制度、提供和分配教育资源、协调教育利益关系等方面，要把民众的要求摆在首位，要围绕服务这个中心来开展工作，把服务理念贯彻到政府教育管理的每一项工作中去。

（四）合作理念

合作是人的社会实践中的普遍行为，在每一个时代，人类的共同生活都会造就出一种合作精神。从这种意义上来讲，人类社会的历史就是一部合作的历史。然而，统治型治理模式下的人类的合作表现为一种初步的互助，这是与当时的生产力发展水平、社会治理复杂性偏低及人们沟通方式的有限性等多种因素相联系的。管理社会治理模式下的人类的合作则异化为一种协作，主要表征为层级节制、层层支配体制下的有限分工与协作，官僚制就是一种典型的协作体系。服务型社会治理模式下则明显表现为引入企业化管理理念改革公共部门以追求公、私部门间的经济、效率与效益的"3E"协作，仍主要定位协作。随着20世纪90年代以来全球化和信息化浪潮的袭来，人类置身一个各种社会关系的日趋复杂及社会问题的不断增加的"全球风险社会"。用德国社会学家乌尔里希·贝克的话说，在"世界风险社会中，不明的和无法预料的后果成为历史和社会的主宰力量"，在"现代化过程中，危险与潜在威胁的释放达到一个我们前所未知的程度"。[①] 这种形势下，我们需要建构起一种超越协作治理的合作体系，这是因为："从人的行为来看，在应对各种各样的危机事件的过程中，我们感受到协作体系的不足，往往回归到用人类早期应对危机的互助型行为方式去应对当下出现的各种各样的危机。不过，在2008年的全球性经济危机出现之后，我们意识到合作的价值，倡导世界各国通过

---

① ［德］乌尔里希·贝克. 风险社会 [M]. 何博闻译. 南京：译林出版社，2004年版，第15页.

合作以应对这场经济危机。"① 特别是以20世纪后期的全球结社革命为代表，蓬勃兴起的非政府组织越来越多地加入社会治理活动之中，使得原有的政府单一治理模式更多地被政府与社会多元合作治理的模式所替代。正如美国学者帕特南所认为的那样："自愿的合作可以创造出个人无法创造的价值，无论这些个人多么富有，多么精明。在公民共同体中，公民组织蓬勃发展，人们参与多种社会活动，遍及共同体生活各个领域。公民共同体合作的社会契约基础，不是法律的，而是道德的。"② 这种合作治理模式是与服务型治理模式相伴而生的，它将原来的官僚制政府改造为一种合作政府，而基于合作型社会治理模式的最大特征无疑就是"合作"二字。因为，在合作型社会治理模式下，政府不再是唯一的价值主题存在，国内的非政府组织、市场化的组织、公民社会乃至全球或区域性的国际公共组织等社会机构或行为者同样可以直接或间接地参与各种治理行动，成为社会管理、提供公共服务的价值主体。各种社会主体在合作的基础上彼此相互拾遗补阙，形成互补、共治的格局。构建合作型教育行政就特别强调这种合作理念。这种理念所发展出来的伙伴关系包括公私伙伴关系③、政民和谐关系、政府间的伙伴关系（亦称府际间伙伴关系）④，其目的包括建设公共教育设施、提供公共教育服务等相当广泛的范畴。

二、行政主体的构建

理念是人的理念，是人的理念，理念最终要依靠作为主体的人去落实和执行。构建合作型教育行政，必须重点加强合作治理的主体建设。就其本质而言，合作型教育行政就是政府与公民围绕教育事务治理所共同开展的主体实践活动。因此，合作型教育行政构建的关键环节就是主体建设，从根本上说，加强合作型教育行政的主体建设其实就是要实现多元治理主体之间的良

---

① 张康之. 论超越了协作体系的合作体系 [J]. 理论学刊，2009（3）：81-83.

② [美] 罗伯特·帕特南. 使民主运转起来 [M]. 王列，赖海榕译. 南昌：江西人民出版社，2001年版，第215页.

③ 关于公私伙伴关系，民营化大师、美国著名公共行政学家萨瓦斯有过系统的研究。具体参见：[美] 萨瓦斯. 民营化与公私部门的伙伴关系 [M]. 北京：中国人民大学出版社，2003年.

④ 政府间关系的提法是新近公共行政管理领域较流行的提法，代表性的学者如陈振明、谢庆奎等。具体详见：1.陈振明. 公共管理学（第2版）[M]. 北京：中国人民大学出版社，2003年版；2.谢庆奎，杨宏山. 府际关系理论与实践 [M]. 天津：天津教育出版社，2007年版.

性互动，形成罗尔斯的"重叠共识"下相互信任和精诚合作的教育"治理共同体"局面。

（一）政府维度的主体能力提升

1. 政府主体能力及其在"治理共同体"中的作用

所谓政府主体能力，又称政府治理能力，亦可简称为政府能力，是指国家行政机关在宪政体制内，以自身的素质和权威性建设为基础，以公共政策制定和推行为主要手段，以资源提取和配置为基本途径，以对社会进行综合治理为主要方式，以高效履行法定职能为最终目的，从而确保国家快速、均衡、持续、健康发展所具有的能力。[①]

国家治理体系和治理能力是一个国家制度和执行能力的集中体现。2013年党的十八届三中全会通过的《中共中央关于全面深化改革若干重大问题的决定》明确提出，"全面深化改革的总目标是完善和发展中国特色社会主义制度，推进国家治理体系和治理能力现代化。"推进国家治理体系建设，提高国家治理能力，核心是提高政府治理能力，并在提升政府治理能力的基础上构建现代化的国家治理体系。政府治理能力是现代政府的基本问题之一。所谓政府治理，是指在国家治理框架下，政府作为重要组织者、推动者、参与者和服务者，与社会组织（社区）、私人部门（市场）以及公民等多元治理主体，通过平等合作伙伴关系，开展公共事务治理、最终实现公共利益最大化的过程。政府治理的提出，标志着国家治理理念的巨大变迁，也是治理实践的伟大变革。政府治理能力主要体现在宏观调控能力即体现在经济调节、市场监管、社会管理和公共服务上。从当前看，提高政府治理能力，核心是转变政府职能，以政府职能转变推动政府治理能力建设，提高政府治理水平。一方面，要正确处理政府和社会的关系，强化政府社会管理和公共服务职能，更好发挥政府主导作用，同时积极培育和发展社会组织，拓宽社会组织和公民参与社会治理的渠道，引导社会各方面积极有效地参与社会管理服务，从而改变政府在社会管理领域包揽过多的制度安排，实现政府治理和社会参与良性互动。另一方面，要妥善处理好政府和市场的关系，真正划清政府与市场

---

① 方盛举. 对政府能力内涵与结构的再认识 [J]. 云南行政学院学报，2004（3）：42–45.

的职责边界，使市场在资源配置中起基础性作用。同时，发挥市场的基础性作用并不是要否定或忽视政府的作用，而是更好地发挥政府作用，推进政府有效治理。概言之，正确处理政府与社会、市场的关系目的在于减少政府对微观事务的干预，激发市场、社会的创造活力和内生动力，在提升政府治理水平的同时，实现国家治理现代化。

政府是国家权力的执行者，是国家治理的主体性力量，是全面深化改革的重要组织者、推动者、参与者、服务者。[①] 在治理框架下，或者说在治理共同体建构中，政府应该注重强化公共事务治理的顶层设计，着力破解体制机制层面的突出问题，发挥目标凝聚能力、资源整合能力、责任控制能力，做公共事务治理的重要组织者、推动者、参与者、服务者。首先，就是发挥目标凝聚能力。如前所述，治理共同体是一个目标共同体。在治理框架下，每一个参与主体有着不同的目标诉求。但是，只有树立共同的治理目标，才能实现共同治理。政府在治理共同体中首先要发挥目标凝聚能力。其次，要发挥资源整合能力。在政府统治和管理时代，资源主要掌握在政府手中。在治理框架下，越来越多的资源会分散在不同的社会组织和公民手中，政府如何促成不同主体间的合作与集体行动，客观上需要政府发挥其资源整合能力。再次，政府要强化责任控制能力。在治理共同体建设过程中，多元共治主体的职责划分与责任担当是不可回避的问题，公共治理主体的多元化使得责任界限趋于模糊，不同治理主体之间可能出现责任推诿等问题，这就要求政府着力培育各参与主体的合作意识与信任机制，否则将会导致"治理失灵"。

2. 培养高公民精神和高职业主义的公共管理者

任何管理活动都离不开管理者的参与，管理者是管理活动中人的要素。"为政之要，唯在得人"，公共管理者在公共行政中的重要性不言自明，公共管理者是一个特殊的职业群体，行使国家权力，履行法定职责，有着严格的从业要求，其职业能力、政治立场、文化信念、道德修养等都直接或间接影响着政府工作质量，影响着公共利益的实现。

（1）公共管理者的特殊素质和能力要求

公共管理是一定的公共管理者为促进社会发展、维护和增进公共利益、

---

① 李文彬、陈晓运. 政府治理能力现代化的评估框架 [J]. 中国行政管理，2015（5）：24–25.

满足公众需要对公共事务进行管理的活动。其中，公共管理的对象是国家和社会的公共事务；公共管理的宗旨和目的是实现公共利益，为公众服务、促进社会进步和发展；本身具有多元性、政治性以及公共性等特质。公共管理的特点决定了公共管理者职业的特殊性、公共管理者的高标准定位。张国庆教授转引黑堡学派的代表人物加里·沃姆斯利（Garry·Wamsley）的话说：公共管理者必须是宪法的忠实执行和捍卫者，这是公共管理者的天职；是人民的委托者和公共利益的捍卫者；是"贤明的少数"而不是"强权的少数"，是宪政秩序下政府治理过程的正当参与者；也是利益的平衡者，以公共利益和宪法作为行为准则，平衡各方利益；公共品性和公共利益是公共管理者最高的价值选择和规范标杆。[①]公共管理者作为宪法的执行者、公共利益的捍卫者，承担着重大的政治责任和社会责任。现代公共管理理论对公共行政管理者的素质和能力提出了更高的要求和标准。

按照我国对党政工作人员的一般衡量标准，现代公共管理对公共管理者的标准主要体现在政治素质、道德素质、知识素质、能力素质和身心素质等方面。第一，政治素质是第一位的，它反映了公务人员的政治思想状况和政策水平，坚定的政治立场、过硬的思想作风、端正的工作态度以及较强的政策水平是公务人员良好政治素质的综合体现。具体到我国，良好的政治修养要求公务人员要有远大的理想、正确的方向；能够自觉践行"全心全意为人民服务"的宗旨；自觉贯彻"解放思想，实事求是"的思想路线；还要自觉遵纪守法、清正廉洁，自觉拒腐防变。第二，道德素质反应公务人员的思想修养和道德修养。高尚的品德是做人为官之本，公务人员的道德素质要求公务员树立正确的世界观、人生观和价值观；要求其爱岗敬业、奉献社会、廉政勤政、服务群众等。第三，知识素质是公务员知识体系的构成。知识素质往往包括一般知识、专业知识以及其他相关知识。我国对公务人员的基本要求就是"一专多能"。第四，能力素质是公务人员的安身立命之本。公务人员一方面要具有包括观察力、记忆力、注意力、想象力和逻辑思维能力等在内的一般能力；还要有包括人际交往能力、组织协调能力、业务操作能力、自我认识能力、灵活应变能力、综合分析和解决问题的能力等在内的专业能力。

---

① 张国庆. 行政管理学概论（第2版）[M]. 北京：北京大学出版社，2000年版，第646页.

第五，身心素质是对公务人员的基本要求。公共管理并不是一件轻松的工作，会面对许多复杂的治理问题，对身体素质和心理素质要求很高，如果顶不住体力上和精神上的压力，没有成熟的心理素质，没有足够的身体和心理的承受能力，办起事情来可能会过于偏激，有失稳重，无法胜任公务工作。2003年，我国人力资源和社会保障部（原人事部）印发的《国家公务员通用能力标准框架（试行）》指出公务员应该具备"政治鉴别能力、依法行政能力、公共服务能力、调查研究能力、学习能力、沟通协调能力、创新能力、应对突发事件能力、心理调适能力"[①]等九大通用能力，应该说，这其实就是对上述五种能力素质的具体而明确的综合性要求。

（2）公共管理者的职业伦理

要了解公共管理者的职业伦理，则首先要明确行政伦理。所谓行政伦理，又称行政道德，是伦理道德在行政领域的延伸和体现，是对公共行政领域的各种关系的应然性表述，是关于整个政府行政管理的价值观念体系，包括行政人员的个人道德、行政管理的职业道德、行政机构的组织伦理及行政过程中的政策伦理等方面。职业伦理是调整公共管理者之间、公共管理者和行政机关、国家、社会和公民之间的行为规范的总和，是公共管理者在公共事务治理过程中形成的伦理价值判断和外在的行为规范。[②]公共管理者的职业伦理具有十分明显的特征，首先是具有强烈的政治性。作为党和政府的执行者，要坚决地坚持党的领导，把党的方针政策贯彻落实，作为第一原则；其次是高度的强制性。道德发挥作用，主要借助于风俗习惯、社会舆论、个人的良心、良知等的来发挥作用，但是行政伦理和普通伦理不一样，在很大程度上不单纯地依靠个体的自觉，而要借助国家的法律、政策，以法律的惩罚和行政处罚作为保障，所以它带有强制性。再次有很强的示范性。行政伦理对其他行业具有这样一种导向作用，干部群体的道德状况，对于整个社会的风向，具有很强的导向性。具体而言之，公共管理者的职业伦理的具体要求是：一要提供公共福利；二要忠实执行法律；三要承担公共责任；四要为社会树立典范；五要追求专业的卓越；六要促进民主。尽管具体要求众多，但其核心

---

① 张国臣. 公务员能力建设论 [M]. 北京：人民出版社，2009年版，第3页.

② [美]特里·库珀. 行政伦理学（第4版）[M]. 张秀琴译. 北京：中国人民大学出版社，2001年版，第6页.

要求就是培养公共管理者这个特殊的职业群体对公共性的坚守和信仰，培养具有高公民精神和高职业主义的公共管理者。美国新公共行政运动代表人物乔治·弗雷德里克森是一个重视公共管理者公民精神和职业主义培养的行政学家。乔治·弗雷德里克森从美国早期的低公民精神和低行政管理的现实出发，强调公共管理者拥有高公民精神和高职业主义，才会有高行政管理。他援引当代政治哲学与伦理学大师约翰·罗尔斯的话指出，麦迪逊在《联邦党人文集》中拒绝了公民要在政府中发挥积极作用的古老观念，原因就是因为人是自私自利的。"人类具有牺牲长期利益以谋求一己短期利益的倾向，围绕这些眼前个人利益而形成的党争会最终摧毁公民政府的道德基础。"[①] 所以，在美国公共行政的诞生时期，公民集体参与是被排除公共行政之外的，而与低公民精神伴生而来的自然就是低行政管理。所以，"在20世纪末来临的时候，美国人发现他们处于一个十分糟糕的公共服务世界中。"[②] 按照乔治·弗雷德里克森的观点，公民精神与职业主义之间的关系是十分密切的，也形成了所谓的"公民精神与职业主义的代表性观点对照模式象限图"（具体如表1所示），不同的组合则分别对应不同的象限效果。如图所示，高公民精神和高职业主义可以营造一份公民友爱与相互信任的社会氛围。显然，公共管理者的高公民精神和高职业主义对于公共事务的共同治理和合作型教育行政的建构具有强大的凝聚作用。

表1 公民精神与职业主义的代表性观点对照模式象限图[③]

效果	高公民精神	低公民精神
高职业主义	公民友爱和相互信任	相互信任和企业家精神
低职业主义	公民友爱和专家政治论	专家政治论和企业家精神

---

① [美]汉密尔顿，杰伊，麦迪逊. 联邦党人文集[M]. 程逢如等译. 北京：商务印书馆，2015年版，第51–52页.

② [美]乔治·弗雷德里克森. 公共行政的精神[M]. 张成福等译. 北京：中国人民大学出版社，2003年版，第185页.

③ 注：此公民精神与职业主义的对照模式象限图主要参考了弗雷德里克森的观点，为便于观察说明，特对之进行了创新。具体参见：[美]乔治·弗雷德里克森. 公共行政的精神[M]. 张成福等译. 北京：中国人民大学出版社，2003年版，第193页.

　　基于高公民精神和高职业主义的理论主张，乔治·弗雷德里克森指出，作为具有高公民精神和高职业主义的公共管理者应该是"代表性公民"。他认为，"代表性公民"意味着公共管理者对社会公正的承诺，可以弥补美国人"自利"的不足。他进一步指出，公共管理者是人民的代表才能成为公共利益的托管者；作为代表性公民的公共管理者才会少一些高人一等的优越感和傲慢，而更多一些民主和信任感。①在政府与社会合作治理共同体的建设中，政府承担着公共事务治理推进者和服务者的角色，对社会和公民起着示范作用，如果政府不能坚守伦理底线，不能坚定对公共性的信仰，治理共同体就不可能真正建设起来，政府与社会、公民间也就不可能建立起相互信任、相互合作的治理格局。

　　总之，合作型教育行政的根本关系就是政府与公民的合作伙伴关系，要构建一种良好的合作型教育行政，政府的角色需要做出改变，尤其是政府的教育行政部门需要做出改变，这种政府角色的改变主要是通过教育行政机关工作人员来体现的。如果我们希望教育行政人员能够充当起合作型教育行政中的良好伙伴，我们就需要重新认识教育行政人员的角色。这种新的角色就是库珀等人所主张的"职业公民"。库珀主张，公共行政官员最好被理解为将公民的责任延伸至一生工作的人，他们"不仅要始终关注普通公民的需要，而且还要努力使不活跃的公民活跃起来"。②换言之，作为职业公民的教育行政人员在道德上具有尽可能扩大教育事务的公共参与边界的责任与义务。他们需要以一种友好、真诚而非控制的方式，将公众带入"政治圆桌"来共同讨论公共教育问题，并努力使其切身投入到公共教育管理实践活动中。如何才能够成为一名合格的职业公民呢？为此，教育行政人员需要注重反思、学会倾听、善于对话。首先，教育行政人员需要就以下问题不断自问，即为何要从事教育行政？工作有何意义？如何更好地开展工作？如何更好地为实现公共利益服务？……只有不断地进行反思，他们就会激发起为公民伙伴服务的意愿，并且以一种赞誉公共服务工作之灵魂和意义的方式来思考自身的工

---

① [美]乔治·弗雷德里克森. 公共行政的精神 [M]. 张成福等译. 北京：中国人民大学出版社，2003年版，第37页.

② [美]珍妮特·登哈特、罗伯特·登哈特. 新公共服务：服务而不是掌舵 [M]. 丁煌译. 北京：中国人民大学出版社，2004年，第54页.

作。① 其次，就倾听而言，这也是职业公民所必须注重的内容，作为合作伙伴的一方的教育行政人员必须借助这这座沟通联系的桥梁，来倾听公民的声音，了解对方的要求，从而针对这些不同的声音与要求构建由多样意愿、多元声音交织而成的公共空间，并对这些迥异的意愿和声音做出积极建设性的回应。当然，仅有反思和倾听是不够的，作为职业公民的教育行政人员还应具备政治回应性，其实就是与公共进行对话。通过对话，不仅可以加强合作关系的双方的交流与理解，从而促进共同体认和公共利益的形成；还能够是双方都获得充分参与的体验，最终有助于合作型教育行政的构建。

（二）公民维度的主体能力提升

在合作型教育行政中，作为合作伙伴关系的另一方的公民同样也需要付出努力，公民角色也有待转变。作为一个法律概念，公民通常是指具有一国国籍，并根据该国宪法和法律，享有权利并承担义务的自然人。应该说，这是对公民概念最形式化、概念化的诠释，但是，公民概念的内涵比这个法律层面的公民概念的界定要丰富得多，从历史发展的进程看，公民概念在不同的历史时期使用的范围不同，含义上也有巨大的差别。概括地讲，公民概念的使用，首先是恰当和形象地表达了个人在国家中的身份和地位，反映了个人与国家、个人与社会之间的关系。其次，公民是关于人的角色的法律表述，公民概念的确立实际上是对人的主体性的法律确认。宪法和法律对每一个公民的主体性都有明确的法律确认，赋予每一个公民应有的权利和义务。我国宪法规定："中华人民共和国的一切权力属于人民""人民依照法律规定，通过各种途径和形式，管理国家事务，管理经济和文化事业，管理社会事务。"由此可见，从各个层次扩大公民有序的政治参与，保障人民依法管理国家事务、管理经济和文化事业、管理社会事务，这是宪法赋予每一个公民的权利。

公民作为一个政治概念，本身涉及的是人与政治共同体的关系问题。"积极公民"的概念是汉娜·阿伦特的"公民观"的重要内容。阿伦特在《人的条件》一书中把人的基本活动分为三种：劳动 (Labor)、工作 (work) 和行动 (Action)。她认为，只有"行动"才能与真正人的生活相匹配，"行动"高于"劳

---

① [美]珍妮特·登哈特、罗伯特·登哈特. 新公共服务：服务而不是掌舵 [M]. 丁煌译. 北京：中国人民大学出版社，2004年，第68–69页.

动"和"工作"。她认为，"行动者"不是消极选民，而是"积极公民"，因为"积极公民"是有思想、判断力和共通感的公民，是积极投入公共领域、参与政治交往活动的公民。她认为，只有投入公共领域，在公共领域表现人的多样性，积极参与政治生活，直接与他人交往，才算是真正的人的生活。①在阿伦特看来，"积极公民"推崇积极行动、关注公共生活。根据阿伦特的理论，作为一个民主社会的公民，应该秉承公共精神，关心公共领域，积极参与社会政治生活。由此可见，积极主动的公民是合作型教育行政建构的关键要素之一，关系着合作型教育行政建构的成败。当前，由于社会结构处于转型之中，现代化的社会结构还没有形成，我国的公民认同还没有真正形成，公民的自治能力较差。因此，在政府与社会民主合作的治理共同体中，要培养公民精神，构建社会认同，提升自治能力，才能夯实合作型教育行政的社会基础。

1. 塑造公民美德

"公民美德"是共和主义的核心概念，共和主义者十分崇尚公民美德，认为公民美德是共和国赖以生存和发展的支柱。在古典共和主义那里，具备公民美德是作为好公民的基本标准，也是衡量一个好公民的基本前提条件。古典共和主义的"公民美德"强调政治参与和公共利益，实质是强调一种公共精神，认为每个公民都要具备这种精神，当这种精神发挥能够使得公民自愿致力于公共利益，并通过维护国家的自由来确保个人自由的实现及国家的发展壮大。阿伦特的公民观认为，公民美德不仅是对公共利益的信仰和承诺、更是对公共事务的关注以及克服"腐化"，她认为，只有具备美德的公民才能够采取有价值的"行动"。由此可见，公民美德是公民履行共同体义务必不可少的能力美德，是一个公民所应具备的政治和公共美德。公民美德可以促使每一个公民个体以公民身份参与公共事务，服务公共利益，维系公民身份，履行公民分内之事，自觉地维系政治共同体的发展与凝聚。

2. 培育公民精神

公民精神是伴随着公民概念的出现而出现的，最早可以追溯到古希腊对公民美德的推崇。现代公民精神的兴起与现代公共行政密切相关。乔治·弗雷德里克森指出："在改革年代里，人们不仅呼吁有教养的、以功绩为基础

---

① [德]汉娜·阿伦特. 人的条件[M]. 竺乾威译. 上海：上海人民出版社，1999年版，第39页.

的公共服务，也同样需要谙熟宪法、热心公共事务、见多识广的公民。这种公民精神的观念主张公众不应该仅仅关注自身利益，而且应该追求公共利益。"[1] "一般而言，在公共行政领域，现代公民精神理论假定充满活力的公民和有效的公共行政是相辅相成的。"[2] 从公共行政的视角看，公民精神是公民对"公共性"所持有的信念与承诺，它意味着公民对"公共"的尊重和坚守，意味着公民对"公共"的责任与义务，是公民崇高的公共品德与素养。按照乔治·弗雷德里克森的观点，公共行政离不开"品德崇高的公民"，因为"品德崇高的公民"能够理解立国的重要价值、有坚信国家政体价值真实和正确的信念、能够承担起个人的道德责任、拥有容忍、宽容的公民操守、尊重、关心和爱护公共服务。[3] 根据市民社会的理论，公民精神首先表现为自主自律、自由自觉的主体价值取向；其次表现为平等、开放、横向的权利：利益纽带的有机联结；再次表现为个体、参与、创造、开拓的行为图式；最后表现为高度的角色意识、社会责任感和公共精神。[4]

公民精神是民主进程中一支不可缺少的重要内在推动力量，可以为我国民主和法制进程提供内生原动力，也为公民积极参与教育公共治理并构建合作型教育行政提供关键性引擎。在低公民精神的国家，表现为民众权利意识和参与意识的淡化，表现为对国家和政府的依赖。在高公民精神的国家，表现为民众积极的参与热情和权利实现意识。对我国来说，培养公民精神，构建国家认同与社会认同，提升公民（社会）自治能力，才能进一步夯实合作型教育行政的公民基础与社会基础。从公共行政发展和推进合作型教育行政建构的角度看，培育公民精神，关键是培养公民的主体意识、公共意识和责任意识。主体意识是公民对自身的主体地位、能力和价值的一种自觉意识，这种主体意识是公民对自身的自我认知，是一种宪政意义上的公民人格。主体意识要求每一个公民都能走出平民被动的社会角色，成为一个具有独立意

---

[1] [美]乔治·弗雷德里克森. 公共行政的精神 [M]. 张成福等译. 北京：中国人民大学出版社，2003年版，第37页.

[2] [美]乔治·弗雷德里克森. 公共行政的精神 [M]. 张成福等译. 北京：中国人民大学出版社，2003年版，第37页.

[3] [美]乔治·弗雷德里克森. 公共行政的精神 [M]. 张成福等译. 北京：中国人民大学出版社，2003年版，第40—41页.

[4] 马长山. 国家、市民社会和法治 [M]. 北京：商务印书馆，2002年版，第177页.

识和独立地位的社会主体，成为自觉、自愿、主动参与国家公共教育事务和社会教育事务主体。公共意识是公民对自己的权利和义务以及应尽的社会责任的自觉，是人们在履行社会义务或涉及公共利益的活动中应当遵循的道德行为准则。责任意识是一种明确职责，并自觉履行自身职责、把责任转化到行动的心理特征。责任是一种自觉意识，也是一种使命感，反映的是公民对自己应承担的社会职责主动履行的自觉程度。作为一个现代公民，除对自己所做的各种行为负责外，还要关心国家与社会发展、关心他人，对他所处的社会负责。

3. 推进公民参与

从当前中国社会发展现状而言，不断涌现的网民与公众参与，以及更大规模的公共知识分子与媒介的联盟，所折射出中国的社会表达欲望和能力都在大跨步的增进。[①] 但我们也要看到，现代社会的到来并不仅仅意味着公众个体的积极参与，更核心的在于现代社会组织的发展与兴盛。作为教育公共治理的主体，公众个体的参与与表达只能是局部的、表层的、无序的，甚至有时候是盲目的、混乱的，而组织化的、有序化的公民参与却可以深入治理内核，把握政府治理趋向，影响与改变着政府政策决策，而且还能够为政府的"善治"提供可能。基于此，《国家中长期教育改革发展规划纲要（2010—2020）》第15章第17条提出要，培育专业教育服务机构，完善教育中介组织的准入、资助、监管和行业自律制度，积极发挥行业协会、专业学会、基金会等各类社会组织在教育公共治理中的作用。[②] 各类教育组织由于其存在于现代社会之中，与公众有着较强的亲和力，互动联系较为紧密，有利于集结社会成员的教育利益，反映公众教育诉求，以增进公众的福祉为目的。而且由于其独立于政府之外，且资金多源于海外基金、国内私募或市场，因此具有很强的独立性与自主性，可以全面而客观的作为治理主体参与到教育政策议题讨论与设计、教育过程监督、教育效果评价、教育专项研究中来，在与政府、市场的博弈中争取到更多的利益。除此之外，这些成长于民间的教育组织由集合效应而形成的公民治理体系更易于吸收与整合民间优势力量，形

---

① 何雪峰. 热言中国：中国新闻时评精选（第1辑序言）[M]. 广州：南方日报出版社，2007年版，第1页.

② 国家中长期教育改革发展规划纲要（2010—2020）[N]. 中国教育报，2010年7月30日.

成庞大的社会组织网络，从而弥补政府组织、市场的缺陷，提供"体制内研究所看不到的角度、达不到的层面、能给政府和社会提供不被注意到的信息、更多的政策选择。"[1] 它们不仅推动着教育治理结构的创新，满足公众的利益诉求，而且为政府"善治"起到了监督与保障作用。

4. 扮好公民角色

作为公共事务的教育事务，事关每一个社会公民的切身利益，为此，公众需要积极参与到公共教育事务中，努力扮演好其中的三种角色：第一种角色是自我教育生活的照看者。这一角色要求社会每一个人能够通过自我或家庭的力量，合理地安排和管理好自己的教育生活，并能秉持公平和公正的原则，处理好与自身教育生活相关联的人与事，只有这样才不会出现所谓"个体理性导致集体无理性"现象的出现，从而真正地增进和实现社会公共教育利益；第二种角色是公共教育生活的支持者。这一角色要求每个公民或公民组织在扮演好第一种角色的基础上能够超越自我利益的考虑，关注更大范围内的公共教育利益，因为这样不仅可以直接地解决许多公共问题，而且能为政府开辟新的对话途径，为公共教育的发展提供良好的社会资本；第三种角色是公共政策制定与执行的参与者。公共政策过程的基轴是公共权力与公民的关系，谋求和增进公共利益是一切公共政策的出发点，也是公共政策的灵魂和归宿。"政府作为公共权力的正式代表，在法理上被设定为全体公民委托管理国家公共事务的组织，政府的政策须以全体公民为服务对象并对全体公民负责，公民既是公共权力的本源，也是被统治和被管理的对象。公民同时作为政策主体和政策客体双重角色的矛盾只有在公民充分参与政策过程且政策结果体现和维护公共利益才能获得真正解决。"[2] 公民的第三章角色除了参与教育政策过程外，还应充当政府教育行政的积极批评者，通过各种渠道对教育行政存在的不合理、不周全之处积极开展建设性的批评，以促进教育行政的改进。概言之，公民在合作型教育行政的构建中应发挥积极的主动作用，扮演好理应扮演好的角色，同政府相关部门及其教育行政人员共同努力来完成。

---

① 王伯庆. 民间智库：中国的另一半大脑 [J]. 麦可思研究，2009（18）.

② 宁骚. 公共政策学 [M]. 北京：高等教育出版社，2003年版，第262页.

三、保障措施的配套

（一）制度保障

建构合作型教育行政除了需要明确和突出相应的理念和主体要求外，也还需要相关的配套保障措施，制度保障便是其中不可缺少的配套措施之一。所谓制度，就是一个社会的社会的游戏规则，更规范的讲，它们是为人们的相互关系而人为设定的一些制约。[①]制度包括正式制度和非正式制度。在笔者看来，正式制度是一种硬制度，主要包括各种形式的法律规章制度，非正式制度则是一种软制度，主要包括传统习俗与责任伦理制度。

1.合作型教育行政的构建必须依靠教育行政法律制度的配套保障

现代公共行政最重要的特征在于行政管理法制化。所谓行政法制化，即通过法律对国家行政管理的各项活动、各个环节进行调整和规范，将行政管理的一系列技术方法、协调手段、行为方式、步骤程序法律化、制度化，为行政管理提供法律依据和法律保障。[②]一方面，合作型教育行政作为现代新型公共行政一种类型，也离不开以教育行政法律制度为主的硬制度来作保障。合作型教育行政所主张的公民本位、社会本位思想只有通过法律规范才能为其实际履行提供制度上的保证，也才能克服传统文化下官本位、政府本位、权力本位思想对公民权利的僭越。另一方面，合作型教育行政的构建也需要政府出台相关的行政规章制度来保障。合作型教育行政强调公民权的核心地位，强调教育领域内政府与公民的合作伙伴关系，强调公众和教育中介组织或者民间教育机构参与教育管理的权利，这些转变必须通过一系列的政府行政规章制度来实现。只有通过相关法规建设，才能直接对教育行政部门服务对象（公众与学校）的权利予以肯定和保护、对政府自身权力的予以限制，才能确保教育行政部门明确其应该如何为公民服务，如何为学校服务，如何为国家的教育事业发展作贡献。概言之，应该通过建立法律法规和行政规章去

---

① [美]D·诺斯. 制度、制度变迁与经济绩效[M]. 刘守英译. 上海：三联书店出版社，1994年版，第1页.

② 施玉滨. 浅谈教育行政管理科学化、法制化和现代化[J]. 黑龙江高教研究，1988（2）：78.

规约和保障合作型教育行政的构建，通过教育改革决策机制、政策保障机制、服务承诺制度等制度建设以促使教育行政管理稳定而高效，为教育事业发展提供良好的法制环境，为教育中介组织提供广阔的发展空间，为教育现代化提供基本的制度基础。

2. 合作型教育行政的构建必须依靠教育行政伦理制度的配套保障

在构建合作型教育行政时离不开教育行政伦理等软制度作配套。"在一切社会领域中，伦理精神总是体现人类活动的价值目的性与行为合理性的人文精神的结合。"[1]在教育领域，伦理精神相比较其他领域而言，有着更为重要的人文价值，甚至可以说，伦理精神是教育人文精神的核心。毫无疑问，教育伦理精神，当然也必定渗透和影响到这一领域的教育行政管理活动。大致而论，我们今天的教育行政人员处在复杂的社会关系中，常常会因为面对各种复杂尖锐的利益冲突当中，而不能恪守好自己理应坚守的责任边界与伦理底线。故而，也常常会导致教育行政管理过程中频现玩忽职守、以权谋私、贪污腐败的违纪违法现象。因为法律不是万能的，而教育管理中的规章制度的硬性约束也是极为有限的。进而言之，由于教育行政管理的目标具有模糊性，管理绩效又是难以评价的，故而教育行政管理也是份良心活。正是因为教育行政管理过程中，仅仅依靠法律规章制度的约束是不够的，也是往往难以达到预期效果的，也就可以由此认为一个教育行政管理者所面临的几乎所有问题，其实都是具有价值基础和伦理含义的。教育管理价值论的主要代表，加拿大维多利亚大学教授霍奇金森（C．Hodgkinson）就明确宣称："管理世界主要是一个价值的世界，事实与逻辑要素则从属于价值，是第二位的。……管理理论的中心议题不是科学问题，而是与价值和道德相关的哲学问题。"[2]美国印第安纳大学的教育管理学学者福斯特 (W．Foster) 旗帜鲜明地指出："教育管理应被构建成为一门关注人间正义、道义、平等和公正的道德科学。"[3]因此我们在构建合作型教育行政时应该加教育行政责任与伦理制度建设以促

---

[1] 樊浩，田海平．教育伦理 [M]．南京：南京大学出版社，2000年版，第1页．

[2] C．Hodgkinson. The philosophy of Leadership. Basil Blackwell Publisher Limited,1983:137–139.

[3] W．Foster. Paradigms and Promises: New approaches to education administration. Prometheus Books, 1986:17–33.

进德治与法治相结合。

借鉴国内外企业管理伦理与公共（教育）行政伦理的相关理论与实践经验，构建当代中国合作型教育行政，必须在伦理制度建设方面采取如下措施：(1) 对教育管理者进行伦理方面的培训，通过培训让教育管理者清自己应该遵循的伦理规范并加强自身的道德修养；(2) 制定教育管理部门应该遵的伦理守则；(3) 在教育管理部门设立专门的伦理机构，以确保教育管理人员的道形象和倡导教育组织良好的组织文化；(4) 把伦理与教育管理制度的制定结合起来，教育制度符合伦理规范，并把伦理评价作为对教育管理者的一个重要评价标准；(5) 将频频发生的教育管理伦理失范现象上升为法律和制度的规约与调控层面。

（二）人员保障

1. 合作型教育行政的实施需要专业化的管理队伍

人员是组织的核心要素。以往的教育行政组织以领导者的个人统治为主要方式，教育行政人员的素质基本都很低下，缺乏专业化的教育管理队伍，行政人员多是机械地执行上级领导的命令。合作型教育行政既是一般公共行政，又是部门行政，既具有国家行政和公共行政的普遍性特征，又具有自身领域的独特性和特殊性。无论是教育行政领导，还是教育行政工作人员，都需要具备专业化的知识来开展工作，需要依靠自己的专业知识创造性地进行工作，这就需要具有一支专业化的教育行政管理队伍。同时，合作型教育行政所面临的复杂任务也要求教育行政人员的专业化。特别是合作型教育行政实施中所要进行谈判、合同管理、服务流程设计、有效地组织公民参与管理等工作都需要具有相关专业知识的人员来完成。一句话，合作型教育行政需要专业化的人才队伍做保障。

2. 合作型教育行政的实施需要转变员工的心理契约

心理契约是组织行为学的一个概念，它反映员工和组织之间在雇佣关系中彼此应付出什么，同时又应得到什么的一种主观的、内隐的心理约定，蕴含着双方彼此之间对于相互责任和义务的期望和认知。"[①]心理契约是组织行为

---

① 赵深徽. 失衡与重构：变革环境下公务员的心理契约及管理方略 [J]. 中国行政管理，2005（2）：96.

的强有力的决定因素，也是影响员工行为和态度的重要因素。特别是对于教育行政部门的公务员来说，虽然工作依然是他们谋生的手段，但他们更需要赢得尊重、展现才华。在合作型教育行政构建过程中，无形的心理契约较之于有形的经济契约更能影响和决定公务员的行政行为和结果。因而，要实现教育行政由政府管制行政向政民合作行政的切实转变，就必须要转员工的心理契约，那样才能打破我国传统官僚体制的惯性。从本质上说，合作型公共行政就对传统官僚体制本身的一种完善和超越；从根本上说，它是一场革命，它必然要求公务员应地调整与政府间的心理契约，才能保证合作型教育行政的构建不至于是流于形式。

（三）技术保障

随着公共教育领域的放权和社会化的深入发展，要求管理方式已经不能像传统的行政管理方式那样，依靠权力、资历和领导命令进行管理，教育行政管理者必须获得一套技能、技术，使他们所拥有的权威具备合法性。具体而言，合作型的教育行政构建主要需要以下技术做保障。

1. 公共服务社会化及管理技术的正确应用

随着公共教育领域的一些事务承包给了私营部门或者民间组织，教育行政部门管理者的管理行为就不再由直接支配的资源所构成，仅仅依靠职位权力，将难以保持领导的控制地位。教育行政部门的任务由服务的直接提供者，转向确保承包商按照合同规定来提供这些服务。在这个过程中，合同管理就变得至关重要。因此，教育行政管理者就必须学会如何签订合同，如何起草服务说明书、违约的惩罚条款，以及如何确保合同条款得以履行等等技术。

2. 绩效考评和管理的技术

在传统的管制行政的模式下，绩效考评常常采用由自我规制实体进行的以信任为基础的评估体制，这种考评经常以个人小结和述职报告的形式出现，忽视了对服务效果的评价，导致了人浮于事。[①] 合作行政倡导放松规制、强调管理不仅要对过程负责，更重要的是对结果负责，注重行政行为的有效性。这种以结果为导向的社会治理模式，必须以科学的绩效考评技术为保障。合

---

① 崔运武. 公共事业管理概论（第2版）[M]. 北京：高等教育出版社，2006年版，第10章.

作型的教育行政必须首先构建一套科学的评价指标体系，对评价对象和评价内容进行细化分类，增强其准确性、可行性和客观性；其次，还要制定有效的绩效评价运行程序，以使得评价能够得以切实的贯彻和实施；最后，要保障评价主体参与的多元化，以实现评价结果的客观性和公平性。这些都要求合作型教育行政拥有一套自己的绩效考评和管理的技术。

3. 对话、沟通与协调的技巧

在合作型教育行政的治理模式下，政府成为委托人，行政官员是代理人。教育作为一种公共服务可以在政府系统内生产，也可以在政府系统外生产；政府可以用赋税来支付服务开支，也可以是用者付费。这样在教育治理过程就要牵涉以下四方：政府、教育行政官员、服务提供的参与者（学校和教育中介组织）、普通公民。教育行政部门在其中要同时扮演三种角色：购买者、服务提供者和仲裁者。要在这四方之间达成协议，就需要沟通、谈判与协调的技术。谈判要关注两个基本点：个人关系的维持和实际问题的最佳解决方案。要达这样两个目标，要求政府及其教育行政部门在谈判过程中对事关全体成员的教育利益问题上要立场坚定，对待合作伙伴问题上态度温和。在谈判过程中，情感交流是一种积极的表达手段，象征性的手势也很重要。同时在谈判中的调停的技巧也十分重要，持中立立场的调停人，要对问题提出能有针对性的、公平的解决方案，从有利于矛盾和冲突的解决；而不可调和的权势立场和敌对态度则必然使问题变得难以解决。总之，谈判的成功很大程度上取决于教育行政人员能否创立良好的交流环境和形成对责任的正确判断，取决于教育行政部门与学校、公众以及教育中介组织之间的沟通机制和谈判各方的互相接受。[①] 当然，对于公民及社会组织而言，同样需要提升对话与沟通的技巧及能力。

---

① [美]K·埃利亚森、J·克伊曼著. 公共组织管理：当代欧洲的经验与教训[M]. 王满船译. 北京：国家行政学院出版社，2003年版，第86页.

结　论

作为当代公共行政发展领域的一个重要概念与范畴，以公共治理为特征的合作行政实际上已不再不仅仅是局限于理论上的假设与论证，随着当前世界范围公共行政改革的此起彼伏与不断深化，不论是欧盟、北欧还是美国等国家与地区，都出现很多合作行政的实例。我们国家行政体制改革过程中，也出现了一些合作行政的学理层面的可能探讨与实践层面的典型样态。就合作型教育行政而言，如美国的教育公共治理的公共性转型、德国的合作型教育行政文化与制度设计、韩国的地方教育行政分权改革等典型案例的存在，实际上就能够为更好地推进和实现我国合作型教育行政的构建目标而奠定重要的框架基石与经验借鉴。

合作型教育行政是教育行政管理领域的一个新鲜的事物，也是当前中国教育行政管理领域具有较大理论价值和实践价值的重点研究课题，是伴随着社会治理模式由统治型、管理型、服务型模式向合作型治理模式转型的历史趋势而提出的重要时代命题。合作型教育行政作为现代教育行政的一种模式或类型，是现代公共行政与合作行政理论与思想在教育领域的延伸与体现。当然，研究教育行政改革和建构合作型教育行政必须放在当代中国和世界社会治理模式转型与公共行政改革的大背景中来进行并与之相适应。

很显然，处于转型时期的中国不但有着内部问题的复杂性与严峻性，还有着全球化带来的政治、经济融合的外部压力。进入21世纪第二个十年时间里，中国社会发展逐步迈入"三期叠加"[①] 阶段和与社会民生问题与突发矛盾冲突事件的"高发期"。从这些民生事件中，我们至少可以分离出来政府、公

---

① 所谓三期叠加，是指经济增长速度换挡期、结构调整阵痛期、前期刺激政策消化期的三期。具体参见：习近平.站在复兴大业更高起点：十八大以来习近平同志关于经济工作的重要论述 [EB/OL].http//www.xinhuanet.com/politics/2014/02/22/c_126175088.htm

民个人等核心利益主体，然而由于它们彼此之间的利益是互有交叉但又不完全相同的。反映在教育问题上，很明显矛盾爆发的浅层次原因是政群脱节、政民矛盾，大家一般都会意识到问题是出现在教育行政管理改革的力度与方向上，但是没有分析到改革力度难以行进的深层次原因，即在于意识形态什么时候能高扬政府与公民的合作伙伴关系。教育行政要求公共行政与公共管理改革，而公共行政和公共管理号召合作行政。所以教育行政改革的方向就应该是合作型教育行政模式的路径定位与选择。

应当指出的是，一方面，这种合作型教育行政模式或类型思想的提出与探索研究，主要是通过详细梳理和阐明这种合作型教育行政构建的理论逻辑、历史逻辑、现实逻辑与比较逻辑，尝试性提出一个基于"理念—主体—规则（配套保障）"的系统性分析框架，它对于提高我们对于合作型社会治理模式的认知以及推动合作型教育行政的实践样态的构建与转化，具有重要的理论意义与现实意义，但也必须客观承认，这种尝试性的研究与探索更多的是基于一种简洁性和建构性的思考与设想，还需要有更为庞大的研究者队伍开展切实可行的研究以对其进行修复与完善。另一方面，尽管合作型教育行政是在对传统的统治型教育行政、管理型教育行政及服务型教育行政进行批判和反思的基础上提出和建立的。但是，这并不意味它对以往教育行政类型尤其是服务型教育行政的全面抛弃与否定。从理论视角而言，它本质上是对服务型教育型教育行政的继承与超越，在试图承认政府之教育管理与服务的职能价值时并摒除其单纯的官僚主义痼疾与顾客服务思维，从而提出一种更加关注民主公民权和公共教育利益、更加适合现代公民社会发展和教育行政实践需要的新的教育治理模式。用罗伯特·登哈特教授的话说："即使在一种思想占据支配地位的时期里，其他思想也从来不会被完全忽略"。[1] 尽管教育行政改革其实就是改革路径或者改革方式的选择问题，但当一种方式出现问题或广受诟病时，便是另一种方式发挥作用的时刻，或许关于服务型教育行政和合作型教育行政围绕着改革的主导话语权的争论还会持续若干年。但无论如何，合作型教育行政的确是提供了一个令人耳目一新且创新意义明显的理论视野与观点洞见，我们也有充分的的理由来展望教育行政改革的未来前景与

---

[1] [美]珍妮特·登哈特，罗伯特·登哈特. 新公共服务：服务而不是掌舵[M]. 丁煌译. 北京：中国人民大学出版社，2004年版，第8页.

发展趋势，即未来的公共教育服务必将是以公民协商对话和公共利益为基础，并与之充分结合，公民必然广泛参与到教育行政管理活动中来的教育公共治理图景

最后，由于教育行政改革与合作型教育行政构建这一研究课题属于合作型教育行政改革的范畴，也必然牵涉到政府改革的议题，还有很多的探索工作要做。就政府改革而言，我引用美国著名行政学家盖伊·彼得斯在《政府未来的治理模式》一书中的一段话来结束这篇论文："政府改革是一个持续不断的过程，而且几乎可以肯定的是，只要政府存在，这一过程就永远不会停止。""对于政府部门来讲，变革与其说是一种特例，不如说是一种惯例。只要有一个不完美的政府，人们就会持续不断的寻求理想的治理形态。在某种程度上，变革不能单纯地界定为寻求一个完美的行政实体，更确切地说，方案——每一种改革方案都会带来一些新的问题，而这些问题又会引发一套新的改革。"①

---

① [美]盖伊·彼得斯. 政府未来的治理模式 [M]. 吴爱明等译北京：中国人民大学出版社，2001年版，第1页.

参考文献

（一）著作部分：

1.中共中央马克思恩格斯列宁斯大林著作编译局.马克思恩格斯文集（1-10卷）[M].北京：人民出版社，2009年版.

2.中共中央马克思恩格斯列宁斯大林著作编译局.马克思恩格斯选集（1-4卷）[M].北京：人民出版社，1995年版.

3.毛泽东.毛泽东选集（1-4卷）[M].北京：人民出版社，1991年版.

4.中共中央宣传部.习近平新时代中国特色社会主义思想三十讲[M].北京：学习出版社，2018年版

5.[古希腊]柏拉图.理想国[M].郭斌和等译.北京：商务印书馆，1986年版.

6.[古希腊]亚里士多德.政治学[M].颜一，秦典华译.北京：中国人民大学出版社，2003年版.

7.[加]迈克尔·富兰.变革的力量：透视教育改革[M].中央教育科学研究所、加拿大多伦多国际学院组织译.北京：教育科学出版社，2004年版.

8.[加]本杰明·莱文.教育改革：从启动到成果[M].项贤民、洪成文译[M].北京：教育科学出版社，2004年版.

9.[日]久下荣志郎、崛内孜.现代教育行政学[M].李兆田、周蕴石等译.北京：教育科学出版社，1981年版.

10.[日]藤田英典.走出教育改革的误区[M].张琼华、许敏译[M].北京：人民教育出版社，2001年版.

11.[英]弗里德利希·冯·哈耶克.自由秩序原理（上、下卷）[M].邓正来译.上海：生活·读书·新知三联书店，1997年版.

12.[英]戴维·赫尔德.民主的模式[M].燕继荣等译.中央编译出版社，1998年版.

13.[英]亚当·斯密.国民财富的性质与原因分析（上、下卷）[M].郭大力，王亚楠译.北京：商务印书馆，2005年版.

14.[英]托夫勒.第三次浪潮[M].黄明坚译.北京：中信出版社，2006年版.

15.[德]里夏德·范迪尔门.欧洲近代生活：村庄与城市[M].王亚军译.北京：东方出版社，2004年版.

16.[德]汉娜·阿伦特.人的条件[M].竺乾威译.上海：上海人民出版社，1999年版.

17.[德]乌尔里希·贝克.风险社会[M].何博闻译.南京：译林出版社，2004年版.

18.[印]阿玛蒂亚·森.以自由看待发展[M].任赜、于真译.北京：中国人民大学出版社，2002年版.

19.[澳]欧文·休斯.公共管理导论（第2版）[M].彭和平译.北京：中国人民大学出版社，2001年版.

20.[美]道格拉斯·诺斯.制度、制度变迁与经济绩效[M].刘守英译.上海：上海人民出版社，1994年版.

21.[美]曼瑟尔·奥尔森.集体行动的逻辑[M].陈郁等译.上海：上海三联书店、上海人民出版社，1995年版.

22.[美]塞缪尔·亨廷顿.变革社会中的政治秩序[M].李盛平译.北京：华夏出版社，1988年版.

23.[美]塞缪尔·亨廷顿等.第三波：20世纪后期的民主化浪潮 [M].刘军宁译.上海：三联书店出版社，1998年版.

24.[美]斯蒂格利茨.政府为什么干预经济：政府在市场经济中的角色 [M].郑秉文译.北京：中国物资出版社，1998年版.

25.[美]奥斯本、盖布勒等.改革政府：企业精神如何改革着公营部门 [M].周敦仁译.上海：上海译文出版社，1996年版.

26.[美]丹尼斯·缪勒.公共选择理论 [M].杨春学等译.北京：中国社会科学出版社，1999年版.

27.[美]约翰·罗尔斯.正义论 [M].何怀宏等译.北京：中国社会科学出版社，1988年.

28.[美]约翰·罗尔斯.政治自由主义 [M].万俊人译.南京：译林出版社，2002年.

29.[美]博克斯.公民治理：引领21世纪的美国社区 [M].孙柏瑛译.北京：中国人民大学出版社，2005年.

30.[美]盖伊·彼得斯.政府未来的治理模式 [M].吴爱明等译.北京：中国人民大学出版社，2001年版.

31.[美]罗森布罗姆、克拉夫丘克等.公共行政学：管理、政治和法律的途径（第五版）[M].张成福等校译.北京：中国人民大学出版社，2002年版.

32.[美]麦克尔·巴泽雷.突破官僚制：政府管理的新愿景 [M].孔宪遂译.北京：中国人民大学出版社，2002年版.

33.[美]乔治·弗雷德里克森.公共行政的精神 [M].张成福等译.北京：中国人民大学出版社，2003年版.

34.[美]萨瓦斯.民营化与公私部门的伙伴关系 [M].周志忍等译.北京：中国人民大学出版社，2002年版.

35.[美]查尔斯·福克斯、休·米勒.后现代公共行政：话语指

向 [M].楚艳红译.北京：中国人民大学出版社，2002年版.

36.[美]珍妮特·登哈特、罗伯特·登哈特.新公共服务：服务而不是掌舵 [M].丁煌译.北京：中国人民大学出版社，2004年版.

37.[美]罗伯特·登哈特.公共组织理论（第3版）[M].扶松茂译.北京：中国人民大学出版社，2003年版.

38.［美]K·埃利亚森、J·克伊曼.公共组织管理：当代欧洲的经验与教训 [M].王满船译.国家行政学院出版社，2003年版.

39.[美]埃莉诺·奥斯特罗姆.公共事物的治理之道 [M].余逊达，陈旭东译.上海：上海三联书店，2000年版.

40.[美]文森特·奥斯特罗姆.美国公共行政的思想危机 [M].毛寿龙译.上海：上海三联书店，1999年版.

41.[美]M·弗里德曼.资本主义与自由 [M].张瑞玉译.北京：商务印书馆，2004年版.

42.[美]约瑟夫·熊彼特.资本主义、社会主义与民主 [M].吴良建译.北京：商务印书馆，1999年版.

43.[美]汤普森.意识形态与现代文化 [M].高恬等译.南京：译林出版社，2005年版.

44.[美]本杰明·巴伯.强势民主 [M].彭斌译.长春：吉林人民出版社，2001年版.

45.[美]查尔斯·林德布罗姆.政治与市场：世界的政治经济制度 [M].上海人民出版社，1991年版

46.[美]詹姆斯·布坎南.自由、市场和国家 [M].北京：经济学院出版社，1998年版

47.[美]特里·库珀.行政伦理学（第4版）[M].张秀琴译.北京：中国人民大学出版社，2001年版.

48.[美]加尔布雷思.好社会：人道的记事本 [M].南京：译林出

版社，1999年版．

49.[美]罗伯特·帕特南.使民主运转起来[M].王列，赖海榕译.南昌：江西人民出版社，2001年版．

50.[美]丹尼尔·贝尔.后工业社会的来临：对社会预测的一项探索[M].高铦等译．北京：新华出版社，1995年版．

51.[美]普热沃斯基.资本主义与社会民主[M].丁韶彬译.北京：中国人民大学出版社，2012年版．

52.[美]威廉·坎宁安.教育管理基于问题的方法[M].赵中建译.南京：江苏教育出版社，2002年版．

53.[美]托马斯·萨乔万尼.道德领导抵及学校改善的核心[M].冯大鸣译.上海：上海教育出版社，2002年版．

54.[美]罗伯特·欧文斯.教育组织行为学[M].窦卫霖等译.上海：华东师范大学出版社，2001年版．

55.[美]韦恩·霍伊、塞西尔·米斯格尔.教育管理学：理论、研究与实践[M].范国睿译.北京：教育科学出版社，2007年版．

56.[美]杰夫·惠迪等.教育中的放权与择校：学校、政府和市场[M].马忠虎译.北京：教育科学出版社，2003年版．

57.[美]罗伯特·欧文斯．教育组织行为学（第7版）[M].上海：华东师范大学出版社，2001年版．

58.王沪宁.政治的逻辑：马克思主义政治学原理[M].上海：上海人民出版社，1997年版．

59.崔运武.公共事业管理概论(第二版)[M].北京：高等教育出版社，2006年版．

60.杜成宪，崔运武，王伦信．中国教育史学九十年[M].华东师范大学出版社，1998年版

61.竺乾威．公共行政学[M].上海：复旦大学出版社，1999年版．

62. 张成福、党秀云著. 公共管理学 [M]. 北京：中国人民大学出版社，2001 年版.

63. 陈振明. 公共管理学：一种不同于传统行政学的研究途径（第二版）[M]. 北京：中国人民大学出版社，2004 年版.

64. 麻宝斌. 公共治理理论与实践 [M]. 北京：社会科学文献出版社，2013 年版.

65. 俞可平. 治理与善治 [M]. 北京：社会科学文献出版社，2000 年版.

66. 毛寿龙. 西方政府的治道变革 [M]. 北京：中国人民大学出版社，1998 年版.

67. 龚维斌. 社会发展与制度选择：1978 年以来中国社会变迁研究 [M]. 包头：内蒙古人民出版社，2001 年版.

68. 宁骚. 公共政策学 [M]. 北京：高等教育出版社，2003 年版.

69. 张康之. 社会治理的历史叙事 [M]. 北京：北京大学出版社，2006 年版.

70. 张康之，张乾友. 公共行政的概念 [M]. 北京：中国社会科学出版社，2013 年版.

71. 张康之，李传军. 公共行政学 [M]. 北京：北京大学出版社，2007 年版.

72. 张康之. 公共行政的行动主义 [M]. 南京：江苏人民出版社，2014 年版.

73. 张康之. 共同体的进化 [M]. 北京：中国社会科学出版社，2012 年版.

74. 张乾友. 公共行政的非正典化 [M]. 北京：中国社会科学出版社，2014 年版.

75. 金观涛. 在历史的表象背后 [M]. 成都：四川人民出版社，1983 年版.

76. 金观涛、刘青峰. 兴盛与危机：论中国社会超稳定结构 [M]. 北京：法律出版社，2010年版.

77. 彭文贤. 行政生态学 [M]. 台北：三民书局，1988年版.

78. 厉以宁. 超越市场与超越政府 [M]. 北京：经济科学出版社，1999年版.

79. 陈荣耀. 比较文化与管理 [M]. 上海：上海社会科学出版社，1999年版

80. 马长山. 国家、市民社会和法治 [M]. 北京：商务印书馆，2002年版

81. 谢新水. 作为一种行为模式的合作行政 [M]. 北京：中国社会科学出版社，2013年版.

82. 柳海明. 教育原理 [M]. 长春：东北师范大学出版社，2000年版.

83. 朱小蔓. 教育的问题与挑战 [M]. 南京：南京师范大学出版社，2000年版.

84. 张俊洪. 教育变革的理论模式 [M]. 成都：四川教育出版社，1988年版.

85. 袁振国. 当代教育学 [M]. 北京：教育科学出版社，2004年版.

86. 袁振国. 对峙与融合：20世纪的教育改革 [M]. 济南：山东教育出版社，1995年版.

87. 胡德海. 教育学原理 [M]. 兰州：甘肃教育出版社，1998年版.

88. 陈永明. 教育行政新论 [M]. 上海：华东师范大学出版社，2003年.

89. 陈永明. 比较教育行政 [M]. 上海：华东师范大学出版社，2005年版.

90. 程湘帆. 中国教育行政 [M]. 福州：福建教育出版社，2008年版.

91. 张可创，李其龙. 德国基础教育 [M]. 广州：广东教育出版社，2005年版

92. 卢海弘. 当代美国学校模式重建 [M]. 广州：中山大学出版社，2004年版.

93. 樊浩、田海平. 教育伦理 [M]. 南京：南京大学出版社，2000年版.

94. 季明明. 中国教育行政全书 [M]. 北京：经济日报出版社，1997年版.

95. 国家高级教育行政学院编著. 新中国教育行政管理五十年 [M]. 北京：人民教育出版社，1999年版.

96. 张新平. 教育行政组织的发展与创新 [M]. 南京：南京师范大学出版社，2003年版.

97. 萧宗六、贺乐凡主编. 中国教育行政学（第2版）[M]. 北京：人民教育出版社，2004年版.

98. 娄成武、史万兵. 教育经济与管理 [M]. 北京：中国人民大学出版社，2004年版.

99. 史万兵. 教育行政管理 [M]. 北京：教育科学出版社，2004年版.

100. 孙绵涛. 教育行政学 [M]. 武汉：华中师范大学出版社，1998年版.

101. 陈孝彬. 教育管理学（修订版）[M]. 北京：北京师范大学出版社，1999年版.

102. 吴志宏. 教育行政学 [M]. 北京：人民教育出版社，1999年版.

103. 吴志宏，冯大鸣，魏志春. 新编教育管理学（第1版）[M]. 上海：华东师范大学出版社，2000年版.

104. 冯大鸣. 美、英、澳教育管理前沿图景 [M]. 北京：教育科学出版社，2004年版.

105. 王晓辉主编. 全球教育治理：国际教育改革文献汇编 [M]. 北京：教育科学出版社，2008年版.

106. 秦梦群. 教育行政理论与应用 [M]. 台北：五南图书出版公司，

1996年版.

　　107. 宋官东. 教育公共治理 [M]. 哈尔滨：东北大学出版社，2012年版.

　　108. 褚宏启. 中国教育管理评论（第1卷）[M]. 北京：教育科学出版社，2003年版.

　　109. 蒲蕊. 教育行政学 [M]. 北京：中国人民大学出版社，2008年版.

　　110. 龚怡祖. 当代教育行政原理 [M]. 北京：北京大学出版社，2009年版.

（二）论文部分：

　　1. 石中英、张夏青. 30年教育改革的中国经验 [J]. 北京师范大学学报（社会科学版），2008（5）.

　　2. 杨淑娣、王慧娜. 中国教育的政府管制模式探讨 [J]. 理论界，2007（1）.

　　3. 吴康宁. 中国教育改革为什么这么难 [J]. 华东师范大学学报（教育科学版），2010（4）.

　　4. 李春玲、肖远军. 试论我国教育行政体制中的权力分配 [J]. 江西教育科研，1996（2）.

　　5. 李春玲. 公共选择理论及其对我国教育行政改革的启示 [J]. 浙江教育学院学报，2005（4）.

　　6. 李春玲. 略论教育行政低效的根源及对策：公共选择理论的研究视角 [J]. 教育理论与实践，2006（1）.

　　7. 胡伶. 我国教育行政职能变革：趋势、问题与对策 [J]. 教育实践与研究（中学版），2008（11）.

　　8. 胡伶. 教育社会组织发展与教育行政职能转变 [J]. 国家教育行政学院学报，2009（3）.

9. 胡伶. 教育公共治理与公民参与 [J]. 教育探索，2009（10）.

10. 胡伶. 地方教育行政部门的职能转变：基于公共治理视角的分析 [J]. 教育发展研究，2010（12）.

11. 张康之. 论社会治理的"返魅"路径 [J]. 南京社会科学，2006（3）.

12. 张康之. 论公共性及其在公共行政中的实现 [J]. 东南学术，2005（1）.

13. 张康之. 社会治理中的价值 [J]. 国家行政学院学报，2003（5）.

14. 张康之. 论超越了协作体系的合作体系 [J]. 理论学刊，2009（3）.

15. 张康之、李倩. 民主行政理论的产生及其实践价值 [J]. 行政论坛，2010（4）.

16. 张康之、张乾友. 共同生活与公共生活的兴衰史 [J]. 学术研究，2009（10）.

17. 张康之、张乾友. 论复杂社会的秩序 [J]. 学海，2010（1）.

18. 张康之、张乾友. 论等级关系以及等级社会中的"官" [J]. 南京师范大学学报（社会科学版），2011（1）.

19. 陈振明. 评西方的"新公共管理"范式 [J]. 中国社会科学，2000（6）.

20. 陈振明、薛澜. 中国公共管理理论研究的重点领域与主题 [J]. 中国社会科学2007（3）.

21. 高卫星. 公共行政的范式转换与价值嬗变 [J]. 郑州大学学报（哲学社会科学版），2006（3）.

22. 袁珠盈. 关于经济全球化几个问题的思考 [J]. 昆明大学学报，2002（1）.

23. 李维宇、杨基燕. 西方公共管理的理论转向及其对中国的启示 [J]. 云南社会科学，2015（4）.

24. 方燕. 经济全球化背景下中国对外开放对策研究 [J]. 南昌教

育学院学报，2010（3）.

25. 龚维斌. 新时代中国社会治理新趋势［J］.中国特色社会主义研究，2018（2）.

26. 谢一凤. 论服务型教育行政管理［J］.山西财经大学学报（高教版），2007（2）.

27. 雷晓康、席恒. 合作收益与公共治理［J］.西北大学学报（哲社版），2006（6）.

28. 金太军. 公共行政的民主与责任取向［J］.天津社会科学,2000（5）.

29. 田虎伟. 合作型教育行政国家对私立高等教育的管理与启示［J］.民办高等教育，2005（4）.

30. 景跃进. 关于民主发展的多元维度与民主化序列问题：民主化理论的中国阐释之二［J］.新视野，2011（2）.

31. 张治忠. 新公共服务理论视野下当代中国行政价值观建构［J］.伦理学研究，2009（2）.

32. 方盛举. 对政府能力内涵与结构的再认识［J］.云南行政学院学报，2004（3）.

33. 方盛举. 论政府发展［J］.云南行政学院学报，2005（6）.

34. 李娟. 建设服务型行政文化［J］.中共太原市委党校学报，2015（5）.

35. 陈庆云，鄞益奋. 文化差异：地方行政改革研究的新视角［J］.中国行政管理，2008（8）.

36. 葛晨虹. 如何走出"塔西陀陷阱"［J］.决策，2011（11）.

37. 蔡晶晶，李德国. 当代西方政府信任危机透析［J］.公共管理学报，2006（10）.

38. 武晓峰. 近年来政府公信力研究综述［J］.中国行政管理，2008（5）.

39. 朱光磊，周望. 在转变政府职能的过程中提高政府公信力［J］.

中国人民大学学报，2011（3）.

40.阮成武．教育投入的政府承诺与信用管理 [J].中国教育学刊，2011（6）.

41.师玉生，林荣日．中国教育的"塔西陀陷阱"：表现、原因及应对策略 [J].现代大学教育，2016（1）.

42.韩兆柱，翟文康．西方公共治理前沿理论研究述评 [J].甘肃行政学院学报，2016（4）.

43.韩兆柱，杨洋．整体性治理理论研究及应用 [J].教学与研究，2013（6）.

44.韩兆柱，杨洋．新公共管理、无缝隙政府和整体性治理的范式比较 [J].学习论坛，2012（12）.

45.韩兆柱，单婷婷．基于整体性治理的京津冀府际关系协调模式研究 [J].行政论坛，2014（4）.

46.韩兆柱，翟文康．公共价值管理理论及其在中国语境下的应用研究 [J].公共管理与政策评论，2016（4）.

47.李砚忠．和谐社会内涵及其建构中的合作式治理 [J].东南大学学报（哲学社会科学版），2007（5）.

48.李帅军，有轶．德国教育行政体制的考察与分析 [J].河南师范大学学报（哲学社会科学版），2009（1）.

49.孙芳，李根珍．地方教育行政分权：韩国教育公共治理现代化的基石 [J].现代教育管理，2015（5）.

50.胡咏梅、唐一鹏．"后4%时代"的教育经费应该投向何处：基于跨国数据的实证研究 [J].北京师范大学学报（社会科学版），2014（5）.

51.宁国良、罗立．公共政策公信力：构建政府信任的重要维度 [J].政治学研究，2012（6）.

52.庄西真．地方政府教育治理模式改革分析：嵌入性理论的视角

[J].教育发展研究，2008（21）.

53.庄西真.论地方政府教育管理制度变迁：以无锡市"管办分离"改革为例[J].中国教育学刊，2009（3）.

54.梁荣华.权威主义的变迁与韩国教育政策的制定：以20世纪60年代以来为中心[J].外国教育研究，2011（8）.

55.褚卫中，褚宏启.新公共服务理论及其对当前公共教育管理改革的启示[J].教育理论与实践，2007（7）.

56.褚宏启.政府与学校的关系重构[J].教育科学研究，2005（1）.

57.褚宏启.教育内涵发展与教育行政改革[J].中小学校长,2010(6).

58.褚宏启.教育行政专业化与教育行政职能转变[J].人民教育，2005（21）.

59.褚宏启.教育行政权力的优化配置：合理扩张与严格制约[J].北京大学教育评论，2013（3）.

60.施玉滨.浅谈教育行政管理科学化、法制化和现代化[J].黑龙江高教研究，1988（2）.

61.赵深徽.失衡与重构：变革环境下公务员的心理契约及管理方略[J].中国行政管理，2005（2）.

62.章勇.新型社会管理模式的形成及内涵[J].重庆大学学报（社会科学版），2013（2）.

63.王凤秋."新公共管理"理论对我国教育行政体制改革的适用性分析[J].河北师范大学学报（教育科学版），2007（6）.

64.王凤秋、刘俊花.论新公共管理理论视野下我国教育行政体制改革[J].黑龙江高教研究，2007（11）.

65.张黎."新公共管理"思想对教育行政管理改革的影响[J].决策管理，2006（23）.

66.徐鹏.借鉴新公共管理理论推进我国教育行政体制改革[J].

改革与开放，2009（10）.

67.王小玉.浅析我国高等教育行政管理体制的改革：基于新公共管理的视角[J].黑河学刊，2010（3）.

68.邹娜.从西方新公共管理运动分析我国教育行政体制改革[J].高等农业教育，2006（3）.

69.娄佳.试探我国教育行政体制改革：基于新公共管理理论[J].当代教育论坛，2008（10）.

70.柳清秀、柳春慈.学习型社会与教育行政管理体制改革[J].继续教育研究，2008（10）.

71.孟丽波、张娜.后结构主义视域下的教育分权运动：兼论对我国教育行政体制改革的启示[J].现代教育论丛，2007（10）.

72.李轶.公共管理范式下的教育行政创新[J].复旦教育论坛，2004（5）.

73.李轶.教育行政管理创新势在必行[J].人民教育，2006（22）.

74.李轶.教育行政：是什么，做什么[J].北京大学教育评论，2007（4）.

75.潘希武.美国教育公共治理的公共性转型[J].比较教育研究，2012（3）.

76.潘希武.突破官僚制：教育公共治理改革的前景[J].教育思想与理论，2006（8）.

77.叶忠.学校与政府关系的转型：从国家管理到公共治理[J].教育科学研究，2009（8）.

78.周义程.公共利益、公共事务和公共事业的概念界说[J].南京社会科学，2007（1）.

79.汪自成.合作行政：服务行政的一种模式[J].南京社会科学，2013（4）.

80. 江必新，邵长茂. 社会治理模式与行政法的第三形态 [J]. 法学研究，2010（6）.

81. 刘熙瑞. 服务型政府：经济全球化背景下中国政府改革的目标选择 [J]. 中国行政管理，2002（7）.

82. 李涛. 教育公共治理若干问题探析 [J]. 教育发展研究，2009(8).

83. 段晖. 走向教育公共治理 [J]. 人民教育，2014（5）.

84. 陈学军. 公民与政府：走向合作型教育行政 [J]. 教育研究与实验，2008（1）.

85. 孙珠峰、胡伟. 公共行政的发展趋势：西方的预测与中国的逻辑 [J]. 上海交通大学学报（哲社版），2014（6）.

86. 蓝志勇、陈国权. 当代西方公共管理前沿理论述评 [J]. 公共管理学报，2007（3）.

87. 滕世华. 公共治理理论及其引发的变革 [J]. 国家行政学院学报，2003（1）.

88. 周志忍. 公共选择与西方行政改革 [J]. 新视野，1994（6）.

89. 余军华、袁文艺. 公共治理：概念与内涵 [J]. 中国行政管理，2013（12）.

90. 彭锦鹏. 全观型治理：理论与制度化策略 [J]. 政治科学论丛（台湾）. 2005（23）.

91. 张成福、李丹婷. 公共利益与公共治理 [J]. 中国人民大学学报，2012（2）.

92. 李慧凤. 公共治理视域下的社会管理行为优化 [J]. 中国人民大学学报，2014（2）.

93. 董妍、杨凡. 中国社会公共治理的变革逻辑与创新向度 [J]. 求索，2015（3）.

94. 何翔舟、金潇. 公共治理理论的发展及其中国定位 [J]. 学术月刊，2014（8）.

95. 王诗宗. 治理理论的内在矛盾及其出路 [J]. 哲学研究，2008（2）.

96. 郁建兴. 治理与国家建构的张力 [J]. 马克思主义与现实，2008（1）.

97. 丁冬汉. 从"元治理"理论视角构建服务型政府 [J]. 海南大学学报（人文社会科学版），2010（5）.

98. 梁莹. 重塑政府与公民的良好合作关系：社会资本理论的视域 [J]. 中国行政管理，2004（11）.

99. 魏娜. 公民参与下的民主行政 [J]. 国家行政学院学报，2002（3）.

100. 刘向阳. 党的群众路线理论及其历史启示 [J]. 新疆社会科学，2014（5）.

101. 金忠明、杨千菊、李福春. 冲突与协调：中国基础教育变革的路径分析 [J]. 教育研究与实验，2008（5）.

102. 王晓辉. 关于教育治理的理论构思 [J]. 北京师范大学学报（社科版），2007（4）.

103. 刘俊花. 新公共管理理论对我国教育行政体制改革的影响 [J]. 哈尔冰学院学报，2006（7）.

104. 魏海苓、孙远雷. 论治理视野下的教育行政管理体制改革 [J]. 辽宁教育研究，2006（6）.

105. 党秀云. 公共治理新策略：政府与第三部门的合作伙伴关系 [J]. 中国行政管理，2007（10）.

106. 胡仙芝. 治理理论与行政改革 [J]. 中国行政管理，2001（1）.

107. 林修果、林婷. 公共治理：建构和谐社会的一种行政学范式解读 [J]. 马克思主义与现实，2005（5）.

108. 翟静丽. 西方教育选择理论述评 [J]. 外国教育研究，2006（2）.

109. 陈丰. 对教育行政部门转变职能的思考 [J]. 华东理工大学学报（社科版），2002（4）.

110.陈玉琨.对教育改革的四点建议[J].上海教育，2003（11）.

111.陈永明.发达国家教育管理体制的改革[J].比较教育研究，2004（1）.

112.黄健荣、杨占营.新公共管理批判及公共管理的价值根源[J].中国行政管理，2004（2）.

113.廖楚晖.教育财政制度变迁与运行分析[J].财政研究,2005(3).

114.刘复兴.公共教育权力的变迁与教育政策的有效性[J].教育研究，2003（2）.

115.刘复兴.教育民营化与教育的准市场制度[J].北京师范大学学报，2003（5）.

116.柳国辉.由集权到分权的展望：对省级教育行政部门普教处权力运作情况的考察与分析[J].上海教育科研，2000（6）.

117.劳凯声.公共教育体制改革中的伦理问题[J].教育研究，2005（2）.

118.劳凯声.重构公共教育体制别国的经验和我国的实践[J].北京师范大学学报（社科版），2003（4）.

119.孙绵涛.论教育体制及其改革的基本内容[J].教育研究与实验，1992（4）.

120.曹雁.近十年来教育行政体制研究综述[J].中小学管理，2006(12).

121.孙霄兵.中国教育行政管理的形势、目标和任务[J].中小学校长，2010（6）.

122.康翠萍.我国高等教育行政体制的主要弊端及政策选择[J].沈阳师范大学学报（社会科学版），2010（4）.

123.陈立鹏、罗娟.我国基础教育行政管理体制改革60年评析[J].中国教育学刊，2009（7）.

124. 董石桃. 大部制视域中的高等教育行政体制改革 [J]. 中国高教研究，2010（7）.

125. 李科、任浩. 论中国高等教育行政体制的制度创新 [J]. 当代教育论坛，2006（1）.

126. 谭斌. 试论高等教育行政体制改革的趋势 [J]. 枣庄师范专科学校学报，2004（5）.

127. 葛路谊. 试论我国的教育行政管理体制改革 [J]. 文教资料，2006（12）.

128. 孙成诚. 试论我国教育行政体制面临的挑战 [J]. 教育理论与实践，1999（12）.

129. 从春侠，等. 地方教育行政变革的关键：教育局长能力建设研究—来自220位教育局长的调研报告 [J]. 国家教育行政学院学报，2007（3）.

130. 陈金圣、李兴华. 试论省级政府高等教育行政管理职能的重构 [J]. 长春工业大学学报（高教研究版），2008（1）.

131. 朱科蓉. 论教育行政部门的信息义务 [J]. 中小学管理,2006(5).

132. 刘建发. 论我国教育财政投入执法的思考 [J]. 法制与经济，2006（4）.

133. 陈流汀. 进一步转变政府教育行政职能、加快教育改革发展 [J]. 改革，2003（6）.

134. 李伟胜. 试析学校自主发展的四种思路 [J]. 教育理论与实践，2006（4）.

135. 宦亮、王琴. 开放系统下的视角看教育行政职能转变 [J]. 昭通师范高等专科学校学报，2005（3）.

136. 李斌. 论大众化时代的高等教育行政权力 [J]. 江西社会科学，2006（12）.

137. 李小球. 当前教育执法存在的问题和对策 [J]. 当代教育研究，2006（14）.

138. 李帅军、魏建新. 教育行政法治化初论 [J]. 河南师范大学学报（哲学社会科学版），2001（2）.

139. 赫淑华. 对健全和规范教育行政管理体系的法律思考 [J]. 辽宁教育学院学报，2002（3）.

140. 穆岚. 试论教育行政督导的价值取向和基本准则 [J]. 辽宁教育研究，2005（3）.

141. 黄崴. 我国教育督导体制现状、问题与改革路径 [J]. 教育发展研究，2009（12）.

142. 林小英. 教育政策过程中的行政纵向制约：垂直维度和水平维度的研究 [J]. 高等教育研究，2009（12）.

143. 肖远军. 论教育行政决策咨询 [J]. 浙江教育学院学报，2004（4）.

144. 戴恒屹. 近十年我国教育行政效能研究综述 [J]. 黑龙江教育学院学报，2008（11）.

145. 杨克瑞. 教育行政的异化与归化 [J]. 山东科技大学学报（社会科学版），2010（3）.

146. 刘卫萍，王志娟. 德国教育行政高效率的特点及其启示 [J]. 河北职工医学院学报，2002（3）.

147. 杨东平. 治理教育行政化弊端的思考 [J]. 教育发展研究，2010（19）.

148. 董建英. 试论教育行政管理效率提高的途径 [J]. 陕西师范大学学报（哲学社会科学版），2001(4).

149. 冯晓敏. 转变工作思维方式：走向有使命感的教育行政 [J]. 教育发展研究，2015（12）.

150.田季生.试论教育行政管理效率提高的途径[J].陕西省行政学院学报，2000（3）.

151.蒲蕊.论教育行政的伦理精神[J].教育研究，2007（9）.

152.霍娟娟.试论教育行政伦理的特性[J].学术论坛，2010（3）.

153.陈金圣.我国教育行政伦理发展之实现机制[J].现代教育管理，2010（3）.

154.陈伟."三步走"解决教育行政化问题[J].教书育人：校长参考，2010（5）.

155.杨克瑞.教育行政的异化与归化[J].山东科技大学学报（社会科学版），2010（3）.

156.王敏.论构建政府与媒体合作伙伴关系的必要性[J].怀化学院学报，2011（6）.

157.王敏、邓庄.公共利益：政府与媒体的互动逻辑[J].天津行政学院学报，2012（1）.

158.王敏.合作伙伴：政府与媒体的互动愿景[J].衡阳师范学院学报，2016（4）.

159.杨艳.论行政人格的历史类型[D].北京：中国人民大学博士学位论文，2006.

160.郑家昊.论引导型政府职能模式的兴起[D].南京：南京农业大学博士学位论文，2012.

161.公维有.我国民族行政的社会建构研究：一个治理共同体的视角[D].济南：山东大学博士学位论文，2014.

162.陈亮.走向网络化治理：社会治理的发展金路及困境破解[D].吉林大学博士学位论文，2016年.

163.朱利霞.国家观念、市场逻辑与公共教育：转型期西方公立学校改革透析及其对中国的启示[D].华东师范大学博士学位论文，

2004.

164. 吴景松. 政府职能转变视野中的公共教育治理范式研究 [D]. 华东师范大学博士学位论文, 2008.

165. 胡伶. 公共治理范式下的地方教育行政职能转变研究 [D]. 上海: 华东师范大学博士学位论文 [D]. 上海: 华东师范大学博士学位论文, 2010.

166. 何鹏程. 教育公共服务体系构建研究: 以上海实践为例 [D]. 华东师范大学博士学位论文, 2012.

167. 刘青峰. 当代中国教育服务公私合作中的地方政府管理研究 [D]. 云南大学博士学位论文, 2015.

168. 毛明明. 当代中国政府购买教育服务研究: 基于政府战略管理 "三角模型" 的分析框架 [D]. 云南大学博士学位论文, 2016.

169. 陈丹. 教育行政法治化问题研究 [D]. 重庆: 西南政法大学硕士学位论文, 2003.

170. 黄复生. 转型时期政府教育管理职能范式的转变 [D]. 上海: 上海师范大学硕士学位论文, 2004.

171. 陈玉云. 政府与学校关系的现状与变革: 上海若干行政区教育局与公立中小学职权问题的实证调查 [D]. 上海: 华东师范大学硕士学位论文, 2004.

172. 李建湘. 教育行政纠纷及解决机制研究 [D]. 长沙: 湖南师范大学硕士学位论文, 2008.

后 记

行文至此，论文终于在此瞬间暂告一段落。或兴奋亦惆怅、或激动但平静、或欣然又遗憾，三年的硕士研究生学习生活就这样行将走到尽头。

创作是一个异常艰辛的过程。在我的毕业论文写作过程中，这一路走来，很不轻松。我曾经因为论文的撰写而烦闷不堪，遭遇了思维混乱、文思枯竭、搜肠刮肚的不眠之夜；既有过百思不得不解、苦闷仿徨的焦虑，也有过渴盼脱稿、急功近利的浮躁。所幸的是，在先生的支持与点拨下，在同学朋友的帮助下，我凭着毅力与决心，最终豁然开朗，奋笔疾书，痛快完成了论文的全稿。

三年前，我并没有从事教育学等相关学科学习的兴趣与愿望，然机缘巧合之下，与学术研究几乎绝缘的我，竟从一名从不知教育为何物的"门外汉"开始踏入教育经济与管理专业学习与研究的殿堂。相较于同专业的绝大部分同学而言，我的教育管理理论知识几乎为零，总不免显得有些"业余"，惴惴、惶恐时常相伴。然内心深处也不断激荡着想要证明自己的想法，要实现这样的目标则必须靠自己的不断努力。我也坚信生命如执铁铸剑，汗水挥洒中磨砺以待，于是我俯首案桌，在知识海洋中尽情畅游。所幸，沐美丽春城昆明的钟灵毓秀之气，浴"会泽百家.至公天下"的云大精神，承云南大学的悉心培育和诸多师友的谆谆教诲，我终于能自信地昂首挺胸踏出东陆大门，简单装点行囊后，又将为人生的另一个新起点而长途跋涉。从开始到现在，虽困窘之情时常有之、欣喜之情亦自难言表，唯一遗憾的是还没有将自己好好充实就又要离开，流连与感恩回荡心间。

我的导师崔运武教授在我的论文写作过程中给予了全程的指导，从论文选题到最终定稿都倾注了先生的无数心血、汗水和智慧。三年来，能有幸跟随先生研习教育经济与管理的理论与知识，是我人生之大幸。先生学识渊博、作风严谨、性情温良、待人仁厚，给我以深深的影响与熏陶；先生豁达、奔放、激情、民主的人格魅力一览无遗；先生旺盛的学习、工作精力与热情，活跃的思维、独特的学术风格无不让我如醉如痴。这一切的一切，都使我自觉将先生作为我的人生坐标，暗暗自许我这一生哪怕能做到先生的十分之一也就心满意足了。跟随先生的三年将注定成为我人生的最大收获和财富。

云南大学公共管理学院的退休教师刘华明是我不能不提的感恩对象。刘老师是我的本科班主任，自本科学习时她便对我关爱有加，哪怕在我读研时她已退休，但她一直将我给予"亲生儿子"般看待，在生活上处处给予我关心与关照，在思想上给予我教育与引导，这使远在他乡求学的我倍感温馨，体会到家的无限温暖。刘老师给予我的甚多甚多，而我却无以为报，深感歉疚。正如刘老师当时对我所说的一个词"爱的接力棒"，她其实就是希望我在以后的教育教学工作中将这个"教育爱"给传递下去吧。

在我的研究生学习生活中，云南大学公共管理学院的老师们给予了巨大的帮助，不管是直接或间接教授过我课程的任课教师们，还是做日常行政工作的老师们。此外，我的同专业同学或其他专业的同学与朋友也给予我许多的帮助，尽管没有一一列举出他们的名字，但有些人、有些事是会铭记一辈子的，这种深入骨髓的情感，不需要文字的帮忙。感谢老师们为我的学习与生活提供便利，感谢诸位同学一路陪伴我过生命中这重要的一段旅程。

　　最后，我还要感谢我的父亲王春耕先生和母亲易购粮女士。到今年，我已度过了21年的学校学习时光，我那生活在偏远农村山区的父母为我这21年学业实在付出了太多太多，他们不仅为我承担着巨大的经济压力，还时常面对来自亲戚与邻人的所谓"读书无用论"的巨大社会压力，过早地奉献了与他们年龄不相称的白发与衰老。每当想到这里，我就心酸不已，也倍感肩上的压力与责任的重大，今后唯有通过自己的刻苦努力，来尽力报答他们。

　　法国著名思想家帕斯卡尔说过，"我们的全部尊严就在于思想。"如果说研究生学习和论文的写作触发了我些许思考的话，我愿将此一生付诸思考。踩着前人的足迹，循着先生的指点，带着家人的期盼，我艰难摸索着。虽然步履蹒跚，但我相信我仍然会努力地继续下去，哪怕最后交出的依然是一份无法让人满意的答卷。

　　"风雨不改凌云志，振衣濯足展襟怀。行方智圆煅内蕴，海阔天空铸宏图。"犹谢天下爱吾者，谨以此文自勉之。

　　一纸小文献给所有给我关爱的人！是为后记！

王　敏

2009年5月云大东陆园

补　记

　　本书是对我的硕士学位论文《当代中国合作型教育行政构建研究》基础上进行大量扩充、大型修改而得以出来的。自2009年我从云南大学公共管理学院教育经济与管理专业的硕士研究生毕业以后，该论文基本上处于"束之高阁"状态，尽管也有对公共行政改革和教育行政相关领域的研究动态的关注，但对论文的修订却一直没有着手。但直到2017年，我获批了衡阳师范学院校级青年基金资助项目"一体化背景下教师培训共同体构建研究"（17A05）的立项资助，同时结合着自己的教师教育工作实践的理论思考，突然有一种想要对当初所写毕业论文重新进行回顾与检审的强烈冲动与意愿。既为了项目结项的需要，更为了自己对当年所选研究问题的一个交代与总结。自此，已经是攻读硕士研究生学位毕业后的第7个年头。然而，自有这个想法到最终的论文修订的完稿，又经历了两年多的时间。可以说，在这长达近十年的时间里，我虽然在高校从事教书育人与科学研究的工作，但也与当初的论文研究选题偏离了"十万八千里"。当然，这可能有点夸张，但的确是从事着其他方面的教育实务与研究工作的，如长达七年时间之久的学生辅导员工作岗位与两年多的教师培训科长工作岗位的经历。正如当时的毕业论文后记中所说，对于除少数天才人物之外的大多数人而言，写作都是一场异常枯燥与相当艰难的事情，这从我身上这种时断时续的写作经历中能得到鲜明的体现。尽管很难很难，但我并没有忘记之前走过的路，没有忘记之前读过的书，没有忘记自己的科研初心。

可以说，我多年来一直坚持学习和研究的习惯使然，今天的我在理论素养与研究视野较过去已有很大的改变与提高，故而回头望望，确实发现我之前的研究功底十分浅薄、思考问题不够深入、整体框架不够完善，所以就对之动了一场大刀阔斧的"宏大手术"，在保留有益观点的同时，进行了诸多方面的丰富与完善，于是就有了今天这个文稿的"全新样貌"。正所谓"十年磨一剑，霜刃未曾试"，从2008年下半年的硕士论文选题与初稿撰写，到2018年的即将付梓，这可真的是花了我十年的时间的，只是这个"剑刃"仍然不够"锋利"，还不能称为"霜刃"，毕竟它仍然是一个相对较粗糙的结果。

在此，我要再次向云南大学的崔运武教授表示感谢，当我非常冒昧地向崔老师提出撰序的请求时，先生欣然应允做序。对先生这种诲人不倦的敬业精神和提携后学的博大胸怀，我将永远心存感激。另外，我还要向贵州师范大学的汪勇教授表示感谢，使得硕士研究生毕业近十年的我得以圆梦博士研究生的学习，尽管学习的压力很大，但希望自己能坚持走下去，最终达至胜利的彼岸。我也要感谢文稿中直接引用和参考文献中所涉及的诸位前辈和学者。我也要感谢为本书出版而付出艰辛工作的范晓红编辑，我还要感谢我的家人的无私支持，特别是昱升小子与俊翔小子是我学习进步的最大动力。

马克思说："我们还是要给一度经历过的东西建立起纪念碑。"（《马克思恩格斯全集》第40卷，第8页）希望以本论著作为一块纪念碑来对我过去的学习经历做一纪念，是为补记。

笔者

2018年8月1日，雁城回雁峰